The Evolution of *Love*

爱的进化

两性博弈的逻辑

史钧 著

THE LOGIC OF GENDER GAME

中国出版集团有限公司
世界图书出版公司
北京 广州 上海 西安

图书在版编目（CIP）数据

爱的进化：两性博弈的逻辑 / 史钧著. —北京：世界图书出版有限公司北京分公司，2024.6
ISBN 978-7-5232-1190-8

Ⅰ.①爱… Ⅱ.①史… Ⅲ.①两性交往 Ⅳ.①C913.14

中国国家版本馆CIP数据核字（2024）第059672号

书　　名	爱的进化：两性博弈的逻辑 AI DE JINHUA
著　　者	史　钧
策划编辑	陈俞蒨
责任编辑	陈俞蒨
责任校对	张建民　尹天怡
装帧设计	人马艺术设计·储平
出版发行	世界图书出版有限公司北京分公司
地　　址	北京市东城区朝内大街137号
邮　　编	100010
电　　话	010-64038355（发行）　64033507（总编室）
网　　址	http://www.wpcbj.com.cn
邮　　箱	wpcbjst@vip.163.com
销　　售	新华书店
印　　刷	河北鑫彩博图印刷有限公司
开　　本	880mm×1230mm　1/32
印　　张	12.5
字　　数	278千字
版　　次	2024年6月第1版
印　　次	2024年6月第1次印刷
国际书号	ISBN 978-7-5232-1190-8
定　　价	69.00元

版权所有　翻印必究
（如发现印装质量问题，请与本公司联系调换）

目录
CONTENTS

引言：情感与博弈　001

第1章　两性博弈溯源　011

　　有性生殖的收益　016

　　雌雄分化的逻辑　039

　　雄性的套路　080

第2章　动物婚配制度　109

　　择偶策略　114

　　生育模式　138

　　亲代抚育　154

第3章　人类配偶选择　177

　　男性择偶策略　183

　　女性择偶策略　200

　　两性互动　222

第 4 章　人类婚配制度　247

一夫多妻制的证据　252

一夫一妻制的逻辑　274

女人之间的竞争　297

第 5 章　婚姻的保障　319

男性大联盟　325

贞洁大作战　342

博弈大结局　359

结语：婚姻的意义　385

引言
情感与博弈

问世间,情是何物。
直教生死相许。

——元好问《摸鱼儿·雁丘词》

眉横春山，眼含秋水。巧笑倩兮，美目盼兮。此类优美的词句大多出自痴情男女之手。他们沉浸在情感的海洋中感悟人生，在灵与肉的碰撞中探索生命，对异性充满鲜活的遐想，情感常常溢于言表。他们笑语盈盈、步生莲花，时时散发温柔的魅力，处处展示暧昧的举止。他们的情爱世界花雨满天、美妙绝伦，是其他动物无法感知的人间奇迹。至于其他动物，都只是激素的奴隶、欲望的载体，它们没有爱情，也不会结婚，与人类不可同日而语。

然而这一切都只不过是人类的错觉，或者只是一种有趣的心理现象。

孟子早就说过，"人之所以异于禽兽者几希"，意为人与动物之间，并没有本质的区别。这句话虽短，却是进化心理学的萌芽。

所谓进化心理学，是以进化理论来解释人类心理现象的学科，内容相当驳杂，不但可以用来解释动物行为，而且可以用来解释人类行为，特别是用来解释两性关系，已经取得了不错的成绩，以至于有人误以为，进化心理学就是研究两性关系的学科。其实两性关系只是进化心理学研究的一个领域,不过由于容易引起大家的关注,更为人们所熟知罢了。

此前人们比较重视生物机体的研究,比如:眼睛是如何进化而来的?毛发该如何生长?皮肤为何富有弹性?……当进化心理学崛起后,人们开始关注动物行为的进化,比如:鸟儿为何会筑巢?鱼儿为何会洄游?……各种研究归纳之后,人们得出了一个重要结论:许多动物行为都受到基因的控制,生物钟就是很好的例子。

从植物到动物,从低等动物到高等动物,从猩猩到人类,都有生物钟现象——生命活动会随着时间节律的变化而变化。你什么时候困了、什么时候起床,都由生物钟决定,而生物钟由基因决定,相关研究已经获得了2017年的诺贝尔奖。这个事实表明,人类行为在某种程度上确实受到了基因的控制,这就是基因决定论,是进化心理学领域比较重要的理论。

有人不喜欢基因决定论,他们只认可基因对某些机体特征的决定作用,诸如皮肤的颜色、身材的高矮和血型的分类等,但不认可基因对行为的决定作用。那意味着人类可能会失去自由意志,沦为基因的奴隶,对人类中心观是个沉重的打击。

可基因决定论的证据越来越多,比如语言能力就受到基因的控制,阅读能力也与基因有关,甚至连我们喜欢甜食的程度,也无法摆脱基因的影响。

人类对甜食的偏爱程度取决于甜味剂受体,那是一种味觉细胞表面蛋白,表达丰度由基因决定。也就是说,你是不是喜欢吃糖,与你的基因有关。而你是不是喜欢吃糖,又决定了你的身材是胖还是瘦。身材的胖瘦在一定程度上决定了你是不是喜欢运动,并进一步影响你的身体健康状况。而身体健康状况无疑会影响你在异性心目中的形象，并决定你恋爱的成功率和离婚的可能性。

由此可以推测，人类情感极有可能也会受到基因的影响，那正是进化心理学关心的主题——男人对女人的态度，或者女人对男人的看法，背后都能隐约看到基因的影子。

客观而言，我们不必轻易否定基因决定论，当然也不应过于依赖基因决定论。然而，并非所有人都接受折中的态度，许多学者主动站队分为两派：一派反对，另一派支持。有趣的是，正是两派之间的激烈论战，才使得相关观点被更多的人了解。

反对者认为，人类不是一种普通的动物，而是有着深厚文化底蕴的动物。我们的一言一行，都受到各种文化因素的影响。比如受过高等教育的人，与文盲相比，或者有宗教信仰的人，与无神论者相比，他们看待情感的方式并不相同。毕竟情感的内涵相当复杂，将其简单地归因于基因的控制，是不太严谨的方法论错误。

而支持者相信，动物情感是进化的结果，是早就写进基因的行动指南。无论雌雄，情感的目的都是获得更多的后代。这一逻辑完全可以拓展到人类身上，并用来解释一系列的相关问题，诸如人类为什么要谈恋爱？为什么要结婚？结婚前为什么要收彩礼？结婚时为什么要大办婚礼？父母为什么会合作照顾后代？为什么婚后还会偷情？……这些问题原本属于社会科学范畴，就此一变而成为生物学问题。

研究范式的改变，答案也让人耳目一新。

进化心理学的麻烦在于，研究人员无法直接拿人来做实验，动物实验也是困难重重。许多动物都容易受到观察行为的干扰，就连轻微的激素波动也可能影响观察结果，导致进化心理学时常遭到一些激烈的抨击。人们指责相关研究完全是在胡说八道，哪怕有些结论看似很有道理，也只不过是一堆正确的废话。比如说女性容易害羞是众所周知的事情，进化心理学家却要装模作样地展开社会调查，再一本正经地给出科学解释，纯属多此一举，对于理解人类行为并没有提供真正有效的见解和知识。

尽管如此，进化心理学还在继续发展，并得到了广泛的传播。更多的研究人员涌入其中，想要挖掘隐藏的宝藏。他们勇于解剖人类的情感世界，并提出了大量全新的见解，许多理论都足以刷新旧的观念，成为人类了解自我的重要切入点。

平心而论，人类行为与动物行为肯定有所区别。毕竟人类是典型的群居动物，容易受到文化因素的影响，拥有压制动物本能的气质。我们的艺术作品，无论是电影还是文学，音乐还是舞蹈，绝大多数都在歌颂爱情、礼赞忠诚。至少在形式上，人类情感世界的内涵深度已经远远超越了其他动物。

但无论如何，人类仍然是一种动物，仍要受到进化法则的制约。文化的力量固然强大，还无法全面消除生物学本能的影响。基因的控制仍然会起作用，很难轻易摆脱。

目前认为，文化和基因对人类行为的影响比重大约各占一半。只受文化影响却不受基因控制的机体不是生命，而是神灵；只受基因控制而不受文化影响的机体只是简单的动物，不足以成为人。真正的人类，是文化与基因作用的综合体。我们推崇高尚的品行、赞颂真诚的友谊、歌唱忠贞的爱情、捍卫稳定的婚姻，同时我们也需要吃喝拉撒，想尽一切办法满足肉体的需要。没有肉体，文化无以依存；没有文化，则肉体失去意义。

文化令我们感动，基因让我们行动。

只有掌握其中的微妙平衡，才能充分理解人生的意义，践行人生的价值。

基因的法则是设法将自己传递下去，指导机体依次完成生长发育、选择配偶、交配、生育后代等任务。动物种类不同，在每一环节采取的策略也各不相同。有些动物会快速推进部分进程，比如秋蝉，它们在地下蛰伏多年，以执行机体生长任务，然后在某一时刻集体爬出地面，在树梢高声鸣叫，呼朋引伴，同步进入配偶选择阶段。只要雄性声音足够大，就能吸引雌性前来进入交配环节。雌性随即找地方产卵，完成生育环节。所有工作都在数天之内完成。为了节省时间，它们甚至压缩了后代抚育程序，雌性只是将卵产在树枝上，任其自生自灭。整个过程几乎没有多余活动，行云流水、一气呵成。完成使命的雌性和雄性随之死去，对这个世界没有丝毫留恋，它们都是基因指令的完美执行者，简洁高效，从不拖泥带水。

并非所有动物都像秋蝉这样不折不扣地执行基因的指令，它们有时也会采用其他策略，有的环节被延长，有的环节被缩短，并直接影响了最终的寿命，其中以人类的表现最为独特——我们几乎将所有环节都尽量延长，以至于在配偶选择环节出现了缠绵悱恻的爱情，并在交配之前插入了结婚程序。可究其本质，每个环节都与其他动物没有本质区别，都只是在基因的指导下例行公事而已。不过人类的手续更为烦琐、时间更加漫长，仪式感也更为强烈，因此也更显有趣，或者说更加烦人。所有活动的目标，都是为了让对方在合作关系中投入更多，从而让自己获益更多，那是基因的预设方案,也是两性博弈的基本原则。

雌雄两性会在每个环节展开不同形式的博弈,动物学家称之为两性博弈,在人类这里特称为男女博弈。之所以稍做区别,是为了表示对人类的基本尊重。

男女博弈是个严谨的学术话题,尽管有时免不了带点八卦色彩,其内核却是以博弈论为基础的策略体系。

博弈论原本是一个经济理论,却在进化论领域得到了广泛运用,比如:什么样的叶片可以帮助植物收集更多的光能?什么样的体色可以帮助动物有效躲避捕杀?每次生育多少后代才能获得更多的生殖回报?……每个问题都离不开反复的博弈。两性关系中,更是充满了博弈的技巧,比如:雄性在雌性面前该如何表现?雌性应该如何评估雄性的实力?……相关博弈策略我们很少在教材中读到,也没有哪位老师会在课堂上公开讨论这个话题,然而男女博弈策略却与每个人的生活息息相关,影响着所有人的命运,甚至塑造了人类社会的形态。

假如你孤傲清高,想要摆脱庸俗的男女博弈,远离红尘,做个餐风饮露的绝世高人,你就会在婚姻市场里彻底出局,无法留下自己超凡卓越的基因。留下基因的都是凡夫俗子。世俗男女可能没有听过博弈论,却在默默遵循基因的指引,时刻践行着博弈的精神,从相知相识到相依相爱,再到结婚生子或者相离相弃,没有哪个环节能够摆脱博弈策略的制约。

男女生理结构不同,行为目标不同,适用的博弈策略自然也不相同。但他们却共享相同的博弈目标,那就是用尽可能少的投入获取尽可能多的生殖回报。

生殖回报并不是一个严格的概念，我们可以将其通俗地理解为，后代数量越多，生殖回报越大。请记住这一原则：追求生殖回报是所有生物的根本任务。尽管现代人已经不把多子多福作为人生指南，但进化的惯性不可能轻易消除，生殖回报意识已经深深植根于男人和女人的基因之中，指导他们精心乔装打扮，混迹于婚姻市场中讨价还价，巧舌如簧、海誓山盟，一代又一代，从不止歇。有人在繁华中儿孙满堂，有人在凄清中孤独终生。

需要指出的是，男女博弈并非处心积虑设计的结果。比如女性普遍采取单胎策略，并不是说她们故意只生一个，而是由于长期的进化压力，不得已保留了单胎的性状，多胎能力则遭到了自然选择的压制。但表面看来，单胎策略很像是女性与男性博弈的结果，事实上她们并没有明确的计划，也没有清晰的意识，同时也没有相关的控制能力。很多女人都不知道为什么一胎只能生一个孩子，当然也根本谈不上什么心机。因此我们不必对男女博弈策略感到恼怒或者沮丧。大家都只是在服从基因的指令，一代一代照章办事而已。进化的惯性让我们采取这样或那样的行动，绝不是绞尽脑汁用来对付配偶的阴谋。

所以我们应该用平常心看待男女博弈。尽管有些博弈策略显得冷静而薄情，却也并不妨碍真情的流露。真情是结局，博弈只是剧情；或者说真情是现状，博弈只是进化的路径。博弈策略可以看成制作蛋糕的菜单，厨师照单操作，就能呈现无与伦比的美味。我们在享受香浓的蛋糕时，完全不必追问也不必在意蛋糕的制作流程，而只需要尽情享受那种软甜细滑的感觉。同样的道理，我们在享受真情的喜悦时，也不必考虑这种喜悦从何而来，更不必分析那是何种博弈策略的产物。大家不必假借知识的名义，把爱情当作所谓考验，把婚姻看作所谓陷阱。爱情和婚姻其实是为二人世界搭建的最佳舞台，这个舞台是用来享受的，而不是用来战斗的。忘掉博弈，享受真情，才是男女博弈的终极目标。

本书梳理了男女博弈的内在逻辑，带你直击爱情和婚姻的本质，深度理解婚姻的意义。这一主题与道德无关，而只是科学原理的呈现。科学有时就像不谙世事的老夫子，未免有点大煞风景，但谁又能抵挡好奇的念头和获取知识的乐趣呢？我们不必因道德而愤怒，也不必因科学而悲观。相反，我们其实应该感谢男女博弈，那是文明的阶梯，更是驱动人类进步的不竭动力。

男女两性在风风雨雨中反复上演着你来我往的情感大戏，通过曲折的剧情，终于迎来了近乎圆满的结局。没有博弈，就没有人头攒动、光怪陆离的文明时代。正是在两性博弈的推动下，我们才拥有了五彩缤纷的世界。

我们生活在一个由男人和女人组成的世界，他们是男女博弈的实际执行者，是精子和卵子的最佳代言人，也是有性生殖的坚定追随者。所以要想讨论两性博弈，必先理解有性生殖，那是所有两性博弈的根源。

下面就让我们言归正传，从有性生殖的起源与进化说起。

故事虽然陈旧，情节却依然生动。

第 1 章 两性博弈溯源

> 平生不会相思,
> 才会相思,
> 便害相思。
>
> ——徐再思《折桂令·春情》

每个科学领域都有尚待解决的基础问题，进化论领域同样如此。相关专家曾列举过"进化论十大问题"，包括"为什么我们会老去？""我们为什么需要合作？"，等等。排名第一的问题是："生物为什么需要有性生殖？"这个问题之所以排名第一，不但因为问题本身比较重要，而且因为难以回答。

所谓有性生殖，就是需要雌雄两性合作繁殖后代的模式，后代会出现不同程度的变异，与父母之间有些相似，又有些不同。如果你想生下和自己完全相同的后代，就不能采用有性生殖，而只能采用无性生殖。

根据有性生殖的定义，某种生物要想进行有性生殖，至少需要雌雄两种性别合作才行。既然雌性可以自己生育后代，它们为什么要替雄性传递基因？雌性的目的何在？或者说雄性的意义何在？

有人对此不以为意，他们认为雌雄两性是自然而然的事情，就像傍晚太阳落山、早晨小鸟出林一样自然。我们身边到处都是两种性别的生物，院子里有公鸡和母鸡，花坛中的月季有雌蕊和雄蕊，草叶间爬行的瓢虫也分为雌虫和雄虫。所有这些都表明，雌雄两性是一种常态。所谓"孤阴不生，独阳不长"，雌雄两性古已有之，似乎并不需要特别的解释。

事实并非如此，有性生殖一直是令生物学家谈之色变的话题，倒不是他们比较保守，以至于不好意思谈起有性生殖，而是因为有性生殖存在许多难以解释的谜团，特别是相对于简洁的无性生殖而言，有性生殖显得有点不可理喻。

以哺乳动物为例，在有性生殖过程中，几乎所有生育工作都由雌性包办，雄性基本无所事事。连人类也不例外，女人居然能够容忍男人的存在，并为他们生儿育女。她们为什么不通过孤雌生殖独自生育后代呢？

达尔文（Charles Darwin）在1862年就开始关注这个问题。他指出，"我们对于有性生殖一无所知"，便将有性生殖称为进化论的核心谜团。直到德国著名生物学家魏斯曼（August Weismann）开始认真思考有性生殖的价值，与有性生殖相关的争议才不断浮出水面，并引发了一系列连锁反应，成为推动进化理论不断发展的重要引擎。

魏斯曼出生于德国，年轻时立志当一名医生，为此他考进了哥廷根大学攻读医学专业。当达尔文的《物种起源》出版时，二十五岁的魏斯曼发现，进化论才是他的最爱，于是毅然决然放弃医学梦想，中途改学生物学，专攻昆虫发育。这是一个睿智的选择。昆虫生殖周期短、世代更新快、后代数量多，是研究生物进化的极佳样本，魏斯曼因此在动物学领域和进化论领域都取得了不俗的成绩。

作为达尔文的忠实追随者，魏斯曼几乎思考过达尔文思考过的所有问题。他知道达尔文被有性生殖现象困扰，便决心着手解决这个谜团，为达尔文分忧解愁。但当时遗传学才刚刚萌芽，许多知识都处于启蒙阶段，诸如减数分裂、基因复制等概念都还没有出现。而缺少遗传学的支撑，有性生殖几乎不可能被真正理解。但魏斯曼自有分寸，他在1892年提出了一套自己的遗传理论，即"种质遗传理论"。他将生物体分为种质和体质两部分。种质负责生殖，体质负责生长，类似于生殖细胞和体细胞之间的关系。生物在传代过程中，只有种质可以向下遗传，体质则被彻底抛弃。

现在看来，种质遗传并不能反映生物遗传的本质，不过在魏斯曼那个时代，却是最接近遗传学真相的理论。基于种质理论，魏斯曼于1904年正式提出，有性生殖并不只是为了繁衍后代，而在于产生新的变异，形成新的种质，以供自然选择。如果生物没有变异，则自然选择无从谈起。也就是说，有性生殖制造了不同的后代，才为自然选择提供了运作的空间。

魏斯曼相信，有性生殖是一柄双刃剑，变异的后代既有可能携带好的性状，也有可能携带坏的性状。好与坏的概率大体相等，如此一来，尽管有性生殖对于特定个体没有直接的好处，却可以制造一个好坏参半的复杂群体。当自然选择介入其中，淘汰应该淘汰的，保留应该保留的，就会对整个种群起到优化作用。

魏斯曼的观点后来经过改造，结合基因理论，形成了著名的"基因搅拌假说"，即有性生殖的目的是打破原有的基因组合，对基因进行有效搅拌，从而不断形成新的基因组合，以供自然选择。

可以看出，魏斯曼跳出了个体利益的局限，从群体利益的角度解释有性生殖，符合人们的文化习惯，因而受到许多政治人物的追捧，甚至成为煽动战争的工具。希特勒就是魏斯曼的崇拜者，他借魏斯曼的理论鼓励年轻人，为国家利益牺牲自己是天经地义的事情。加上魏斯曼竭力强调自然选择和适者生存，与希特勒的政治需要高度契合，成为纳粹发动战争的思想武器。魏斯曼因此在德国被抬到了极高的地位，他的学术观点也得到了广泛传播，在欧洲产生了较大影响，并得到了英国进化论学者费希尔（Ronald Fisher）的支持。

那还是在1919年夏天，第一次世界大战的硝烟仍未散尽，整个欧洲暗流涌动，到处弥漫着诡异的气氛。在一片躁动之中，年轻的费希尔悄然来到了英国赫特福德郡的洛桑农业实验站，负责实验站的数据分析工作。他因视力原因无法参军，于是希望通过提高农业生产而为国效劳。费希尔的工作并不复杂，除了偶尔在田野间巡视庄稼的长势，大部分时间都坐在浓荫掩映的砖瓦平房内查阅各个时期的作物生长数据。农业站内的其他工作人员都没有料到，这个沉默的年轻人居然通过如此枯燥的工作开创了一个全新的研究领域，他的巨著《研究统计方法》影响了几代科研工作者。在《自然选择的遗传理论》中，他又澄清了孟德尔遗传学与进化论的关系，荡涤了笼罩在进化论上空的迷雾，使得遗传学成为支持进化论的科学体系，而不是用来质疑进化论的反面教材。进化论也因此成为精确的科学体系。

基于费希尔的重要贡献，他与另外两名重要的进化论学者赖特（Sewall Wright）和霍尔丹（J. B. S. Haldane）被合称为"综合进化论三剑客"，费希尔排名首位，可谓实至名归。道金斯（Richard Dawkins）称费希尔为达尔文最伟大的继承者。尽管道金斯本人自视甚高，在费希尔面前仍然自叹弗如。

在全面推进进化论发展的过程中，费希尔还特别关注一些细节性问题，有性生殖就位列其中。他在20世纪30年代指出，魏斯曼为有性生殖提供了完美的解释，不可能再有更好的解释，关于有性生殖的争论已经可以宣告结束了。在费希尔的支持下，魏斯曼的理论一度统治生物学界长达数十年，其影响至今仍不可忽略。

但一个隐忧依然未能散去，那就是有性生殖的双倍代价问题，或者说是有性生殖的成本与收益问题，后来被著名进化论学者史密斯（Maynard Smith）称为有性生殖的关键问题。任何一种理论，如果不能很好解决有性生殖的这个关键问题，都很难令人彻底信服。

有性生殖的收益

史密斯出生于英国，1939年第二次世界大战爆发时，他积极报名参军，却因为视力问题而没能如愿，史密斯不得已进入剑桥大学攻读工程学位，参与军用飞机的设计制造工作。战争结束后，军用飞机的实用价值下降，史密斯便开始考虑转行，他设法进入伦敦大学，师从进化论大师霍尔丹学习动物遗传学。霍尔丹是印度裔的英国生物学家，他和费希尔一样，都重视数学理论在进化论领域的运用，并推动了数学与遗传学的结合，共同用于解释一些具有普遍性的进化现象，他的名著《自然和人工选择的数学理论》，是对进化理论的重要创新。正是在霍尔丹的影响下，史密斯开始接触进化论，并将博弈论引入进化论研究，提倡建立数学模型对动物行为展开定量分析。以此为基础，他对有性生殖进行了深入剖析，通过复杂的计算，史密斯认为，有性生殖并不像看起来那么简单。他非常肯定地指出，与有性生殖相关的争论不但没有结束，而且还需要全新的解释。

史密斯的推理是这样的：有性生殖需要两种性别合作才能生下后代，制造后代的效率并不高，而且后代分别只遗传了父母一半的基因，生殖回报根本没法与无性生殖相比，因为无性生殖的所有后代都可以遗传母亲100%的基因。也就是说，有性生殖的母亲需要生下两倍的后代，才能与无性生殖的母亲打个平手。这就是有性生殖的双倍代价。

基于这个逻辑，假设在一个有性生殖群体中，突然出现了一只孤雌生殖的雌性，不断生育相同的后代，后代数量必然迅速超过有性生殖的个体，在群体中占据绝对主导地位，同时提高了有性生殖个体寻找配偶的难度，最终使有性生殖完全丧失优势。

两相对比，有性生殖的效率完全跟不上无性生殖。采用有性生殖需要雌雄两性各自寻找配偶，并说服对方和自己合作，每一步都需要付出巨大的代价，一厢情愿根本无济于事，任何正在恋爱的年轻人都能体会个中滋味。就连植物也不例外，它们为了吸引昆虫授粉，不得不拿出大量花蜜作为诱饵，花蜜都是真金白银的营养物质。如果植物将这些营养物质全部用于构造机体，生长效率必将大幅提升。

也就是说，从经济层面考量，有性生殖同样不划算。

尽管有性生殖需要付出双倍代价，但现在的情况却是，有性生殖无处不在，说明有性生殖模式必定提供了双倍的回报，足以弥补双倍的损失。

这种双倍回报是什么？

史密斯的质问一石激起千层浪，再次引起了大家对有性生殖的关注。几乎所有进化论大师都卷入其中，他们不断提出新的假说，答案太多以至于稍显混乱。有些学者干脆认为：现在之所以存在有性生殖，是因为有性生殖过去就存在。过去之所以存在有性生殖，是因为从一开始就存在有性生殖，所以这事不需要解释。这是一种旧瓶装新酒的观点。著名法国博物学家布丰（Comte de Buffon）早就说过："有性生殖本身就是事实，除此之外，不需要任何解释。"

这种态度稍显懒惰，并不符合科学精神，但其影响却很广泛。哈佛大学著名进化论学者古尔德（Stephen Gould）就持相似观点，他认为有性生殖并不值得深究，简单的问题背后，答案往往也很简单，那只是生物进化的副产品，然后被意外保存了下来。

尽管古尔德在进化论领域享有极高的威望，这个解释仍然难以让人满意。种种迹象表明，有性生殖并不像是副产品，倒像是进化的主角，须臾不可缺少。比如水蚤，正常情况下主要采用孤雌生殖繁育后代，但在个体密度增加导致环境拥挤时，有些雌性水蚤就开始生育雄性后代，以此启动有性生殖程序。雄性水蚤成熟后，将与雌性交配产卵，受精卵并不会立即孵化，而是沉入水底耐心等待，直到水蚤密度降低，或者水量充足的时候再孵化，那时新生的后代将迎接光明的未来。

很多动物都像水蚤这样，交替进行有性生殖和无性生殖，表明有性生殖是传递基因的重要环节，绝非可有可无的点缀。而且古尔德根本没有回答有性生殖的双倍代价问题。

根据适者生存原理，如果一种生物性状无法提供足够的优势，就很容易被淘汰。那么，有性生殖为什么没有被淘汰呢？

要想明确有性生殖的意义，就必须重视史密斯的质问，认真考虑有性生殖的成本与收益，从中寻找有性生殖的内在价值。

事实上费希尔早就思考过有性生殖的成本与收益问题，他曾与著名德裔美籍遗传学家穆勒（Hermann Muller）合作，共同提出了"费希尔–穆勒（Fisher-Muller）理论"，用以详细论证有性生殖的优势。这一理论认为，有性生殖可以轻而易举地将两个优势等位基因组合在一起，从而生出更为优秀的后代。而无性生殖要想达到同样的效果，就只能等待两个等位基因在同一位置发生同一突变，这无疑将大大延长适应的时间，甚至根本无法实现。也就是说，有性生殖加快了优秀基因整合的速度，通过强强联合，将有益的基因突变从大量有害的突变中提取出来，并在群体中稳定下来，有利于整个群体的发展。

这一结论与魏斯曼的观点不谋而合，那正是费希尔当年支持魏斯曼的理论基础。

为了说服怀疑者，费希尔用了一个形象的比喻来阐述这个观点。

费希尔假设，在一个普通的乡村，有的家庭会做镰刀，有的家庭会制斧头。这些技术代代相传，从来不传外人。他们的技术传承与无性生殖相似，上一代会做镰刀，下一代也只会做镰刀，绝对没有机会学做斧头。如此一来，做镰刀的家庭只会做镰刀，做斧头的家庭只会做斧头。这时如果突然出现了一个新型家庭，通过有性生殖模式将两个家庭的技术集于一体，可以同时制造镰刀和斧头，就会对无性生殖家庭产生压倒性优势。当然，在技术融合过程中，可能有的家庭什么也没有学会，结果就会遭到淘汰。但毕竟有些家庭会生存下来，可以将制作镰刀和斧头的本领不断传承下去，甚至在传承过程中花样翻新，顺便学会了制作锄头和铁锹，大大提高了整个村庄的生产能力，收益远远大于损失，因而成为大家学习的榜样。

费希尔说，这就是有性生殖的真相。

费希尔天资卓绝、才华四溢，再加上有穆勒以深厚的遗传学功底作为支撑，此论一出，天下皆以为然。许多学者都将此解释奉为圭臬，以为有性生殖问题已经尘埃落定，再也无须其他赘论。

但穆勒却在数十年后，也就是1964年左右，主动向自己和费希尔的理论发起了挑战，提出了著名的"穆勒的棘齿轮（Muller's ratchet）假说"（简称为棘轮假说），态度几乎来了个一百八十度大转变。这一假说成为重新审视有性生殖的成本与收益的重要理论。

棘轮与短斧

棘轮是机械工程中常用的单向齿轮，结构并不复杂，主要通过齿轮控制导致动轮只能向一个方向转动，而不能反向转动。自行车上就配有一个简单的棘轮，可以确保自行车向前骑行，而无法向后骑行。

穆勒认为，无性生殖可能会对生物造成许多破坏性影响，就像棘轮一样不可逆转。而有性生殖则可以打破这个进程，成为进化路上的救命稻草。所以有性生殖的意义并不在于汇集优秀的基因突变，而在于清除有害的基因突变。这是两个完全不同的作用方向，对生物进化有着完全不同的意义。

穆勒解释说，从遗传上来看，无性生殖存在天然的缺点。一旦无性生殖的个体发生基因突变，就会原原本本地将突变传递下去，而大多数基因突变都是有害的。穆勒通过X射线处理果蝇，已经反复证明了这个观点，他也因此获得了1946年的诺贝尔奖。

既然多数基因突变都有害，并通过无性生殖不断传递下去，在后代体内代代积累，最终必然造成毁灭性的影响，导致种群集体衰退。衰退的过程就像单向的棘轮，几乎没有自动恢复的可能。无论是动物还是植物，只要采用无性生殖，都要面临着相同的困境。苗木公司的技术人员清楚地知道，如果把优质苗木一代代扦插繁殖，苗木品质就将不断下降，那是无性生殖不可避免的后果。

既然无性生殖存在衰退的风险，当然可以反证，有性生殖正是阻止衰退的手段。生物可以通过有性生殖引入没有突变的正确基因，并对突变的基因进行修复，以此阻止突变的积累，从而维持优秀的性状。

打个比方，无性生殖就像是一遍接一遍地抄写文章，错误的地方也会被传抄下去，经手的次数越多，积累的错误也就越多，最终的版本和原来的版本必将大相径庭。改正文章的最好办法是不断拿出原版进行修订，那就是有性生殖所做的事情。

这就是棘轮假说的要点。

下面我们以草原上的兔子为例，来进一步理解棘轮假说的内涵。

兔子与草原狼长期存在竞争关系。草原苍茫、危机四伏，兔子只能不断发展各种本领来躲避草原狼的追杀，它们行动快捷、听力灵敏、视野开阔而犀利。稍有风吹草动，它们就立即躲进洞中，否则就再也没有机会看到草原落日。

假设在草原上有一群无性生殖的兔子，多数都发生了基因突变，造成了不同程度的畸形，要么听力迟钝，要么视力模糊，要么行动缓慢。由于突变无法修复，听力迟钝的兔子再也没有机会让下一代恢复听力，视力模糊的兔子也没有机会让下一代恢复视力，就像很难将抄错了的文章通过再次抄错而恢复原版一样。长此以往，兔子有的聋，有的瞎，有的瘸，整体命运可想而知。

但兔子现在仍然在草原上蹦蹦跳跳、活力十足，说明它们并没有走进可怕的绝境，因为兔子并不是无性生殖动物，而是有性生殖动物。就算偶尔有一只兔子发生了突变，变成了听力迟钝或视力模糊的兔子，但只要和健康的兔子交配，就有机会修订错误，继而生下健康的后代。尽管有些后代被淘汰了，但总有优秀的后代保存了足够优秀的性状，它们目光如电、奔跑如飞，能够继续和草原狼玩死亡追逐的游戏，成为兔子世界的希望之星。

根据穆勒的观点，有性生殖的意义不在于制造突变，而在于阻遏突变，或者修复突变，因此他的理论又可以被称为"修复突变假说"。

那么，这个理论能经得起实践的检验吗？

假如棘轮假说正确，无性生殖必然面临突变积累的麻烦。从数学角度考虑，基因数量越大的物种，突变积累的速度就越快，就好比抄写十个字，抄写十遍也错不了几个。但抄写一百万字时，可能只抄一遍就能积累好几万个错别字。同样的道理，基因数量越多的生物，无性生殖时突变积累得也越快，从而更需要通过有性生殖加以修订。

而这个预测是可以验证的。

在某种程度上，许多生物的表现都符合穆勒的预测，比如细菌的基因数量较少，可以放心采用无性生殖。人类的基因数量较多，必须实行有性生殖。那些基因数量介于多与少之间的，则会采取变通手法，主要采用无性生殖，偶尔采用有性生殖。水蚤就是这样，它们会一代一代地进行无性生殖，然后突然来一次有性生殖。就像在抄文章时，抄了几遍，然后突然把原文拿过来参照一下，尽可能地修订所有错误，让水蚤仍然是水蚤。

如此看来，棘轮假说似乎完美解决了有性生殖之谜。

然而，并不是所有生物都符合棘轮假说的预测。更为广泛的调查表明，许多基因数量很少的生物也在进行有性生殖，相反的情况同样存在，基因数量很多的生物也可能进行无性生殖。这就彻底打乱了棘轮假说的预测，似乎在基因数量和有性生殖之间，并不存在明显的关联性。这也暗示，在穆勒的棘轮之外，可能还有其他力量在左右生物进化的脚步。

那是什么力量呢？

俄罗斯遗传学家康德拉绍夫（Alexey Kondrashov）认真审视了相关质疑，然后修订了棘轮假说，并提出了"康德拉绍夫的短斧（Kondrashov's hatchet）假说"（简称为短斧假说），与穆勒的棘轮假说相对应，内容也有着微妙的对应关系。

康德拉绍夫认为，在恶劣的自然环境中，基因无时无刻不在经受各种损伤，比如紫外线照射、化学试剂诱变或者氧自由基攻击等。正常情况下，基因损伤的速率相对稳定。长此以往，群体内将会像穆勒预测的那样，充满了大量突变的个体。从这个角度来说，穆勒是正确的。

但康德拉绍夫给出的应对方案和穆勒有所不同。

康德拉绍夫认为，有性生殖并没有逆转棘轮，而是像锋利的短斧，无情地砍掉了有害的突变。因为有性生殖可以将有害的突变集中在少数个体身上，集中的结果，常导致不幸的个体死亡，从而将有害的基因突变一并淘汰。

可以看出，棘轮假说与短斧假说的区别在于：棘轮假说认为，有性生殖的目的是参照未突变的个体，使基因恢复原状。而短斧假说则认为，有性突变是为了强化突变，直到将突变彻底清除。好比是抄写文章时，如果抄错的字太多，就直接烧掉，这样就把所有的错字全都清除了，所以又叫作"清除突变假说"。

清除突变的策略简洁而粗暴，要比仔细校对然后再加以修复的成本更低，可行性更强。特别是在基因数量过大，修复成本过高的情况下，清除突变更为实用，毕竟越是复杂的仪器维修起来越是困难，直接报废才是上策。

已有统计表明，无性生殖的生物由于携带较多的有害突变，寿命往往都很短。有性生殖可以清除有害突变，寿命才有了延长的可能。这一现象可以看作是短斧假说的证据。

支持短斧假说的另一个证据是，生物在清除有害突变时，可能会把关联基因一并清除掉，最直观的例子就是哺乳动物的Y染色体。只有雄性动物体内有一条Y染色体，没有与其他Y染色体配对的机会，导致这条染色体上的有害突变无法得到修复，而只能被不断清除。结果就是，Y染色体在不断变短，就像是被短斧不断砍削的树枝，其至有彻底消失的风险。

清除突变假说的麻烦在于，现代分子生物学研究已经发现，复杂生物的细胞内都存在高效的基因突变修复和清除机制，无法修复的突变还可以通过细胞凋亡等简单的方式直接加以清除。也就是说，生物本身已经具备了清除突变的能力，而不需要运用有性生殖这样庞大复杂的系统来做这种小事，那简直是在用牛刀杀鸡。与此同时，清除突变显示效果的时间太长，并不足以在生育后代的竞争中战胜无性生殖，这是众多假说面对的共同死结。

正因为如此，对有性生殖的讨论还在继续。仅在穆勒提出棘轮假说两年之后，就有两位学者再次对有性生殖难题发起了冲击。

连带效应

无性生殖没有基因重组环节，一旦某个基因适应度较低，就可能直接遭到淘汰，并连累附近的其他基因也被顺便淘汰，这就是"连带效应"。被连累的如果是有益基因，就会导致整个群体的适应性降低。

这被看作是无性生殖最致命的缺点。

反观有性生殖，可以一代一代地不断打破基因连锁，对不同的基因进行随机重组，很少出现连带效应。

基因在群体中有着不同的适应度，能给个体带来不同程度的优势。适应度高的基因在群体中的比例越高，就越是对群体有利。也就是说，有性生殖可以优化基因选择，提升优秀基因的比例。由此得出的推论是，有性生殖的后代可以携带更多优秀的基因。尽管这个概念早就存在，但对其进行总结并展开量化研究，则得益于罗伯森（Alan Robertson）和希尔（William Hill）在1966年的工作。

罗伯森毕业于剑桥大学物理化学专业，受到第二次世界大战的影响，他没能完成学业，直到战后才有机会进入英国农业研究委员会从事动物育种工作，后来又到爱丁堡大学开展动物遗传学研究。在此期间，他开始思考有性生殖问题。此前他曾受到过著名进化论学者赖特的影响。赖特是进化心理学领域的重要开创者之一，也是基因决定论的有力支持者，他一向主张从基因的角度来分析有性生殖的价值。这一观点启发了罗伯森，让他习惯于运用进化思维分析动物学现象，加上在育种实践中得出的经验，比如通过人工选择可以明显提高奶牛的产量，使他坚信有性生殖必然存在某种优势，因为人工选择的主要方法就是有性生殖。

罗伯森当时已经知道，奶牛的很多生物学性状都受到基因的控制，并直接影响产奶能力，表现为不同的性状。这些性状可以通过有性生殖进行重组，人工选择则可以强化重组的速度，继而快速推出新的高产奶牛品种。如果不是有性生殖，这一工作将面临巨大的困难。

罗伯森意识到，在不同的奶牛性状重组过程中，有性生殖不可或缺。但有性生殖具体如何起作用，他也不太清楚，于是将这个任务交给了新来的博士研究生希尔。

当时希尔年仅二十六岁，正处于热恋之中，对科学研究充满了激情。他同时也是费希尔的崇拜者，热衷于通过数理统计分析动物的遗传特征，并通过费希尔的理论而认识到赖特理论的价值，开始尝试将遗传学和数学结合起来解决导师交给的任务。他仔细分析了人工培育的奶牛的表现，发现确实可以通过有性生殖快速将某些优秀性状聚集在某头奶牛身上。在此基础上，他与罗伯森共同提出了"希尔-罗伯森干涉（Hill-Robertson Interference）假说"，以奶牛为例集中探讨有性生殖的意义。

希尔认为，通过有性生殖，不同的基因有机会形成不同的组合，那是基因搅拌的直接结果。不同的基因组合有不同的适应度，在群体中的比例也会因此而不同。在这些组合中，某个基因常会影响到与其组合的其他基因的比例，这就是选择干涉现象。解释这一现象的理论，就是"选择干涉（selection interference）假说"。

希尔假设，在无性生殖系统中，有一种简单的生物只有两个连锁基因，分别是a和b。如果a基因突变成了优势基因A，具有更高的适应性，那么随着时间推移，这个基因将在群体中越来越多。

另外，b基因也有可能突变成优势基因B，那么携带B基因的个体和携带A基因的个体将会相互竞争，这两个优秀基因将会自相残杀，必然会有一个被淘汰，从而制约了系统进化的速度。

而在有性生殖系统中，情况则有所不同。突变基因可能重组成各种组合，比如AB基因组合，全是优势基因，将比aB或Ab的基因组合具有更强大的优势。AB的优秀组合将被就此固定下来，在群体中的比例不断提高，系统就出现了快速进化。在这一过程中，A基因干涉了B基因的选择，同样的道理，B基因也干涉了A基因的选择。

根据这个推理，在有性生殖系统中，优秀基因组出现的速度和效率，都要比无性生殖快得多。在无性生殖系统中，完全通过突变产生AB的概率非常低，涉及的基因越多，概率就越低，低到几乎不可能发生。这是简单的概率问题，无性生殖没有得到概率的青睐。

但有性生殖也不能高枕无忧，连带效应仍然会起作用。当有益突变席卷整个群体时，与其连锁的有害突变也同样得到了扩散的机会，这就是"搭便车效应"（hitchhiking effect）。可见选择干涉的后果也是好坏参半、优劣相杂。但总的来说，有性生殖好的一面多于坏的一面，因为优秀的基因组合成功的机会必然更多，因而导致优秀的基因比例不断提高，那正是生物持续进化的动力。

可以看出，选择干涉假说事实上和短斧假说彼此呼应。短斧假说强调有性生殖将坏的基因突变组合在一起，然后一起砍掉。选择干涉假说则认为，有性生殖可以将好的基因突变组合在一起。这两个理论事实上在描述基因重组的硬币的两面，短斧假说重视有害的一面，选择干涉假说则重视有利的一面。两者产生的结果却都对群体有利，可谓殊途同归。

尽管选择干涉假说可以实现逻辑自洽，却无法解释反对者的责难：有些生物已经完美地适应了环境，对于所处的环境而言，它们的基因臻于圆满。比如蝙蝠，身体各方面都已很好地适应了夜间飞行和捕捉昆虫的要求，它们只要维持现有的基因组合就可以了，随意的有性生殖反倒可能会打破优秀的基因组合，出现意想不到的后果，那又何必继续采用有性生殖呢？通过无性生殖巩固已有的成果才是最好的选择，但事实却是，所有经过长期进化的高等生物，几乎都在采用有性生殖，与理论预测的情况并不一致，难道高等动物就不怕有性生殖打破优秀的基因组合吗？

无论是穆勒的棘轮，还是康德拉绍夫的短斧，或是希尔–罗伯森的干涉，其实都在附和魏斯曼和费希尔的观点——有性生殖可以对群体起到优化作用，这一观点几乎成为理解有性生殖的基本原则。直到另一位进化论大师突然出场，举手之间将群体选择论打落神坛。所有站在群体选择论的视角理解有性生殖的理论，瞬间变得岌岌可危。于是战火重燃、烽烟再起，有性生殖又一次成为科学家争论的焦点。

这位进化论大师就是时任纽约州立大学教授的威廉斯（George Williams），他于1966年对另一位进化论学者爱德华兹（Wynne Edwards）的批评，意外揭开了一场关于有性生殖的全新争论。

彩票假说

爱德华兹是鸟类学专家，曾任英国阿伯丁大学的动物系主任，在动物行为学领域有着极高的造诣。他的研究思路相当独特，看待问题的角度和很多学者完全不同，甚至和达尔文也不一样。他认为自己发现了达尔文理论的一个漏洞：在自然选择的理论体系中，生存竞争主要指不同物种之间的竞争，比如猫吃老鼠，或者狼吃兔子，却在很大程度上忽视了相同物种之间的竞争，也就是种内竞争，比如狼与狼的竞争。当它们都想要吃同一只兔子时，或者都想要占用同一个洞穴时，种内竞争就不可避免。

爱德华兹指出，种内竞争有时可能比种间竞争更加激烈，毕竟它们需要争夺相同的栖息地、相同的食物和相同的交配对象，存在全方位的竞争关系，有时未必会决出生死，却能在漫长的时间内让对手无处藏身。

爱德华兹进而推理，为了获得种内竞争的胜利，许多个体都需要同伴的支持，很多人都懂得"三人成虎"的道理，动物也深谙其道，比如狼会为了生存而结成狼群。在狼群中，个体常常为了群体利益而牺牲自己。保护群体的利益就是保护自己。如果群体不存在，个体也就不复存在。当草原狼群体密度过高时，它们就会主动降低个体生育数量。那可能是狼群在调控群体密度，防止群体食物短缺。

这种为了群体而牺牲个体利益的观点，就是爱德华兹强推的"群体选择论"。他也因此被视为群体选择论的奠基人。

群体选择论与魏斯曼的观点前后呼应，很容易让人感动，因而受到了广泛欢迎。在爱德华兹旗下，很快聚拢了许多追随者，他们到处宣传群体选择论，同时鼓吹高尚的利他合作和爱国行为。很多电影、小说、诗歌都在歌颂此类无私的品行，人们似乎从自然选择的绝望中看到了文明的希望，相信这世界并非充满了自私的竞争与猎杀，还有大度的合作与互助。个体共同捍卫群体的利益，强大的群体也可以保卫个体的利益，这是一个双赢局面，其中蕴含着人之所以成为人的伟大动力。无论从哪方面来看，群体选择论都堪称完美，几乎无懈可击，令人心悦诚服。

基于这个逻辑，爱德华兹理所当然地支持魏斯曼和费希尔的观点，因为他们的解释完全符合群体选择论的精神——尽管有性生殖可能不符合个体利益，却能为群体利益服务。

正当群体选择论大行其道之时，却遭到了威廉斯的强力狙击。

威廉斯是一位沉默寡言的学者，身材高挑消瘦，留着络腮胡子。许多进化论学者都喜欢留大胡子，他们可能是在用这种奇特的方式向达尔文致敬，毕竟达尔文也留着大胡子。

威廉斯没有发表过什么高水平的论文，却写了几本极有影响力的进化论著作，诸如《适应与自然选择》《有性生殖与进化》《自然选择》等，都对进化理论产生了深远的影响，彻底改变了生物学家对自然选择的理解方式，从而他被道金斯称为20世纪最值得尊敬的进化论学者之一。

威廉斯曾经在芝加哥大学听过一场关于群体选择论的讲座，其中提到了无私的死亡，即个体以自己的死亡来换取群体的利益，所以死亡是一种利他现象。讲座中还提到，动物的衰老也是一种利他现象，因为衰老可以从群体中剔除老化个体，为年轻有活力的个体腾出生存的空间。这个讲座受到了听众的热烈欢迎，威廉斯却是例外，他当场就认定，群体选择论是彻头彻尾的错误理论，对衰老的解释纯属无稽之谈。如果这个解释是正确的，他宁愿放弃进化论。

威廉斯认为，生死替换的原理非常简单，年轻个体的存活概率永远大于年老的个体。越是年老，死亡的风险就越高。年老个体之所以死亡，是因为不得不死亡，而不是为了给年轻个体让位。在相同的自然环境下，衰老的个体总是会比年轻的个体提前死去，那绝非主动行为，而只是因为它们死去时，自然就会腾出一定的空间来。年轻的个体仍然活着，理所当然地可以占有腾出的空间。生死替换只是物理现象，而不是为了群体利益做出的伟大牺牲。

威廉斯坚信，任何基因，只要有助于个体生存，或者能为个体争取更多生存和生殖的机会，就会立即在群体中扩散开来，这种扩散与群体无关。许多支持群体选择论的例子，其实都是假象。同时期的霍尔丹和赖特都有个体选择思想，但在群体选择论大行其道之时，他们根本无法发声。现在威廉斯登高一呼，顿时群雄响应，并直接启发道金斯写出了影响深远的《自私的基因》。

既然如此，所有围绕群体利益解释有性生殖的观点，都面临着巨大的挑战，它们都没有严格区分个体利益和群体利益，有时甚至将两者混为一谈。而站在群体利益的角度分析有性生殖的个体价值，结论必然不可相信。

作为修正，威廉斯提出了一个全新的见解：有性生殖应该和生物扩张有关，比如孤雌生殖的蚜虫都没有翅膀，只在准备有性生殖时，才会纷纷长出翅膀，那时就到了种群扩张的时节。植物也有类似的表现，无性生殖时，它们只在原地生根发芽，可有性生殖的种子却需要传播到远方，有的随风飘飞，有的借助动物四处流浪。这些现象提示了有性生殖的根本价值——既然注定要远走他乡，就必须提前做好预案，通过有性生殖制造足够多的变化，以变应变，才能在变化的环境中生存下去。如果后代在抵达目的地之前就已死亡，对于基因传递就毫无意义。正因为如此，有性生殖应该努力制造优秀的后代，而不是制造资质平庸的子孙。而且后代差异越大越好，其中必有超越平庸的卓越之选，可以适应全新的环境挑战。

这个观点被威廉斯总结为"彩票假说"（lottery principle）。无性生殖相当于买了很多号码相同的彩票。而有性生殖的每一张彩票号码都不一样，中奖概率必定高于无性生殖。同理可知，要想让后代得中自然选择的大奖，就应该制造不同的后代，而不是相同的后代。

这就是彩票假说的核心思想。

彩民都清楚，如果能预知中奖号码，那么全部买进同一号码将是最佳策略，那正是无性生殖的做法。它们已经适应了当地的环境，现有的性状就是最优性状，它们不需要做出任何改变，只要不停地制造相同的后代就可以了。蚜虫就是这么干的，它们在夏季一直进行无性生殖。一旦秋季来临，寒风将至，环境变化加剧，它们就开始进行有性生殖。因为未来不可预知，前途一片暗淡，此时用不同的后代去适应不同的环境，才是最佳策略。

几乎所有轮流进行有性生殖和无性生殖的生物都符合这一假说：无性生殖原地不动，有性生殖远走他乡。从植物到动物，罕见例外。彩票假说因此得到了多数学者的认可，在很长时间内都是研究有性生殖的指南。

但彩票假说也有漏洞，远走他乡的后代必须能够生存下来，否则有性生殖就将得不偿失，甚至血本无归。如果派出了十个儿子征战十方，结果全部伏尸疆场，就算后代再优秀也毫无意义，还不如老老实实生下十个平庸的儿子守在家乡养老送终实在。也就是说，如果不能中奖，有性生殖就不可能得到传播，彩票假说也就无法成立。

意外的是，这个担心并非多余。当有学者用严谨的实验寻找彩票假说的证据时，他们居然发现了大量相反的例子。

根据威廉斯的预测，生态环境越是恶劣多变，有性生殖就应该越普遍，大家都需要努力制造能够中奖的优秀后代。那么在高纬度高海拔地区，比如高山和高原，有性生殖应该遍地都是才对。同样的道理，小型生物应对环境变化的能力更差，应该更多采用有性生殖。但野外调查结果却完全相反：在高纬度高海拔地区，反倒挤满了无性生殖的生物。小型生物偏爱无性生殖，倒是大型动物更多采用有性生殖。

这个结果意味着彩票假说的全面崩溃。

至此学界才意识到，他们虽然放弃了群体选择论，却没有找到一个新的替代视角来理解有性生殖。所以他们必须重新考虑有性生殖的意义，并用新的理论给出新的解释。

正当各路学者摩拳擦掌之时，美国芝加哥大学的古生物学家瓦伦（Leigh Valen）悄然登场，低调地提出了"红色皇后假说"。在此基础上，研究人员开始重新理解有性生殖。

奔跑的皇后

瓦伦同样留着招牌式的大胡子，那是沉迷于进化论研究的标签。他的工作是分析海洋古生物化石，经过漫长而枯燥的梳理，他在纷乱的化石资料中发现了一条出人意料的规律：某种动物不管存活了多久，灭绝的概率依然如故。换句话说，过去的经验并不能提高适应能力。不管过去多么成功，未来依旧危机重重，稍有不慎就会跌入万劫不复的深渊。从漫长的地质历史来看，生物灭绝的速度相对稳定，与环境的关系不大，而主要与天敌有关。

瓦伦由此得出了一个重要结论，生物必须与天敌竞争，而不是与环境竞争。为了赢得竞争，生物必须不断进化，否则将很快被淘汰。他把这个理论概括为"红色皇后假说"，典故出自童话故事《爱丽丝镜中奇遇记》。主角爱丽丝在幻境中遇到了国际象棋中的红色皇后，皇后正在不停地奔跑，并气喘吁吁地对爱丽丝说："你只有拼命奔跑，才能停留在原地不动。"

瓦伦在1973年发表了一篇潦草的论文，用于阐述红色皇后假说。他的核心观点是：当某种生物的适应性不断提高、数量大幅增加时，就会对其他生物造成巨大的压力。为了生存下去，其他生物需要针锋相对，做出相应的改变，大家的生存能力因此都没有得到显著提高，能维持在原地不动就已经是胜利。这就如同掰手腕，对方用力，你也要用力。尽管你没有压倒对手，但是不被压倒就已经是了不起的成绩了。无论竞争对手数量多少，这个逻辑都同样有效。

瓦伦当初提出这个理论时，并没有想到要用来解释有性生殖，直到著名进化论学者汉弥尔顿（William Hamilton）读到了瓦伦的论文，才突然意识到，红色皇后假说可能是理解有性生殖的重要视角。他在瓦伦理论的基础上，于1980年提出了颇有影响的"寄生虫假说"。

汉弥尔顿认为，所有生物都面临寄生虫的威胁，因此必须不断进化，才能摆脱寄生虫的骚扰。如果采用无性生殖，每一代生物性状完全相同，就会变成寄生虫的乐园。而有性生殖可以制造不同的个体，有着不同的免疫系统。寄生虫在每一代身上都是一次陌生的尝试，有的可能根本无法感染。所以有性生殖是对抗寄生虫的重要法宝。

汉弥尔顿通过电脑模拟发现，如果没有病原体，有性生殖模式总是在与无性生殖模式的对抗中失败，因为有性生殖过程实在是太烦琐了，根本无法和简洁高效的无性生殖相比。但是，在模型中引入病原体后，情况迅速发生了逆转，有性生殖的优势开始显现，对无性生殖模式形成了碾压态势。

实验研究也证实了汉弥尔顿的结论。在无菌培养条件下，线虫的有性生殖比例只有20%。而引入病原体后，比如与细菌共同培养时，线虫有性生殖的比例可以高达80%以上。无性生殖的线虫大都在二十代之内灭绝，而有性生殖的线虫则很少灭绝。

病原体的种类很多，包括细菌、真菌、原虫、病毒等，尤其是病毒，不但数量最多，种类最复杂，而且可以深入到宿主的基因深处影响细胞的一举一动。

有人粗略统计过，自然界的病毒种类可能要以亿万计。在南极冰盖之下和炽热的撒哈拉沙漠深处，无不存在病毒的身影。所有生物体都是一条病毒的河流，旧病毒不断消失，新病毒不断涌现，循环往复、从不停止。动物可以逃脱狮子和鲨鱼的袭击，但却永难逃脱病毒的追杀。

病毒数量如此之多，影响如此之广泛，当仁不让地构成了驱动红色皇后不停奔跑的重要动力。病毒永远在变，又快又多。生物必须做出响应。一旦某个病毒适应了某种生物，只要这种生物不做变化，比如采用无性生殖，每一代的基因都相同，生化特征也相同，就会成为病毒的天然培养基，最终造成团灭的悲剧。

更可怕的是，对付病毒不存在一劳永逸的办法，因为病毒永远处于变化当中，其他生物只能以变制变，用不同的后代来迷惑病毒，以永恒的变化对抗病毒，才有可能在病毒的海洋中觅得一席立足之地。

有性生殖正好可以批量制造多样化的后代。每一次有性生殖，都使得病毒和宿主站到了同一条起跑线上。在这场旷日持久的进化之战中，两者展开了无止境的军备竞赛。所有生物都必须像红色皇后那样不停地奔跑，通过有性生殖不断制造变化，才能保证不被病毒消灭净尽。为此生物可以不惜任何代价，双倍成本根本不值一提。

有性生殖不但能够对抗病原体，还能对抗癌细胞。这是从红色皇后假说中推导出来的另一个假说，即"控制癌细胞假说"。

此前关于有性生殖的所有理论，都过度关注基因重组。现在发现，基因重组可能并非有性生殖的目的，而只是结果，是有性生殖的副作用。有性生殖的原始目的，可能与控制癌细胞扩散有关。

纵观整个生态系统，会发现多细胞生物对有性生殖的兴趣明显高于单细胞生物。此前就有学者发现过这个问题，但没有加以重视。直到控制癌细胞假说提出之后，人们才意识到，多细胞生物与有性生殖之间存在内在的关联。因为只有多细胞生物，才会遭到癌细胞的干扰与破坏。

多细胞生物要想生存，需要体内所有细胞为了共同利益而相互妥协，而不能无节制地分裂。癌细胞则破坏了这一规则，它们以牺牲合作为代价，只谋求本细胞的利益，分裂数量远远大于其他细胞，是典型的自私行为。如果不加控制，这种自私行为不但会破坏机体秩序，还可能在种群中传播，甚至在物种之间传播，对多细胞生物构成巨大的威胁。因此，多细胞生物必须设法约束癌细胞的扩张，有性生殖就是一种重要的约束手段。我们现在之所以认为癌细胞不容易传播，是因为癌细胞在某种程度上已经得到了控制，而那正是有性生殖的功劳，否则情况会非常糟糕。

逻辑是这样的，假如多细胞生物主要采用无性生殖，一旦机体出现癌细胞，就会一代一代传下去，因为每一代的情况都差不多，上一代的悲剧几乎注定会在下一代重演。为了防止癌细胞扩散，最有效的办法是制造独特的后代，不断更新免疫系统，让癌细胞无所适从。分子生物学研究也暗示，多细胞生物普遍采用有性生殖的时间，与传染性癌细胞首次出现的时间基本吻合。

澳大利亚有一种袋獾就是很好的例子，它们主要分布在塔斯马尼亚岛上，经常会得一种奇怪的传染病，这种传染病致死率极高。研究证明，那并非病原体造成的感染，而是肿瘤造成的感染。当袋獾在互相撕咬时，肿瘤细胞就像细菌一样，可以通过伤口扩散到另一只袋獾身上。感染部位常在面部，因为那里最容易被咬伤。

袋獾之所以会出现如此奇怪的病症，是因为它们受到了澳大利亚殖民者的猎杀，已经濒临灭绝。残存的个体在狭小的生态环境中不断近亲繁殖，彼此基因高度相似，就像是无性生殖的后代，遗传多样性极低，个体之间的免疫排斥反应很弱，癌细胞可以轻而易举地在不同个体之间传播。正因如此，袋獾才被当作有性生殖控制癌细胞的重要证据。如果袋獾能像草原狼那样有着较高的基因多样性，就不会陷入如此悲惨的困境。

此前的诸多理论，无论是基因搅拌假说还是彩票假说，都只看到了有性生殖的部分价值，而非根本价值。只有红色皇后假说，及其衍生的寄生虫假说和控制癌细胞假说，从根本上解释了变异的价值，可能是目前为止解释有性生殖的最佳理论。

无论如何，任何理论都不会否认这样一个简单的事实：有性生殖的威力横跨动物界和植物界，同时覆盖自诩为万物灵长的人类，并就此埋下了一个巨大的伏笔——为了完成有性生殖，生物必须分出雌雄，这就是所谓的雌雄分化。而雌雄分化的基础，其实是精卵分化。

可精子和卵子又为什么会如此不同呢？

那正是两性博弈的结果。

也就是说，从精子和卵子开始，两性博弈就已缓缓拉开了大幕。

雌雄分化的逻辑

可以想象，没有性别的世界必定异常单调，人们不再争风吃醋，也不会打情骂俏。自然界除了电闪雷鸣和狂风暴雨，此外一片死寂，听不到雄狮浑厚低沉的嘶吼，也没有百灵鸟婉转清脆的鸣唱，看不见争奇斗艳的花朵，闻不到令人意乱神迷的芳香，在花丛中翩跹飞舞的蝴蝶也会消失无踪，枯叶之下潜行的昆虫则寂然无声。所有动人的歌唱和迷人的舞蹈，所有醉人的芬芳和绚丽的色彩，都只在有性生殖的世界才有意义，那是雌雄两性相互吸引的工具，也是相互炫耀的武器，更是相互愉悦的源泉。

而所有这一切，都得益于雌雄分化。所谓分化，就是变得彼此不同。你不像我，我也不像你。雌雄分化就是差异到了一定程度，雌性是雌性，雄性是雄性。

雌雄分化的本质，其实是精子和卵子的分化。所有雌性和雄性，都只是卵子和精子的代言人。所以要想理解雌雄分化，先要理解精卵分化。

一般推测，地球至少在35亿年以前就出现了早期生命，它们都是各种细菌，基本没有性别，或者说没有严格的性别，最多通过质粒交换一些基因，不会出现复杂的性别斗争。在此后的15亿年里，所有生命一直采用无性生殖，它们持续分裂，从一个变成两个、两个变成四个，坚持不懈、无止无休。分裂出来的细菌也都差不多，这个跟那个很像，那个跟那个也很像，这就是所谓的同质性。没有区别，也就没有分化，当然也就无所谓精子和卵子。

直到20多亿年前，当真核生物出现时，有性生殖才登上生命舞台,但过程相当草率,比如酵母菌,平时进行出芽生殖,就是先长出一个球状的小芽,然后小芽脱落,变成一个新的酵母菌。出芽生殖其实是无性生殖的一种,是酵母菌常用的生殖方式。但当环境恶化时,酵母菌就会改变策略,它们需要以变化来应对变化,否则就只能在恶化的环境中坐以待毙。这时两个酵母菌就会互相靠近,通过一根特殊的管道结合在一起,细胞核由管道连通起来,互相结合成二倍体细胞。这个二倍体细胞会进行减数分裂,最终变成子囊孢子,重新回归单倍体。而后子囊孢子再寻机形成新的酵母菌,完成一个轮回。整个过程无所谓雌雄,因为两个酵母细胞都差不多,并没有精子和卵子的分化,但其间确实出现了基因重组,可以看作是有性生殖的原始形态。

单细胞的原生动物也没有典型的精子和卵子,生殖细胞只是大致区分不同的交配型。总的来说,这些原始的有性生殖方式相对公平,双方付出的营养物质都差不多,无所谓谁吃亏谁上当。当生物学家看不出生殖细胞的区别时,他们就索性用"配子"这个中性词汇加以代替。

不过配子之间的平衡非常脆弱。就像走钢丝,一段时间内维持平衡不成问题,但一直走下去,总有失去平衡的时候。同样的道理,随着时间的推进,均一配子之间必然失去平衡,有的配子体积相对较大,有的相对较小。平衡一旦被打破,就会一发而不可收拾。正如跷跷板一端被压了下去,另一端就很难再有机会扳平。

这就是雌雄分化的起点。

从进化的角度来看,不平衡状态反倒更容易维持。

这是一个简单的物理问题,大配子含有更多的营养物质,能为后代提供强大的物质保障，从而提高后代的生存率。按照这个逻辑，所有配子都会在体积方面展开竞争，你的体积比较大，我要比你还大，否则后代就没有竞争力。如此竞争的结果，必然导致配子体积越来越大，成本也越来越高，当超出机体承受能力时，就会有一些配子反其道而行之，它们不再寻求体积变大，而是转而缩小体积。

在满是大配子的世界里，小配子一旦出现，就会占尽便宜，表现出极大的优势。因为制造小配子的成本更低，用相同的资源可以生产更多的小配子。而且小配子行动灵活，便于主动出击，更容易获得与大配子合作的机会，从而留下更多的后代。

大小差异的策略一旦出现，就会互相促进，推动配子不断离开平衡点，向着或大或小两个方向进化。大配子会尽量增大，小配子会尽量缩小。结果就是我们看到的卵子和精子。

只要精卵分化完成，就会引发一系列连锁反应。

精子成本较低，可以大批量生产。与此对应，卵子成本较高，产量必定受限。由此形成了一个基本格局——精子又小又多，卵子又大又少。凡实行有性生殖的高等生物，无不遵循这一基本原则，并在此基础之上构建两性博弈的底层逻辑。

为了便于理解精卵游戏的本质，我们假设有三个游戏小组，每个小组两个人，分散在黑暗森林里玩搜寻游戏，率先找到对方的一组获胜。

第一组为了保持体力，两人都不愿意大声喊叫，只在黑暗中默默搜寻对方。可以想象，他们找到对方的可能性非常低，几乎肯定落败。

第二组更换策略,两个人在搜寻过程中都在大声喊叫,导致能量消耗过快,以至于无力快速移动。尽管他们可能都听到了对方的声音,却很难赶到对方身边,特别是在受到杂音干扰的情况下,甚至可能永远无缘相见。所以这种策略也不理想。

第三组采用了全新的策略,其中一人待在原地不动,将移动的能量节省下来用于大声喊叫,给对方提供足够的信息指引,静待对方找上门来。另一人则不喊叫,只是用心监听对方的声音,辨别正确的方向,然后轻装上阵,以最快的速度向对方靠近。

不难看出,第三组很容易胜出。如果增加移动搜寻的人数,找到目标的概率更高,那正是精子和卵子的策略,它们默默沿用经过亿万年自然选择筛选的优胜策略,分别扮演搜寻者和呼喊者。卵子待在原地发送位置信息,信号越强,被对方找到的机会就越大。为了发出强大的激素信号,卵子就必须足够大,以便携带足够多的信号。由于不需要移动,卵子体积大一点也未尝不可。

精子负责接收信号并快速向对方靠近。为了提高搜索成功率,雄性往往会派出大量精子执行搜索任务,它们全部轻装上阵,迅速向卵子靠近。为此精子除了保留细胞核以外,几乎放弃了所有不必要的装备,其中包括线粒体。

精子并不是不需要线粒体,事实上精子需要大量线粒体提供能量,否则就无法快速移动。为了解决能量和体积之间的矛盾,精子对细胞结构做出了重大调整,将线粒体从细胞内移了出去,密集堆放在尾巴根部,就近为尾巴提供动力,大大提高了精子的移动速度,但却牺牲了线粒体的基因利益。

在受精过程中,只有精子头部才能进入卵细胞,尾巴和线粒体都被丢在了外面，导致精子的线粒体基因无缘传给下一代，只有卵子的线粒体基因才有机会再续香火。这对于精子和卵子的细胞核来说可能不算什么，但对精子的线粒体基因来说，却等于遭到了无情的抛弃，就此为彻底的雌雄分化埋下了伏笔。

线粒体的阴谋

线粒体就像是寄生在细胞内部的微生物，有着自己的基因和代谢系统，主要负责为细胞提供能量，被称为细胞的发动机。从自私的基因的角度来看，线粒体也想把自己的基因传递下去，它们有理由对于被抛弃的命运表示不满。这种不满情绪不会用语言表达出来，却会通过分子手段加剧雌雄分化，直到推动高等动物彻底告别雌雄同体。

雌雄同体在生物界非常普遍，现存80%的被子植物都是雌雄同体——既可以产生精子，也可以产生卵子，在植物那里称为花粉和花药。低等动物雌雄同体现象也是随处可见，比如蚯蚓和蜗牛等，全部配置了雌雄两性器官，可以在需要时自我交配。

部分脊椎动物也有雌雄同体现象，尤以鱼类的表现最为抢眼。鸟类和哺乳动物情况则有所不同，它们属于恒温动物，很少雌雄同体。偶尔的基因变异可能导致雌雄同体，但并不足以改变总体格局。

高等动物很少雌雄同体，绝非偶然，背后可能隐藏着惊人的秘密。

客观而言，雌雄同体反倒更容易理解。假设大家都是雌雄同体，彼此可以轻松达成协议：你让我受精，我也让你受精。你给我生一个孩子，我也给你生一个孩子。公平公正、合理合法，省去了多少口舌，可为什么恒温动物会放弃雌雄同体策略呢？

恒温动物放弃雌雄同体，说明性别分化可能和能量有关。而能量主要来自线粒体。所以有些学者怀疑，雌雄分化可能与线粒体之间有着不为人知的隐情。

有性生殖和线粒体似乎存在某种奇妙的关联。只有真核生物才有真正的线粒体。同样地，只有真核生物才进行真正的有性生殖。真核生物就像是线粒体和有性生殖互动的舞台。这场大戏的幕后推手，可能就是线粒体基因。

线粒体的麻烦在于，它们的遗传利益与自身任务相抵触。线粒体在为细胞制造能量时，就像是火力发电厂，生产过程充满了危险，导致线粒体内部遍布电子和氧自由基，稍有闪失就会对基因造成严重伤害，所以线粒体基因的突变率非常高。

自由基不但会对线粒体造成伤害，而且经常发生泄漏，祸及细胞质与细胞核，成为机体衰老的罪魁祸首。当陈旧的机体不再适合继续居住时，细胞核内的基因就会设法逃离，逃离的通道就是有性生殖。它们需要重建新的机体，并在其中安顿下来，耐心等待下一次逃离的机会。

这就是另一个用于解释有性生殖的假说——"线粒体假说"。

当细胞核基因逃离机体时，精子中的线粒体基因却受到了不公正对待，并就此埋下伏笔，意外成为雌雄分化的幕后推手。

逻辑是这样的。

在雌雄同体的生物体内，生殖细胞有可能变成精子，也有可能变成卵子。对于细胞核基因而言，两者区别不大。无论是精子还是卵子，都能将核基因传递给下一代。但对于线粒体基因而言，前途却截然不同。精子细胞中的线粒体基因根本没有机会向下传递，变成精子就等于走进了死胡同。只有在卵子细胞中，线粒体基因才有希望。线粒体基因为此会想尽一切办法阻止细胞变成精子。阻止生成精子相关的基因，被形象地称为雄性杀手基因。许多植物都有雄性杀手基因，这种基因导致雌雄同体的植物常常出现雄性不育。

雄性杀手基因符合线粒体的利益，但不符合核基因的利益。核基因更渴望成为精子，以便让更多的卵子受精，获取更多的生殖回报。如此一来，核基因与雄性杀手基因就有了直接冲突。为了确保生殖大业，核基因必须镇压雄性杀手基因，镇压的方式就是抑制其活性。雌雄分化可以看作是核基因镇压线粒体叛变的终极手段，并在镇压过程中引发了一系列连锁反应。比如雌雄同体的动物体型一般都比较小，除了受到食物等因素的影响外，还与核基因对线粒体的镇压有关，剧烈的冲突无疑影响了线粒体的产能效率，当然无法维持较大的体型。

明白了这个逻辑，就能明白为什么恒温动物都已完成了雌雄分化，因为雌雄同体很难发展恒温性状。只有雌雄分化之后，核基因解除对线粒体的限制，才能为机体提供充足的能量，维持恒定的体温。

而雌雄分化一旦启动，就很容易自我强化，不断加剧分化的力度，最终将雌雄两性彻底分开。因为在单独的雄性体内，保留雄性杀手基因等于自杀。而在单独的雌性体内，雄性杀手基因的目标已经消失，故此失去了存在的价值。雌雄分化就会越来越彻底，越来越纯粹，结果就是雄性是雄性，雌性是雌性。

下面我们以老鼠为例来理解这个问题。

假设有一群雌雄同体的老鼠，只要某个老鼠体内出现了雄性杀手基因，由于无法再制造精子，反倒可以节省大量营养用于制造卵子，生育更多的后代。而它所有后代的体内，都携带着雄性杀手基因，不久整个群体要么是雌雄同体，要么是单独的雌性，绝不会出现单独的雄性，因为单独的雄性与雄性杀手基因完全不能兼容。

但这种局面不会持续太久，因为老鼠是体内受精动物，一旦单独的雄性消失，尚能制造精子的雌雄同体的老鼠就成了稀缺资源，它们必然趁机制造大量精子，以便留下更多的后代。为了确保自身优势，雌雄同体的老鼠甚至会进化出雌性杀手基因，把雌性生殖细胞给干掉，以免影响精子的生产效率，从而变成专一的雄性。也就是说，只要雌性杀手基因出现，同样会得到快速传播，制造大批完全雄性的个体。

综合上述两种情况，必然导致群体中出现大量单独的雌性和单独的雄性。所有雄性都带有雌性杀手基因，所有雌性都带有雄性杀手基因，雌雄分化就此完成。雌性专门制造卵子，雄性专门制造精子，效率更高、质量更好，最后共同将雌雄同体的个体彻底碾压出局。

可以看出，体内受精的动物更容易出现雌雄分化，因为精子和卵子很难随意接触，而必须经过复杂的交配环节才能受精，否则情况就会出现反转，植物就是极佳的反证。

植物与动物的不同在于，某棵植物的雄性生殖细胞被杀死后，其他植株的花粉仍在漫天飞舞，那其实是在到处寻找卵子的精子。你没有花粉，总有植株会借给你花粉。雌性反倒可以节省生产精子的营养生产更多的种子。因此雄性不育株往往是高产株。我们现在吃的水稻和玉米，基本上都是雄性不育株。实在没有花粉时，还有人类替它们授粉。

基于这个逻辑，完全雌雄分化的植物要比动物少得多，就是由于体内受精的高等动物很难漫天撒网、随意播撒自己的精子，所以才有强烈的雌雄分化动机。

雌雄分化的结果就是两性分离，如此一来，雌雄比例又成为必须解决的问题。这是一环扣一环的进程，没有哪种高等动物能够回避。

从理论上而言，从细胞核的角度考虑，似乎成为雄性更为划算，因为它们可以生产大量廉价的精子让雌性受精。照此推理，雄性动物的比例应该高于雌性才对。但我们并没有看到一个遍地雄性动物的世界，说明成为雄性的策略必然遭到了压制。

那么，究竟是什么力量在压制雄性动物的如意算盘呢？

诡异的性别平衡

如果玩真心话大冒险，许多男性恐怕都不得不承认，他们曾经有过帝王般的梦想，希望自己的身边挤满了女人。但事实却是，俗世男女总是出双入对，很少有哪个普通男人能够左拥右抱。制约男性梦想的因素有很多，其中最基本的因素是，人类男女比例总是大体维持在一比一左右，这就是性别平衡现象，是男人实现宏伟梦想的最大绊脚石。

性别平衡看似平常，实则非常奇妙。因为无论从哪个角度考察，性别平衡似乎都不符合自然选择的逻辑，但却是常见的事实。

真正的性别平衡主要集中在高等动物群体中，尤以哺乳动物最为典型。低等动物常常会打破规则，比如孤雌生殖的蚜虫，雌性数量相对较多。不只是蚜虫，多数昆虫的性别比例都很不稳定，特别容易受到食物和环境的影响，甚至连预期寿命也能干预性别。以蝗虫为例，不同种类的蝗虫，雌雄寿命差异很大，但总的来说，寿命较短的性别数量也较多，比如雄性宽翅曲背蝗的成虫寿命比雌性要短，其数量则是雌性的好几倍，它们似乎在用数量优势弥补寿命的不足，否则雌性就很难在交配期内找到足够的雄性提供精子。

昆虫还有一种奇特的情况，那就是社会性昆虫，比如蜜蜂，蜂后经过一次交配，就可以将大量精子贮存在体内，持续让卵子受精。也就是说，在蜜蜂群体中，雌性并不需要太多的雄性，导致蜂巢中的雄性蜜蜂数量极少，它们也没有什么重要工作，基本就是被雌性养活的制造精子的机器。所以蜜蜂的雌雄比例也远离平衡状态。

但高等动物却固执地坚守着性别平衡，这让蛋鸡场和奶牛场的老板头疼不已。太多的公鸡和公牛会让利润大打折扣，所有老板都千方百计想要减少雄性的出生率，却每每无功而返，就算用上了各种高新技术，新生蛋鸡和奶牛的雌雄比例仍然维持在一比一左右。他们所能做的，只是在幼崽出生之后，尽快将雄性找出来杀掉，以免浪费饲料。

然而更头疼的可能是生物学家，他们观察了各种生物的性别比例，而不仅仅局限于蛋鸡和奶牛，他们清楚地知道性别平衡现象，连人类都不例外。男女性别比例一直比较稳定，稳定到让人怀疑人生。许多男人和女人都掉进了性别平衡的陷阱，为了寻觅合适的另一半而苦苦挣扎。他们无论如何也想不明白，自己身边的异性怎么就不能多一点、再多一点呢？

不妨让我们以科学的方式发问：为什么雌雄两性会保持如此稳定的平衡状态呢？

现在我们已经知道，人类性别比例可能会受到许多因素的影响，诸如气候、食物、社会、家庭关系、父母年龄等，但性别平衡仍然相当稳定。总体而言，在世界范围内，从几百年来的人口数据可以看出，不同地区、不同国家乃至不同民族，新生男女比例都大体维持在105∶100左右，也就是每出生100个女孩，就会出生105个男孩。尽管新生男孩比例略高于女孩，但在成年之后，由于受到战争、疾病和冒险等因素的影响，男性意外死亡率往往高于女性，成年男女比例最终仍将回归平衡。

其他动物与人类相似，很少出现大幅波动。就算是一夫多妻制动物，比如海豹和狮子等，一头优势雄性可占有多头雌性，其余多数普通雄性都找不到配偶，但它们总体性别比例仍然是一比一。

在性别平衡现象背后，似乎隐藏着某种难以理解的秘密。毕竟雄性生产精子的能力惊人，对交配也有着十足的兴趣。理论上，少数雄性就可以满足大量雌性的交配需求，雄少雌多才是合理的比例，那么性别平衡又有什么道理呢？

在性别平衡背后，必定有某种神秘的力量在左右全局，其控制范围超越了物种限制，能够迫使多数生物一并服从。

那究竟是何种力量呢？

有时越是简单的现象反倒越难解释，性别平衡问题居然难倒了一大批进化论学者，连达尔文也无计可施。因为一比一这个数字过于理想化,简直就像是超级智能设计的结果,容易让人联想到上帝等超自然力量。宗教信徒愿意相信,上帝希望万千生灵都能找到各自的配偶,这才设计了性别平衡。达尔文对此说法深恶痛绝,他毕生都在努力排除上帝的干扰,当然希望能为性别平衡提供科学的解释,但他最终并没有给出满意的答案。

达尔文的困惑是这样的:如果雄性比雌性多,就很难找到配偶,当然也很难留下后代,继续生育雄性就很不划算,这一点容易理解。不过这只证明了雄性不能比雌性多,而没有证明雄性不能比雌性少。许多昆虫都有雄少雌多的现象,似乎并未影响它们的竞争优势。因为雌性比雄性多,并不存在找不到配偶的问题。多个雌性完全可以共享同一个雄性,甚至连哺乳动物都存在一雄对多雌的现象。而多个雄性则很难共享同一个雌性,因为它们都需要争夺极少的卵子。所以雄性之间的竞争和雌性之间的竞争并不相同,雌雄的比例也很难适用于相同的逻辑。所有推理都会指向相同的结论——雄性比雌性少是可行的,甚至是合理的,性别平衡似乎没有必要。

达尔文的推理到此结束,他只能希望以后能有学者解决这个问题。

达尔文的困惑就是进化论的困惑。在达尔文提出问题后不久,就有许多学者试图给出自己的解释,有个曾经非常流行的观点指出:生育后代就像一场赌博,父母为了获得更多的生殖回报,可以将宝押在雌性后代身上,也可以押在雄性后代身上。这是一个对赌游戏,当缺少绝对把握时,保持不败的策略就是两边下注。一比一的比例就是父母两边下注的结果。至于一些特殊现象,比如蚂蚁和蜜蜂之类的社会性昆虫,或者那些能够在出生时控制性别的昆虫,是因为它们已经知道了胜负手，性别平衡失去了意义。哺乳动物则普遍对胜负手没有把握，只能持续两边下注，人类只是继承了哺乳动物的策略而已。

这个逻辑本身没有多大毛病，却留下了另一个疑问：哺乳动物为什么对胜负手没有信心？

天资卓绝的费希尔再次登场，他自认为是达尔文的衣钵传人，有责任回应达尔文的所有疑惑。此前他已经在解释有性生殖方面付出了巨大的努力，对于性别平衡现象，自然也要为达尔文分忧解难。

费希尔认为，既然后代是由父母所生，代表着父母的生殖利益，那么问题可以简化一下，即对于父母而言，到底生儿子划算还是生女儿划算呢？

所谓划算与否，评判的标准仍是生殖回报。生殖回报越多，或者说预期后代越多，对父母来说就越划算。性别平衡现象似乎说明，只有生下相等数量的雌雄后代，才能获得最大的生殖回报。

可为什么会这样呢？

费希尔以生殖回报为切入点，对性别平衡现象进行了深入剖析，并给出了出人意料的解释方案。

费希尔原理

费希尔是通过一次偶然的机会接触了性别平衡问题。他和达尔文的一个儿子是好朋友，两人曾在伦敦的一间咖啡馆里聊天，看着窗外走过的行人，似乎男女比例相差不大。达尔文的儿子无意间提起了性别平衡问题，瞬间激起了费希尔的兴趣。他在1930年出版的

《自然选择的遗传理论》一书中，通过长篇论证后，顺便给出了一个自己的解释。这本书出版后不久，费希尔就于1933年受聘为伦敦大学教授。

费希尔没有纠结于生殖细胞的数量，而是从群体层面对性别平衡进行数学推理。费希尔设想：在某个动物群体中，偶尔出现了某种特殊的基因，姑且称为雌性促进基因，可以促使父母生下更多的雌性后代，群体中的雌性个体比例将因此而不断增加，最后必将导致雄性成为少数性别。可雌性的情况并没有因成为多数派而得到改善，反倒陷入了难以寻找配偶的困境。当大量雌性无法及时交配时，它们生育雌性后代的能力就会受到制约，雌性促进基因的比例也将因此而不断减少，促进生育雄性的能力则会后来居上，使得雄性比例不断提高。

这是一个反复摇摆的拉锯过程，有时雌性比例高，有时雄性比例高，无论后代偏向于哪种性别，最终两种性别都将恢复平衡，此外不需要任何有意的设计，自然选择会在暗中把握雌雄的比例。偶然的波动并不影响逻辑的有效性。

费希尔由此得出了一个清晰的结论：对于普通动物而言，最佳雌雄比例就是一比一。这一结论被称为"费希尔原理"（Fisher's Principle）。收益平衡是左右性别比例的隐形之手。

按照费希尔原理，假设父母想要得到更多的生殖回报，就应该先分析一下，当前群体中是雄性多还是雌性多。哪种性别数量较少，就应该生下哪种后代。假如雌雄比例差不多，随机生育就可以了。而随机生育就像扔硬币，生出雌雄两性的概率一样，结果仍然是一比一。当然，父母不会有意识地控制随机的结果，但自然选择会通过基因默默掌控一切。

费希尔还从一个独特的视角来诠释这个逻辑。

他先给出了一个简单的事实：所有个体都只有一个父亲和一个母亲。

这个铁一般的事实说明了什么呢？

这个事实可以推导出另一个事实，尽管视角古怪，结论却确凿无疑：在一个群体中，所有雄性生下的后代数量必定等于所有雌性生下的后代数量。也就是说，从群体层面来看，雌雄两性的后代总数必定相等，或者说，所有父亲的后代总数必定等于所有母亲的后代总数。由此再向上推，从祖父母的角度来看，他们生儿子还是生女儿都一样。无论是儿子还是女儿，以后都要做父亲或者做母亲，总体后代数量仍然相等。既然如此，大家对两性后代的投入就应该相等。换言之，每生一个雌性后代，都应该再生一个雄性后代。偏向生育某种性别，在统计上没有意义。

哪怕某些可以改变性别的动物，也会受到费希尔原理的约束，将性别比例控制在一比一左右，短吻鳄就是个很好的例子。

短吻鳄的后代性别主要取决于孵化时的环境温度，当温度超过临界值时，意味着气候温暖，附近食物比较丰富，生活条件比较宽松，此时发育成为雄性比较划算。当气温低于临界值时，表明食物可能短缺，雄性竞争相对激烈，发育为雌性则相对划算。尽管如此，短吻鳄的性别比例仍然维持着相对平衡，因为当温度超过临界值、雄性比例增加时，雌性成为少数性别，母亲就会设法到较冷的地方去产卵，以便孵化出较多的雌性，再次将性别比例拉回平衡点。

还有一种裂蜓幼虫，也能证明费希尔原理的有效性。

这种幼虫刚出生时性别待定，最终性别取决于其他个体。如果群体中雄性居多，它们就变为雌性。判断附近雄性多少的方法很简单——靠接触。如果它们偶尔接触到的是雄性而非雌性，就说明在随机条件下雄性居多，于是就分化为雌性，反之亦然，结果总能维持性别平衡。

植物也有同样的策略。

女娄菜是雌雄异株植物，当雌性处于雄性包围之中时，柱头接受的花粉数量就会很多，这是一个重要的信号，说明附近的雄性很多，植株就会产出更多的雌性后代。如果柱头仅接收到少量的花粉，就说明附近的雄性很少，于是就会制造大量雄性后代，最终总体雌雄比例仍然趋于平衡。

正常情况下，最佳策略是听凭随机的力量决定后代的性别，而随机必然导致性别平衡。因此，性别平衡又被称为"进化稳定策略"。那是史密斯于1973年提出的重要概念。史密斯在指出有性生殖的双倍代价之后，就沉迷于研究两性问题。进化稳定策略并非专门为了解释两性平衡现象而设计，但却在这一领域取得了较好的成绩。

史密斯认为，在某个动物群体中，可能存在众多不同的行为模式。有些模式在群体中呈现的比例最终会趋于稳定，而稳定的模式往往就是最优模式。动物几乎所有的行为，比如交配习惯、采食习惯，甚至休闲的方式，都有明确的稳定策略。比如见到狮子抬腿就跑，就是羚羊的稳定策略。凡是见到狮子还若无其事的羚羊，基本已经成为狮子的点心。由此可见，偏离稳定策略的行为将面临较大的风险。所谓不走寻常路，在人类社会也是引人侧目的现象。

而性别平衡就是一种进化稳定策略，随意违背这一策略，只会损害自身的生殖回报。如果大家生下的后代性别比例都是一比一，那么，你最好也依例而行，否则就可能会吃亏。比如村里几乎家家的孩子都保持着男女比例均衡，只有某户人家一口气生了七八个女孩，那么这些女孩未来就很难在村里找到合适的丈夫。换成男孩，结论同样如此。

需要注意的是，一比一的性别比例只是稳定策略，而非最优策略。最优策略当然是多生雄性、少生雌性。假如那户人家生了七八个男孩，每个男孩都娶了七八个女人，生下一大堆孩子，生殖回报当然相当可观。但那只是理想状况，他们必须考虑其他人家的制约。不是只有你家的孩子需要娶妻生子，其他人家的孩子也需要，共同的需要必然造成激烈的竞争，许多男孩都有打光棍的可能，生殖回报反而因此降低。结果稳定策略终将占据上风，费希尔原理持续有效。

无论如何，一比一的两性比例都是奇迹般的平衡点，轻易不会改变。但在多数哺乳动物中，生育雌性和雄性的成本并不相同。当两性生殖成本差异过大时，就可能会影响费希尔原理的效果。比如雄性后代吃奶更多、浪费更大，而且容易夭折，所以生育成本更高。既然如此，父母可能更希望减少雄性的生育比例。可现实情况却正好相反，以人类为例，许多父母都想要个男孩，以至于可能形成重男轻女的社会风气。说明在费希尔原理之外，可能还有其他力量在默默左右着性别比例。

那又是怎样一种神秘的力量呢？

为了回答这个问题，进化论领域的另一位传奇人物特里弗斯（Robert Trivers）终于要闪亮登场了。

收益与保障

2007年，瑞典皇家科学院决定将克拉福德奖（Crafoord prize）颁给美国学者特里弗斯。克拉福德奖是进化生物学领域的最高奖项，有小诺贝尔奖之称。许多记者得到消息后，都在疯狂寻找特里弗斯，最后发现他在牙买加的一个小镇酒吧里跟人打架。

特里弗斯从小就喜欢打架，他在中学时常去图书馆，不是为了学习，而是为了寻找技击资料。直到退休，特里弗斯都没有放弃这一爱好，并因此受到过多次处分。他可能是20世纪最爱打架的科学家。

特里弗斯获得克拉福德奖并不是因为打架，而是得益于他在进化论领域取得的惊人成就。他的理论对生物学、心理学、人类学和社会学都产生了颠覆性影响，他是进化生物学革命的标志性人物，被美国著名学者平克（Steven Pinker）称为西方思想史上最伟大的思想家之一。

很难有人会想到，一位如此重要的进化论学者，居然是半道出家的门外汉。

特里弗斯最初的理想是当个数学家，为此他考上了哈佛大学数学专业，但很快就对数学失去了兴趣，并顺带对所有理科都失去了兴趣，既不想学物理，也不想学化学。无奈之下，他准备专攻法律，立志要为普通百姓伸张正义。当时哈佛大学没有法学专业，他只好改学美国历史。但他很快又发现，美国历史充满了虚伪的谎言,他忍无可忍,又将兴趣点转向了哲学,并因剧烈思考而陷入高度亢奋状态,不久就由于用脑过度而精神崩溃,不得不住院治疗。这也是许多科学史专家认为他有精神疾病的原因,对此特里弗斯并没有否认。在他眼里,所有人都有病,只是程度深浅而已,不必自卑,也无须骄傲。

1965年,特里弗斯终于从哈佛大学毕业,但却找不到工作,他只好龟缩在一个小镇里替出版社编写生物学教辅材料,为此需要掌握一些生物学知识,他就这样意外接触了进化论。特里弗斯突然发现,自己对进化论很感兴趣,于是决定从零开始专攻进化论。三年之后,特里弗斯重回哈佛大学,师从著名进化论大师迈尔攻读博士学位。在迈尔力保之下,特里弗斯毕业后得以留校任教,继续从事进化论研究,任教期间他每年发表一篇重要论文,每篇论文都提出了一个开创性的理论,大大拓展了人们对进化论的理解。这些理论分别是互惠利他理论、亲代投资理论、抚养策略理论、代际冲突论,以及昆虫的社会行为理论等,后来他还涉足人类自欺欺人的生物学本质研究。这些文章就像轮番扔出的重磅炸弹,彻底震惊了进化论学界。以至于道金斯写作《自私的基因》时,专门请特里弗斯写了一篇序言。特里弗斯对这篇序言也非常用心,他甚至认为自己在序言中提出的观点压倒了他的所有论文。但道金斯并不认可特里弗斯的所有观点,并在再版时撤销了这篇序言。此举曾引起特里弗斯勃然大怒,公开指责道金斯篡改进化论思想史,从此两人反目成仇。好在特里弗斯原本对手极多,也不在乎再多道金斯一个。当然道金斯也持同样的态度。

有科学史专家曾经评论说,如果特里弗斯在提出这些理论之后就死掉的话，他将成为20世纪科学界的传奇英雄。

但特里弗斯并没有死掉，而是继续自己的传奇人生，只不过与科学关系不大。

由于性格桀骜不驯，特里弗斯最终没有获得哈佛大学的终身教授职位，他遭到了著名遗传学家列万廷（Richard Lewontin）等人的狙击。列万廷是著名进化论学者古尔德的好友，他们都强烈抵制社会生物学，反对用生物学原理解释人类行为，而那恰好是特里弗斯的强项。加上特里弗斯半道出家，根本不懂遗传学，被列万廷称为学术骗子。何况特里弗斯有躁郁狂倾向，随时可能攻击任何一位科学大师，哈佛大学所有人都对此心怀顾虑，最终迫使学校放弃了这位进化论天才。特里弗斯离开哈佛时，曾愤怒地批评道，我给他们讲述动物繁殖后代的学问，却拿不到足够的薪水来繁殖我自己的后代。

特里弗斯离开哈佛之后，辗转进入加州大学任生物学教授。他在那里工作了16年，并加入了黑豹党，转而信奉共产主义，经常和论敌打架。除此之外，他在加州大学并没有什么值得一提的故事。后来特里弗斯再次跳槽，于1994年去了罗格斯大学任教，直到2017年退休。他退休之前跟同事打了最后一架，彻底宣告结束自己的学术生涯。

话说特里弗斯在哈佛任教期间，曾在教学过程中结识了一位来听选修课的数学系研究生威拉德（Dan Willard）。有一次上课时，在讨论完有性生殖的优势之后，特里弗斯以人类为例，做了一次即兴推理。他指出，女性总是倾向于选择社会地位比自己高的男性，这将造成一个严重的后果，那就是社会地位极高的女性和社会地位极低的男性都将找不到心仪的配偶。威拉德听完立即意识到，社会地位较低的父母会因此而生下较多的女儿，以免生下儿子找不到配偶。反之亦然，社会地位较高的父母会生下更多的儿子，以便接受社会地位相对较低的女性的求爱。

特里弗斯相当欣赏威拉德的分析，他鼓励威拉德将这一想法整理发表，但威拉德却并没有完成这个任务，后来特里弗斯只好亲自执笔，在《科学》杂志发表了这篇论文，同时加了威拉德的名字。文章中的观点就是著名的"特里弗斯–威拉德假说"（Trivers-Willard hypothesis）。这个假说的核心是，性别平衡的目标是确保后代的收益保障，因此又被称作"收益保障假说"。

特里弗斯在文章中指出，优势雄性能得到大多数雌性的青睐，劣质雄性则机会渺茫。反观优势雌性，提升空间并不大，因为雌性的生殖能力受到许多因素的制约，对它们而言，吸引太多雄性没有实际意义。由此得出的推论就是，优势父母更容易生育雄性后代，劣势父母更容易生育雌性后代，普通父母则随机行事。

按照这个观点，父母其实可以控制后代的性别比例，只是在优势与劣势互补的情况下，整体性别比例仍将维持平衡。许多哺乳动物都符合特里弗斯–威拉德假说的预测，象海豹是常被提起的例子。

象海豹之间的雄性竞争异常激烈，对体力的依赖性非常强，胜利者可以拥有大批配偶，失败者则可能血本无归。观察表明，雌性象海豹的体重越大，就越容易生下雄性后代。如果体重低于某个特定值，它们就会生下雌性后代。体型较大的雌性生下的儿子体型也较大，它们有能力在雄性竞争中占得上风，因此生儿子是正确的策略。体型较小的雌性情况正相反，它们很容易生下体型较小的后代,而体型较小的儿子在雄性竞争中毫无胜算。与其生出小型的儿子成为炮灰,还不如生下小型的女儿,因为女儿的交配机会相对较多,生殖回报至少不会清零。

这一理论能否运用于人类?

答案似乎是肯定的,那正是特里弗斯的兴趣所在。

性别控制的隐情

进化心理学研究已经表明,男性的轻微优势就可能导致生殖预期的巨大变化,帅哥可能有许多女性追求者,而又穷又丑的男人则可能孤老终生。女性则不然,她们的生殖潜力相对稳定,就算相貌差一点、脾气坏一点,仍有机会找到配偶。也就是说,男女在寻找配偶方面的压力并不平衡。男性寻找配偶的结果是有或无的问题,而女性则是好或坏的问题。女性如果同意自降身价,就不愁找不到配偶。而男性有时就算自降身价,也可能只是自取其辱。

对父母而言,儿子的养育成本与死亡率都比女儿高,有的甚至在青春期之前就已经夭亡,生殖回报极不稳定。

对光棍而言,他们其实宁愿做一个女人,因为女性寻找对象的难度相对较低。当然,后代无法决定自己的性别,但是父母似乎拥有某种选择的余地。既然穷人家的儿子可能当光棍,那还是不如生女儿吧。这就是穷人家庭和富人家庭出现不同选择的原因。

相关猜测已被大量人类学调查证实:富人家庭因为生活稳定,往往会生出更多的儿子,男女比例严重失调,有时比例高达150:100。而穷人家庭前景暗淡,就算生下儿子也可能在雄性竞争中落败,反倒不如生下更多的女儿——女儿无论如何都能找到配偶，甚至有幸成为王子眼中的灰姑娘，带来的生殖回报当然要高于一无所有的光棍。

在肯尼亚的一项研究中还发现，在一夫多妻制家庭里，妻妾地位不同，后代性别比例也不一样，受到丈夫宠爱的女人偏向于生儿子，地位偏低的女人则倾向于生女儿，与特里弗斯的预测基本一致。

后来有人拓展了特里弗斯的理论，提出了更宽泛的观点，其中的要点是：如果父母的某个基因有利于提高儿子的生殖潜力，就会多生儿子，反之则多生女儿。比如身高对于儿子很重要，那么身材高大的父母就可能多生儿子。漂亮的女儿比漂亮的儿子更有吸引力，那么漂亮的母亲就应该多生女儿。

诸如此类的影响因素还有很多，研究人员分析了德国自"二战"以来的月平均气温与婴儿出生记录后，发现了一个诡异的规律：如果女性在炎热的夏季怀孕，那么以生男孩居多。寒冷的冬季则正好相反。这也解释了俄罗斯男性偏少的现象，因为俄罗斯在大多数时间都比较寒冷。对瑞典两百多年的出生记录统计也证明，在遭遇社会动荡或自然灾害之后，女孩的出生比例往往高于男孩，因为那时母亲对未来的预期相当悲观，生下女儿的生殖回报相对有保障。美国的9·11事件意外证明了这一结论。当世界贸易中心大厦被摧毁后，当地出生的女婴数量猛增，很多男婴在出生前就意外流产了。也就是说，当妇女承受着巨大的精神压力时，她们往往选择生出女孩而不是男孩。因为男孩对严酷环境的预期值更低，在出生后可能面临残酷的雄性竞争，导致男性胚胎在高压之下要么无法着床，要么自然流产。有研究表明，在子宫着床之初，男性胚胎约比女性胚胎多20%，但在出生时只是略高而已，大量男性胚胎都已被提前淘汰。

将家庭环境放大到自然环境中时，相关结论仍然成立。这就是"局部资源竞争（local resource competition）假说"强调的论点。

该假说指出，当局部资源充足时，父母倾向于生下恋家型的后代，未来可以留在家中，共同捍卫生育成果。当资源不足时，父母倾向于生下离散型的后代，未来应离家出走，以减轻当地的资源压力。

大山雀的人工饲养实验证实了这一假说。

大山雀的雌性后代在成年之后，往往需要外出寻找新的生存空间。雄性后代则可以留在父母身边。这是大山雀的正常行为模式。但在实验条件下，研究人员控制饲喂食物数量时，就可以调节大山雀的后代雌雄比例。如果食物丰富，雄性后代就会增加，反之则雌性更多。这一结果与特里弗斯对人类的预测完全一致，但解释的方案不同。这个假说给出的解释是：穷人家庭之所以容易生下女儿，是因为女儿可以外嫁，不会占用过多的家庭资源。富人家庭则不然，他们可以养活足够多的人口，有能力多生儿子，并让儿子留在家里，以便争取更多的生殖回报。

在更广泛的社会层面，此种情况仍然成立：当某个地区男性数量超过女性时，每个男人都面临着巨大的择偶压力。女性在婚姻市场的议价能力大幅提高，她们对男性的要求更加严格，有时宁愿成为剩女也不愿自降身价，由此加速了光棍的积累，推动雄性竞争不断升级。此时再生男孩就是不明智的选择，男性的数量就会慢慢回落，直至平衡。如果某一地区出现女性比例高于男性的情况，则会造成男性极不负责,反正他们不必担心找不到配偶。女性的议价能力自然随之降低,从卖方市场变成了买方市场。但从跨越时空的总体来看,最终达到生育年龄的男女比例仍然维持在一比一左右。

正是相对均衡的性别比例,在默默塑造着人类的择偶行为。

可以想象,如果男女比例不是一比一,而是一比一万,人类社会将会因此而变得完全不同。由于雄性竞争强度大大降低,男性不必处心积虑地讨好女性,也不再孜孜不倦地追求金钱和地位,甚至不必在意自己的身高和长相,反正交配机会遍地皆是,他们只要努力生产精子就够了。反观女性,则要奋力争夺稀有的精子,淡泊宁静的雅致女性根本没有机会留下后代,她们将因此而变得性格暴躁、肌肉粗壮,随时准备为了抢夺男人而大打出手。

如果比例反过来,男性数量远超女性,情况同样不容乐观。每位女性都会成为万千男人追逐的焦点,她们因此根本不需要梳妆打扮,就算鸡皮龅牙、瘸腿秃顶,照样是男人心目中的绝色美女。男人根本不会在意女人的容颜,而只在乎她们体内的那一枚卵子。为此男人将更加暴力,他们会发明各种武器,用尽各种计谋,只为消灭源源不断的竞争对手,这个世界因此将永无宁日。

这两种情况都没有出现,就因为奇妙的性别平衡,导致男女比例基本维持在一比一左右。这是一个天然纯真、美妙祥和的数字,给人类带来了相对宁静的生活。

性别平衡妙就妙在,尽管竞争依然存在,但还不到你死我活的程度。竞争没有被彻底激化,也没有彻底消失,而是被限制在适度的范围内,为两性合作留下了巨大的空间。世俗男女只要稍加努力,就能争取到合适的交配机会,他们因此而对未来充满了希望。

所以我们应该感谢性别平衡,那是自然选择送给人类最好的礼物——简单、纯粹、有效。

另外,在性别平衡的框架内,所有个体都必须努力寻找配偶,雄性需要寻找雌性,而雌性则需要寻找雄性,两者有着天然不同的任务。这种差异有时会表现为形态与行为的差异,进而成为推动雌雄分化的根本动力。

而雌雄分化必然导致两性冲突。

两性冲突

雌雄分化的结果就是,雌性是雌性,雄性是雄性,它们都有各自的利益,难免会出现尖锐的冲突,动物学家称之为两性冲突。

两性冲突随处可见,性寄生是最强烈的表现形式。深海鮟鱇鱼是观察性寄生的极佳样本,从中可以洞察两性冲突的深刻内涵。

鮟鱇鱼大约有100多种,常见的鮟鱇鱼嘴巴极大,牙齿长而锋利,看起来凶残丑陋,被渔民称为魔鬼鱼。它们在深海里很难找到食物,为此进化出了许多奇特的本领,有的在背鳍上挑着一个发光的钓饵,在黑暗中引诱好奇的猎物自己送上门来。而这个有趣的钓饵,其实还有另一个重要功能,就是吸引异性。

那还是在两百多年前,动物学家刚刚接触鮟鱇鱼时,曾感到万分困惑,他们只能看到雌性鮟鱇鱼,却找不到雄性。有学者一度怀疑这种鱼采用孤雌生殖,因为他们在解剖雌性鮟鱇鱼时,常常发现雌鱼身上吸附着一条小鱼,就像是刚生出的幼崽,正在从母亲身上吸取营养。直到1924年,有一位学者着手解剖这些幼鱼时,才有了一个惊人的发现,原来那条所谓的幼鱼,根本不是雌鱼的孩子,而是雌鱼的老公。它拥有完整而成熟的雄性性器官,之所以吸附在雌鱼身上,只是为了不再与雌鱼分离,顺便为雌鱼提供源源不断的精子。

后来动物学家将这种奇特的繁殖方式称为性寄生。也就是说,雄鱼已经变成了雌鱼身上的寄生虫。雌性鮟鱇鱼的体长可达一米,而雄性却往往只有几厘米,有时甚至更小。为了强化寄生能力,雄鱼的运动组织和消化器官严重缩水,心血管系统却高度发达,并与雌鱼的血管相通,可以从雌体的血液中吸取营养。比心血管系统还要发达的,则是雄性生殖腺,那里是高速运转的精子加工厂。雄鱼就这样变成了雌鱼身上附着的雄性器官。

雄鱼之所以采用这种策略,实乃情非得已。在伸手不见五指的深海,要想寻找另一半实在太难,就算有了发光的钓饵作为指引,还是只有1%的雄鱼能够找到雌鱼,其余的雄鱼都在寻找雌性的路上饿死了。因为它们生长到一定阶段后,消化器官就会自行退化,万一没有雌鱼提供营养,就只有死路一条,所以雄鱼一旦遇到雌性,就再也不会离开,至死方休。

进一步的研究发现,性寄生并不罕见,许多低等动物都有性寄生现象,比如螨虫和蟊蛭等,无一不是雄虫寄生在雌虫体内。有的雄虫索性寄生在雌虫的生殖器官内,除了生产精子,几乎没有其他生命活动。

不需要太多的分析,仅通过"性寄生"这个名词,就可以看出两者之间存在明显的利益冲突。有时一条雌性鮟鱇鱼身上甚至会寄生着好几条雄性,都像吸血鬼那样毫不留情地从雌性身上吸取营养物质,并利用雌性的身体为自己生育后代。

性寄生只是两性冲突的一种形式。生物类型不同、所处的环境不同，两性冲突的形式自然也不同。两性冲突与生存竞争的区别在于，两性必须合作才能生育后代，因此冲突的表现相对隐蔽，有时甚至充满了诱惑。

人类是观察两性冲突的最佳样本，甚至我们不必经过专业的训练，都能看出其中的门道。毕竟他们总是想要不同的东西——男人想要女人，女人想要男人。性别平衡注定无法为男人提供足够多的女人，同时也无法为女人提供足够多的男人。尽管他们需要合作，冲突仍然无法避免。

最简单的冲突来自男女双方的合作标准不同，比如：男性往往喜欢漂亮的女性，这对普通女性无疑是一种伤害；女性则喜欢高大帅气的男性，这对普通男性同样也是一种伤害。无论男女，都容易相信自己拥有极高的交配价值。然而，交配价值高低并不是由自己说了算，而是要由异性来评估，而双方评估结果必然存在落差，冲突不可避免。如果男生认为自己很帅，而女生却不赞成，两人的恋爱前景就将如暴风雨之前的黄昏，阴冷而灰暗。

最激烈的冲突来自男女双方交配的动机不同，有时甚至会出现强奸行为。强奸之所以屡禁不止，就是因为两性冲突一直没有停歇。如果每次交配请求都被许可，就不可能发生强奸。由于男性在交配活动中获得的利益明显大于女性，因此他们态度更为积极。男性的交配积极性远超女性，就会造成肢体冲突。此外，他们还对交配频率以及时间长度都有不同意见，很难达成完美的一致，强奸是最极端的表现形式。

最隐蔽的冲突与受精控制有关。

所谓受精控制，就是雄性希望控制雌性，让其只接受自己的精子，而不要替别人传宗接代。受精控制可表现在不同的层面，有行为层面的控制，也有生化层面的控制。仍以人类为例，比如男性容易早泄，而女性的高潮则往往姗姗来迟，以至于男女很难同步抵达和谐的顶点。之所以出现如此尴尬的局面，就是因为男性的主要任务是让女性受精，所以他们必须赶在女性失去兴趣之前完成射精。然而，他们很难准确探测女性何时会失去兴趣，保险的办法就是尽快射精，至少要比女性的反应稍快一步。当男性完成射精之后，至于女性有没有达到高潮，那就是另一回事了。所以早泄可以看作是受精控制的表现方式。其实男性的表现已经算是相当优异了，许多哺乳动物，比如狮子，每次都是秒射，它们所有的交配时间都以秒计。

至于生化层面的受精控制，则与各种性激素有关，尤其在昆虫身上表现明显，没有激素就没有交配兴趣，当然就不会受精。人类也会受到生化控制，比如女性在排卵期和非排卵期，体内激素水平不同，对交配的态度也明显不同，那正是受精控制的表现形式。

除此之外，男女之间还存在许多冲突的理由。比如由于女性需要抚养后代，她们迫切需要得到男性的帮助。但男性却不这么认为，他们乐得做甩手掌柜。由此造成的结果就是，两性对于配偶时间的维持有着完全不同的预期。女性希望维持时间更长一些，男性则希望维持时间越短越好，或者同时与几个女性维持配偶关系，以此弥补时间上的损失。这个想法肯定与女性的想法存在冲突，"渣男"这个词就此应运而生，算是女性为男性量身定制的称谓。

总而言之，两性冲突并非泛泛而谈的八卦话题，而是一个严肃的生物学问题，其生物学根源埋藏在基因深处。雌性和雄性的基因有时会出现不同程度的对抗，而且这种对抗根深蒂固，极难调和。

深层次对抗

两性拥有大量共享基因，有着许多共同利益。与此同时，不同性别对于基因的偏好又有所不同。如果某个基因对男性有利，却对女性不利，这个基因就可能成为两性冲突的焦点。有时冲突发生在基因座内部，有时发生在基因座之间。

先谈谈发生在基因座内部的两性冲突。

所谓基因座，相当于某个基因在染色体上的特定座位，某种基因被安排在染色体上的某个座位基本是确定的。在两条互补的染色体中，对应座位上的基因就叫作等位基因。它们往往控制相同的性状，但可能有不同的表现，比如同样控制肤色，有的等位基因会让皮肤颜色深一些，有的基因则会让皮肤颜色浅一些。两个等位基因出现冲突，就叫作基因座内冲突。要是这种冲突发生在不同性别之间，就会造成典型的基因座内的两性冲突。

语言基因就是基因座内部两性冲突的焦点。

男女都有语言能力，与语言相关的基因简称为语言基因。语言基因非常复杂，可能通过多种途径控制声音特征，比如说话时的音调高低，就受到一对等位基因的控制。一个人要么音调高，要么音调低，在高音调基因和低音调基因之间，存在典型的内部冲突。在性选择的作用下，男性倾向于低音调，女性则倾向于高音调。换句话说，女性排斥低音调基因，而男性则排斥高音调基因。或者说，高音调的基因对男性不利，而对女性有利，反之亦然，低音调的基因对男性有利，而对女性不利，就此表现出无法调和的两性冲突。如果一个小巧玲珑的女性却有着低沉粗犷的嗓音，可想而知她会在婚姻市场上遭遇怎样的困境。

生物界普遍存在此种类型的两性冲突。对雄性有利而对雌性不利的基因，往往称为父系诅咒（father's curse），与此对应的是母系诅咒（mother's curse）。父系诅咒会减少雌性的适应性，母系诅咒则会减少雄性的适应性，尤其以与线粒体相关的基因表现最为明显。

在特定情况下，假如雄性线粒体相关基因发生了突变，能够强化线粒体的生产，为细胞制造大量线粒体，同时可以产生大量精子，则对雄性有利，却对雌性不利，因为大量线粒体基因复制会增加突变的风险，从而影响卵子的质量。由于卵子数量极少，容易出现零和博弈，要么成功，要么一无所有。精子则不然，一个精子发生了错误，还有大量的替补精子。所以促进大量线粒体复制的基因突变就是父系诅咒。

父系诅咒最典型的例子是男性气质。

负责男性气质的相关基因肯定对男性有利，但会对女性不利。研究人员分析了美国大学生与其兄弟姐妹的差异，包括体型与激素差异，结果发现，如果某个男生富有男性气质，他的兄弟也会有相似的表现，对女性都很有吸引力。而他们的姐妹则不然，对异性的吸引力要逊色很多。简洁地说就是，如果兄弟都很阳刚帅气，那么姐妹就很难温柔美丽。那就是父系诅咒的结果。相反的情况同样存在，如果母亲很漂亮，生下的女儿也会很漂亮，儿子则不是那么阳刚，那就是母系诅咒的结果。这些冲突发生在基因座内部，很难轻易消除。

再说说基因座之间的两性冲突。

基因座之间的两性冲突是指发生在不同的基因座上，共同涉及两性生殖利益的冲突。比如雄性在追求雌性时，总希望能够操纵雌性的行为，像是逼迫雌性乖巧顺从，以此降低追求难度。而雌性则需要针对雄性的操纵展示某种抵制能力，否则就将沦为任由雄性摆布的生育机器。类似的例子比比皆是，雄性果蝇精液中就有一种性肽，可以刺激雌性果蝇产生更多卵子，这就是典型的雄性操纵，但此举却会降低雌性果蝇的寿命。雌性果蝇必须反击，反击的方式就是降低对性肽的敏感性，以此自保。这种刺激与反刺激的能力，在两性体内由不同的基因座控制，就属于基因座间冲突。

基因座间的两性冲突同样普遍，只是很少被察觉到。仍以人类为例，男性倾向于积极展示个人信息来获得求偶成功，展示内容有诚实和不诚实两种可能。女性需要对男性展示的信息进行认真评估，评估结果可能准确，也可能不准确。相关能力都受到基因控制。评估不准确的女性容易成为傻白甜，评估过于准确的女性容易表现出女王范儿，她们其实是在用不同的方式评估男性的诚实度。

诚实度评估类似于考试，学生和老师之间存在天然的冲突，同样的道理，诚实度和评估准确度之间也存在天然的冲突。如果诚实的男性遇到了评估不准确的女性，则男性利益受损，其他依此类推。只有诚实的男性遇到了评估准确的女性，才是最理想的配对结果，其他错误的配对结果必然将导致其中一方利益受损，呈现出典型的基因座间的两性冲突。

可见两性冲突无处不在，时刻相伴。相遇既是缘分，同时也是冤家。大量冲突内容彼此对冲，最终可能会达到某种平衡，这就是相爱相杀的根源。比如不诚实的男性会向女性展现虚假信息，随着他们一再成功，虚假基因得到了有效扩散，女性受害者也越来越多。但由于和不诚实的男人结合可能导致女性后代存活率越来越低，不准确的评估基因就此受到了压制，女性开始向着准确评估的方向进化，不断提高识别虚假信息的能力，最终实现某种平衡。

水至清则无鱼，平衡意味着和解的可能，毕竟无论男女，都需要对方传宗接代。和解的方式一般都相当微妙，难于察觉。理想家庭规模就是两性冲突缓和的结果。

夫妻各自希望拥有几个孩子，是个有趣的问题。一般来说，男性希望孩子越多越好，毕竟他们在照顾孩子方面付出不多，多几个孩子也不会太累。女性则不然，对女性而言，每个孩子都是一笔沉重的负担，所以夫妻各自理想中的子女数量是不同的。而组成一个家庭后，他们必须对此达成妥协，如果丈夫想要五个孩子，而妻子只想要三个孩子，两人就会爆发直接冲突，必然有一方需要妥协。每个家庭的理想人口数量，也就是理想家庭规模，最能体现夫妻妥协的情况。

研究人员调查了欧洲多数国家的家庭规模，发现夫妻二人的理想子女数量存在一定的波动，意味着夫妻二人一直在对理想的家庭规模做出调整，以不断适应对方的标准。在城市生活中，如果丈夫的理想家庭规模数值上升，妻子也会提高自己的数值，最终使得两性冲突得到缓和，那就是妥协的结果。

正因为两性冲突有和解的可能，至少被控制在合理范围内，有性生殖才得以继续发展，雌雄两性才没有闹到你死我活的地步。合作之中有竞争，竞争之中有合作，才是两性关系的本质。所以两性冲突可以称为浪漫的冲突，而非你死我活的残酷斗争。

无休止的两性冲突是雌雄分化的必然结果，同时也对雌雄分化起到了强化作用，直至表现出明显的雌雄二态性。

雌雄有别

当麦哲伦（Ferdinand Magellan）的船队结束远洋旅行，于1522年回到西班牙时，他们除了带回了贵族老爷们闻所未闻的奇谈，还随船带回了许多珍贵的生物标本，其中有一件采自巴布亚新几内亚热带丛林的鸟类标本尤其引人注目。这只鸟羽毛绚烂华丽，犹如来自天堂的精灵，但却没有脚。欧洲人想当然地认为，如此美丽的精灵必定可以在天上一直飞，累了就在风中睡觉，不会沾染尘世的污秽，因为不需要落地，所以没有脚。欧洲人对这个解释非常满意，并因此称它为无脚鸟，又叫天堂鸟（Birds of Paradise），中国人有时也翻译成极乐鸟。

天堂鸟羽毛形态各异、色彩纷呈，构图复杂、华丽异常，令欧洲人叹为观止，动物学家也不敢相信有如此艳丽的鸟类。随着考察的深入，大家才慢慢知道，天堂鸟并非来自天堂，而是热带丛林中常见的鸟类，它们也不是没有脚，只是在制作标本时被斩去了双脚而已。尽管如此，关于天堂鸟的谜团并没有完全解开，许多动物学家都想不通，为什么天堂鸟的外表需要如此华丽。

观察表明，羽色华丽的主要是雄性天堂鸟，而雌性的色彩依旧相对单调。外表惊艳的天堂鸟依然遵守基本的生物学法则，这个法则就叫作性别二态性（sexual dimorphism），又称为雌雄二态性，意指雌性和雄性在外表或者行为等方面，往往有着不同的表现。

雌雄二态性的内容非常琐碎，可以粗略分为几种类型：有体型二态性，就是雄性体型比雌性大；也有体色二态性，就是雌雄两性的体色完全不同，有的华丽，有的朴素；还有行为二态性，像是公鸡会打鸣，母鸡则很安静，就是典型的行为二态性；此外还有一些奇特的二态性现象，比如公鸡爱吃虫子，而母鸡则爱吃草籽；等等。其中最容易观察的是体型二态性和体色二态性。

鸟类是体色二态性的重要代表，有时也会表现出明显的体型二态性，或者兼而有之。也就是说，二态性不是单一现象，有时许多因素混合在一起，构成复合二态性。比如公鸡不但羽毛要比母鸡华丽，而且体型也比母鸡大，行为也比母鸡张扬。在孵化行为方面，也存在巨大差距，母鸡会老老实实地趴在蛋上，在给后代保温的同时还负责安全保卫工作。公鸡则像是无所事事的浪子，整日在外游荡不止，对于孵蛋任务根本不屑一顾。

鸡只是众多鸟类中最普通的代表，普通到许多人不觉得它们是鸟。动物学真正关注的鸟类是孔雀、锦鸡、鸳鸯等，它们的雌雄二态性也已为众人所熟知。

事实上不只是鸟类，各种动物都普遍存在雌雄二态性，小到各种昆虫，大到狮子和海豹。从两栖动物到爬行动物，从鸟类到哺乳动物，从猿猴到人类，极少例外。

哺乳动物是观察雌雄二态性的重要模式生物，最容易观察的是体型二态性，主要特征是雄性比雌性体型大。如果某种哺乳动物雌性体型大于雄性，就会让动物学家非常尴尬，他们特意给出了一个新的名词，叫作逆雌雄二态性。雌性灰鲸的体型就大于雄性，雌性亚马孙河豚的体型也大于雄性，它们都是逆雌雄二态性的代表。

人类也有复杂的雌雄二态性现象，有体型二态性，比如男性普遍比女性高大。也有体色二态性，比如男性的肤色往往比女性肤色深一些。更有行为二态性，男性更容易冲动好斗，而女性则相对低调平和。

我们对此类二态性早已习以为常，以为男女有别是正常现象，根本不需要解释，也懒得去解释。但在动物学家眼里，雌雄二态性却像是一团迷雾。只要略做思考就会发现，作为同一种动物，长出不同的形态其实非常奇怪。

以锦鸡为例，听名字就可以知道，这种鸟长着鲜艳醒目的羽毛，事实正是如此，无论是红腹锦鸡还是白腹锦鸡，羽毛都极尽华丽。但稍加注意就会发现，羽毛华丽的基本都是雄性锦鸡，雌性的羽毛非常低调朴素，呈现典型的雌雄二态性。这一现象其实很怪异，因为无论雌雄锦鸡，都在地面生活，主要在荆棘和灌木丛中觅食，连孵蛋都在地面进行。理论来说，雌雄两性都应该长出暗色调的羽毛，毕竟它们生活在相同的生态环境中，需要应对相同的生存挑战，色调偏暗，可以起到很好的保护作用，那它们为什么不用统一的色调来应对自然的挑战呢？

换句话说，在雌雄二态性背后，究竟隐藏着怎样的进化逻辑？

早在博物学时期，很多哲人都思考过这个问题。亚里士多德在两千多年前就试图给出自己的解释。他认为两性差异是由交配温度造成的，热的精液产生雄性，冷的精液产生雌性。这种天生的差异导致雌雄之间的不同表现，比如雌性肌肉欠发达、关节不够强健、腿部较细等。而形态上的差异又会导致行为上的差异，比如雌性声调明显较高，同时也比较胆怯。亚里士多德由此坚信，与雄性相比，雌性质量相对低劣。

亚里士多德可能是第一个认真思考雌雄二态性的学者，尽管他的解释有点让人啼笑皆非，但毕竟给出了一种理性的视角。后来其他学者也加入了进来，提出了许多重要的假说。有学者认为，雌雄二态性的主要作用在于身份识别。只有不同的外表，才能表明不同的性别，否则求偶时容易搞错性别。比如在草丛中穿行的雌性锦鸡，如果发现对方羽毛鲜艳，就知道那是一只雄性锦鸡，接受雄性锦鸡的求爱是符合逻辑的事情。如果发现对方羽毛同样朴素暗淡，那大家就没有必要白费力气了。所以通过雌雄二态性标识身份，可以起到提高择偶效率的作用。

但这种说法并没有事实依据。首先，并非所有动物都存在明显的雌雄二态性现象，比如生活在南极的阿德利企鹅，它们无论是羽毛颜色，还是体型大小，几乎都完全相同，甚至连经验丰富的动物学家都很难将它们区分开来。麻雀也有雌雄二态性，但程度比较轻微，所以我们很难像认识公鸡和母鸡那样，一眼就看出雌麻雀和雄麻雀。兔子也一样，古人之所以说"双兔傍地走，安能辨我是雄雌"，就是因为雌兔和雄兔看起来差不多。难道这些动物就不需要通过雌雄二态性来识别身份吗？

不可否认，外形确实是身份识别的一种方式，但除此之外，动物还有许多途径来识别对方，比如气味、叫声或者舞蹈等，而非依赖外貌观察对方。

以青蛙为例，它们常在夜间求偶，水塘中此起彼伏的蛙鸣，就是它们求偶的信号，所以青蛙可以通过声音来判断对方的身份，而非依靠外貌。在夜色之中它们也很难清晰看出对方的长相，何况青蛙的视觉并不发达。

许多动物都像青蛙一样，视觉主要用来观察行动，而非形状。那时无论是体色二态性还是体型二态性，都对青蛙的身份识别没有实质性的帮助。

所以雌雄二态性必然存在超越身份识别的意义。

那是什么？

伦施法则

动物学家用于解释雌雄二态性的理论，大致可以分为近因和远因两大类。

所谓近因，在生物学层面主要指生化原因。造成雌雄二态性的近因，可能与激素和色素有关。雌性和雄性动物的激素水平不同，可以造成行为不同。而不同的激素水平，会导致合成色素的能力差异，进而造成两性体色差异。比如公鸡被阉割以后，体色和行为都会发生明显变化，看起来更像是一只母鸡，表明激素在塑造动物外表和行为方面的重要性。这就是对于雌雄二态性的生化解释。

但我们并不能满足于生化层面的解释，或者说不能满足于近因的解释，因为生化原因并不是最好的解释。进化论追求的答案是远因。

远因又叫终极因，更注重分析事物背后的根本原因，甚至是终极原因，不但要知其然，还要知其所以然。对于热衷于刨根问底的进化论学者来说，终极因有时等同于进化原因。用进化论术语描述就是：雌雄二态性到底能给动物带来什么优势？

根据进化思维，某种生物学现象一旦普遍存在，必定有着普遍存在的原因，也就是所谓的生存优势。雌雄二态性能带来何种优势，不同的学者有不同的看法，其中几个关键假说值得重点介绍。

第一个叫作"生态角色分工假说"。这个名称很绕口，意思却很明白，在一个生态系统中，不同的生物扮演着不同的角色：有的是生产者，比如植物；有的是消费者，比如动物；有的动物是捕食者，有的是被捕食者，还有的则成为寄生虫。不同生物占据不同的生态位，是生态系统繁荣稳定的基础。雌雄两性在生态系统中也应扮演不同的角色，而角色差异必然造成表型差异，那就是雌雄二态性。

两性扮演不同的角色有许多好处，比如缓解彼此之间的生存竞争，充分利用生态资源，分享食物和空间，从而减少两性冲突。有一种海蛇就很能说明问题，雌性主要捕食大型鳗鱼，雄性则主要捕食小型鳗鱼。既然雌雄在食物方面存在差异，体型肯定也会存在差异，毕竟体型需要依靠食物来维持。

这一假说不但关注生态位差异，还关注两性竞争，把角色分工看作是缓解两性竞争的重要策略。要是雌雄一见面就斗个你死我活，肯定对后代不利。各自占据不同的生态位，尽量不打扰对方，才是最佳策略。结论就是，雌雄二态性是缓解两性竞争的重要手段。

第二种假说叫作"繁殖力优势假说"，或者称为"巨型母亲（big-mother）假说"，主要用于解释雌性大于雄性的现象，尤其适用于昆虫。顾名思义，该假说认为，自然选择偏向于选择较大的雌性，因为较大的雌性生育能力较强，能够产下更多的卵子，卵子的体积更大，可以孵化出健康的后代。这样的雌性，当然会受到雄性的热烈追捧。所以多数蜘蛛都是雄性偏小、雌性偏大，成为逆雌雄二态性的代表。

与此相反，如果雌性体型越小，产卵数量也就越少。有一种缨甲科的甲壳虫，是世界上最小的甲壳虫，体长只有1毫米。由于体型太小，它们每次只能产一枚卵，是产卵最少的昆虫，成为巨型母亲假说最好的反面教材。雄性必须发展较大的体型，才有资格争夺这枚珍贵的卵子，表现出典型的雌雄二态性。

除此之外，还有一些其他观点试图解释雌雄二态性，比如"进化限制假说"，指在进化过程中，雌雄两性基因积累的变异数量不同，特别是性染色体变异速度不同，对两性个体的影响也不同，导致两性受到了不同的进化限制，使得两性表型也不同。考虑到性染色体确实存在较明显的雌雄差异，这一观点正在受到越来越多的关注。

另外也有研究表明，在相同的生态环境下，雄性较雌性具有较强的可塑性，比如性成熟时间可长可短，体型可大可小，等等。为了等待合适的时机，有些雄性还会主动推迟性成熟时间，甚至装扮成雌性，这些策略都会对体型产生明显的影响，从而表现出雌雄二态性。

食物也是影响两性体型的重要因素。如果食物不足，雄性应该出现较小的体型，以节省能量制造更多的精子。所以雄性对食物限制更加敏感，在相同能量限制的前提下，雄性的体型缩水更多，雌性受到的影响则相对较小。

可惜所有这些解释雌雄二态性的理论，都只是在某一方面取得了成功——要么解释体型差异，要么解释体色差异，要么解释行为差异，很少能够对不同差异做出统一的解释。更重要的是，这些理论都没能很好地解释"伦施法则"（Rensch's rule），总让人感觉意犹未尽。

尽管雌雄二态性比较复杂，还是可以从中寻找一些相对清晰的规律。

德国学者伦施（Bernhard Rensch）曾在进化论发展过程中起到过不容忽视的作用，他曾经是拉马克（Jean-Baptiste Lamarck）的追随者，支持用进废退的进化理论。但后来随着进化论的发展，他开始转而支持达尔文的自然选择的进化论，并对德国的反达尔文风潮进行了坚决的批评，为进化论在欧洲的推广起到了重要作用。此外，他还积极研究一些细节性的问题，雌雄二态性就是他关注的内容之一。

伦施分析了大量动物的雌雄二态性现象，并在1950年提出了一个普遍的规律：雄性体型大于雌性的动物，体型越大，雌雄差异也就越大。而在雌性体型大于雄性的动物中，体型越大，雌雄差异越小。也就是说，雄性体型变化幅度要大于雌性。这一现象又叫异速规律。

理想的解释雌雄二态性的理论，不但可以解释种种两性差异，还能解释伦施法则才行。

要想全面理解伦施法则背后隐藏的真相，我们需要再次回到达尔文时代，因为达尔文给出了一个迄今为止最完美的解决方案，尽管当时他还不知道伦施法则。

达尔文早就关注雌雄二态性现象，并为之忧心忡忡、久久难以释怀。他在乘坐英国皇家海军的"贝格尔号"航行期间，曾经在南美丛林中采集了大量昆虫标本，能明显看出雌雄两性之间的巨大差异。比如有一种名叫独角仙的甲虫，学名是双叉犀金龟，雄性头上长着一根独角，有的前端还有分叉。这种独角基本没什么实际功能，打架时也派不上用场。雌性没有这种枝枝杈杈的装备，照样活得好好的，那似乎只是区分雌雄的标志而已。

达尔文认为，根据自然选择的逻辑，相同的物种生活在相同的自然环境中，面对相同的生存压力，应该发展出相同的外貌才对。但无处不在的雌雄差异却在时时提醒达尔文，似乎存在某种超越自然选择的力量，在重新塑造着动物的外表和行为。

这种奇特的力量，与雄性动物求偶的套路有关。

雄性的套路

根据科学史传说，达尔文在伦敦动物园对雄性孔雀豪华的大尾巴困惑不已，他实在想不明白，孔雀有什么必要拖着如此夸张的大尾巴，那对生存有什么帮助吗？既然雌雄孔雀同在一个树林里生活，为什么雌孔雀却是灰扑扑的呢？

面对典型的雌雄二态性现象，如果仍用自然选择和生存竞争来解释，未免说不过去。于是达尔文正式提出了性选择理论，就是雄性选择雌性或者雌性选择雄性的理论。

达尔文认为，性选择是与自然选择同等重要的进化动力。如果说自然选择只是迫使生物努力生存下来，那么性选择就是在迫使动物努力选择优秀的配偶。正是在性选择的推动下，雌雄两性才发展出了不同的形态和行为，生命的世界才变得更加绚烂多姿、明艳动人。

达尔文相信，性选择是一种普遍的力量，从昆虫到鸟类，从鱼类到哺乳动物，甚至人类男女之间，都受到性选择的制约。性选择理论是对自然选择理论的重要补充，性选择的力量与自然选择同等重要，无时无刻不在塑造着生命的形态。

那么，性选择理论该如何解释伦施法则呢？

那可能与雄性竞争的强度有关。

性选择的逻辑是，雌雄两性各有分工，负责不同的生殖任务。雄性生产精子，雌性生产卵子。卵子的体积相对较大，含有营养相对较多，而数量又相对较少，比精子更加珍贵。而且雌性在交配之后，还要承受怀孕、生子、哺乳抚育等沉重的负担。既然如此，雌性当然有资格对雄性做出选择。而雄性也必须接受雌性的选择，这就是性选择的奥义。

根据这个逻辑，既然雌性拥有强大的选择权，自然不必花费巨大的精力去讨好雄性，它们首先要考虑自然选择的压力，而不是性选择的压力。所以雌性往往低调简朴，不像雄性那样高调张扬，就因为它们是选择方。而雄性则必须卖力讨好雌性，这种不对称性是推动雌雄二态性的重要力量。

作为选择方，雌性当然要比雄性挑剔，它们需要确立自己的选择标准，否则就将沦为雄性的奴隶。选择的过程，其实就是雄性的信息展示与雌性的信息评估工程。所以选择的本质，就是一场信息战争。

在动物世界，信息战争无处不在。比如在交配之前，大家都需要了解对方的发情时机和表现形式，那是决定交配成功与否的关键信息。在发送信息和接收信息之间，存在一定的攻防关系，构成信息战争的经典要素。只有正确的信息展示与评估，才能获得最佳的交流效果。凡是对信息评估失误，都将付出惨重的代价，要么选择了错误的配偶，生下错误的后代，无法保障有效的生殖回报，要么因找不到配偶而断子绝孙。

为了应对雌性的评估，雄性不惜使出种种花招，积极展示自己的身体信号。这种用来向异性展示的信号就是性信号。

只有优秀的性信号，才能吸引优秀的异性。

性信号的本质，就是给基因做广告。无论是雌性还是雄性，都需要在发情期大力展示性信号，否则对方就不知道你是不是正在发情，也不知道你身体是不是优秀。

雄性主要是被选择方，它们必须像走秀台上的模特一样，全方位展示自我，才有可能得到台下观众的认可。所以雄性往往高调夸张，动物学家称之为雄性炫耀。

雌性在观看雄性炫耀时，其实是在观看雄性展示的性信号。所有性信号背后的潜台词都千篇一律：你看我的身体素质有多好，我的身体好，是因为我的基因好。和我交配，绝对可以得到优秀的基因，生下健康的后代。

多数雄性动物都是炫耀性信号的专家，炫耀的形式可谓百花齐放，内容千奇百怪。有的炫耀外表，比如雄孔雀会展示鲜艳的羽毛。有的雄性会炫耀声音，比如青蛙在发情季节会鼓起气囊咕呱乱叫，百灵鸟会在林间婉转鸣唱，夏蝉则伏在树梢声嘶力竭地呼唤情人。有的雄性会炫耀舞蹈，比如火烈鸟会集中在浅水区翩翩起舞。还有的雄性会炫耀筑巢水平，比如织布鸟，会反复炫耀自己建造的巢穴,如果得不到雌性的青睐,甚至不惜拆掉重建。花亭鸟还会用各种奇特的装饰品将巢穴装饰一新,专等雌性前来欣赏。还有的炫耀发型,比如雄狮的鬃毛。雄性萤火虫甚至会通过生物发光来吸引异性。

问题是哪些信号是优秀信号,哪些信号是劣质信号呢?

这涉及信息评估的标准问题。

毫无疑问,动物界并没有成文的评估标准,而它们又必须做出选择,那么它们该依据什么标准做出自己的选择呢?

答案是审美品位:它们喜欢的雄性,应该就是优秀的雄性。

古人早就对动物的审美品位有了模糊的认识,比如庄子曾在《齐物论》中指出:"毛嫱丽姬,人之所美也,鱼见之深入,鸟见之高飞,麋鹿见之决骤。"尽管略显夸张,但表明庄子相信动物也有审美能力。

远见卓识的达尔文在提出性选择理论之初就已认定,雌性会根据审美品位决定交配对象,确信动物和人类一样,都有着相似的审美能力。

达尔文的论断基于一个基本的原则,那就是连续进化。所有人类的性状和能力,都应该是从动物那里连续进化而来,否则就会沦为无源之水。审美能力当然也不例外。达尔文的逻辑是:如果那些美丽的鸟类没有审美意识,它们鲜艳的羽毛就没有意义。它们长出了美丽的羽毛,必定是因为它们能够欣赏美丽的羽毛。同样的道理,动物不但能够欣赏美丽的外表,也应该能够欣赏动听的音乐和迷人的舞蹈。

现代生物学已经证明了达尔文的观点,许多动物都有审美情趣，连美味的龙虾都会对配偶挑三拣四。如果雌性龙虾喜欢一只雄性龙虾，就会主动跑到它的洞穴里同居。如果不喜欢，就会撒腿就跑，而且腿多跑起来更快。鸟类同样也有审美标准，雌鸟看中雄鸟后，就会抬起尾巴准备交配。要是不喜欢，就把尾巴压得很低，根本不给雄性偷袭的机会。

既然雌性有自己的审美情趣，雄性当然就必须迎合雌性的审美情趣，否则就可能孤老终生。雄性炫耀的目的是向雌性发动信息攻势，吸引雌性的关注，争取通过雌性的信息评估，进而争夺雌性体内潜在的卵子。

有这种想法的雄性很多，而适合交配的雌性数量永远不够，这就不可避免地会引发雄性之间的激烈竞争，那就是雄性竞争。

在雄性竞争过程中，雄性动物会施展各种花招，进一步强化了雄性特征，与雌性明确区别开来。正是雄性竞争的结果，才使伦施法则不断得到确立。

雄性的竞争

雄性竞争大体可以分为直接竞争和间接竞争。直接竞争就是雄性与雄性的暴力对决，胜利者理所当然可以得到与雌性的交配权，而雌性并没有多少选择余地。比如发情的雄狮之间就经常爆发直接竞争，胜出的雄狮可以顺理成章地占有全部雌性。失败的雄性要么战死，要么逃跑。至于雌性，很少有反抗的机会，它们的态度无关紧要，最多半推半就，最后还是要从了人家。

公鸡也是暴力竞争的代表，两只发情的公鸡一旦相遇，很少亲切地握手聊天，更多的是立即大打出手，根本不需要什么理由。它们胜利之后，随时可以和母鸡交配，并不需要询问母鸡的意愿。所以直接竞争的结果往往是赢家通吃。

与简单粗暴的直接竞争相比，间接竞争显得比较温和，雄性不会随意开打，甚至不需要秀肌肉，而是通过间接方式解决纷争。解决方案多种多样，雄性炫耀就属于经典的间接竞争手段。最华丽的雄孔雀可以压倒不那么华丽的普通孔雀，以此赢得雌性的芳心。雄性之间并没有发生直接的暴力冲突，但竞争的结果同样有效。

另一种常见的间接竞争是仪式化战斗。两只雄性相遇，照例要比试一番，以期决出胜负。不过直接开打损失太大，所以它们会努力用尽可能少的损失来决出胜负。就像演习一样，彼此摆足姿态似乎要拼命，但往往会在真正拼命之前就结束战斗。比如河马会张大嘴巴比试大小，嘴大的一方获胜。鳄鱼也会同样的招数，对它们来说，嘴巴是致命的武器，长了一张更大的嘴，等于随身提着一把更大的斧头，稍做比画就可分出高下。所谓"不战而屈人之兵"，正是此意。两条陌生的小狗在楼下相遇时，也会龇牙咧嘴、怒目相向，它们并没有真的打算干一架，而只是在例行公事。所以我们很少看到咬得满嘴是血的小狗，倒是经常能听到它们猖狂的叫声。主人对此也不必在意，那只是仪式化战争而已。

只有当仪式化战争无法解决问题时，竞争才会升级，出现直接的暴力对抗。强如狮子，也会在开战之前通过极具穿透力的吼叫声吓阻对方。雄狮对着空气一阵一阵怒吼时，并不是闲得无聊，而是在和对手隔空展开仪式化竞争，就像是比拼内力，吼叫底气越足，获胜的概率越大。如果没能有效吓阻对方，那就只能以死相拼了，那时有一方已经走近了死亡的边缘。不过为了争夺交配机会，大家也管不了那么多了。

除了暴力,部分雄性动物还会采取某种程度的计谋。比如有些雄性昆虫会设法将雌性隐蔽起来,以免被其他雄性发现。雄黄蜂就是这方面的专家,它们会沿着雌性的气味追踪到雌黄蜂的栖息地,然后带着雌黄蜂离开,以避开其他追踪而来的雄性。如果雄黄蜂没能将雌性带走,就只能与随后到达的雄性展开搏斗,才能保住自己的交配机会。雄甲壳虫则会释放迷惑性的气味来降低雌性对其他雄性的吸引力,阻止其他雄性关注自己的配偶,促使它们去寻找无人守护的雌性。雄性蟋蟀也颇有心机,它们在出发寻找配偶时总是大张旗鼓、大鸣大放,以此吸引雌性的关注。可一旦接近雌性,雄性就会立即偃旗息鼓,改成悄悄地干活,以免惊动其他雄性蟋蟀前来骚扰。

有些雄性动物还会通过更加直接的方式展开雄性竞争,那就是占据雌性生殖道,不让其他雄性接触,避免出现精子污染。例如雄水黾会紧紧抓住配偶,骑在雌性身上几小时甚至几天,即使交配完成也不松开,防止其他雄性乘虚而入。狗也会采用类似的策略,公狗和母狗交配时,会保持交配姿势很长时间,以此霸占生殖道,为受精提供充足的时间。

还有的动物身体虽然离开,却会在雌性生殖道中留下一条交配栓,那是精液的固有成分,在精液射出之后极易凝固,可以封锁雌性生殖道,阻止其他雄性的精子接近卵子。这种策略从昆虫到哺乳动物都在使用。野猪的精液凝固性就非常强劲,在雌性生殖道内形成封闭状态,导致后来的雄性精子四处碰壁,最终只能无功而返。

雄性黄蜂的策略则更加激烈,它们在交配后甚至会忍痛切下生殖器，将针状生殖器留在雌性体内，让后来的雄黄蜂望针兴叹。也有些执着的黄蜂会设法拔出前任的生殖器，随后展开全新的交配工作。

当所有这些策略都无法阻挡其他雄性的精子进入时，不同雄性射出的精子就会在雌性生殖道内展开另一场诡异的战争，那就是所谓的精子战争。精子战争是真正的代理人战争，所有精子都会为了主人的利益奋勇争先，为了抢先到达卵子身边，精子之间甚至会出现某种程度的分工，有些精子负责打埋伏，拦截其他主人派出的精子，有些精子负责和其他精子缠斗，用尾巴绞在一起，拖住它们无法前行。更多的精子则继续冲刺，直到生命的终点，否则绝不停下前进的脚步。

激烈的精子战争有时可以替代雄性之间的肌肉较量，毕竟优秀的精子和优秀的肌肉一样，都是雄性身体质量的体现。

而在雄性竞争过程中，雌性似乎置身事外，并没有加入其中。它们面临的压力与雄性完全不同，既不需要打斗，也不需要炫耀，因而行为和外貌都与雄性差别很大，这就是雄性竞争理论对性别二态性的解释方案。

雄性竞争不但可以成功解释雌雄二态性，而且可以很好地解释伦施法则。

让我们再回顾一下伦施法则的核心内容：雄性体型大于雌性的动物，体型越大，雌雄差异也就越大。而在雌性体型大于雄性的动物中，体型越大，雌雄差异越小。此前诸多假说都无法解释这一现象，雄性竞争则可以。之所以出现这种差异，是因为雄性面临的选择压力要大于雌性。不对称的压力必将塑造不对称的形态特征。

对于雌性而言，对雄性的选择是意愿的问题，主要取决于自己。而雄性则不然，它们的选择权相对较弱，对雌性的选择是资格问题。如果不能在雄性竞争中取胜，就可能失去交配权。因此雄性面临的压力更大。体型越大，雄性面临的竞争压力就越大，呈现典型的加速现象。

反之，如果雌性体型大于雄性，说明雄性承受的压力已经改变，它们可能要通过其他竞争方式取胜，而不依赖体型竞争。既然如此，雌雄两性都会倾向于发展最佳体型，差异就不会拉开太大。

由此可见，从性选择理论派生而来的雄性竞争理论不但可以完美解释雌雄二态性现象，而且能够解释伦施法则，因而成为近乎完美的答案。

既然是竞争，就有失控的可能，雄性竞争同样如此。而失控的雄性竞争，必将制造更加深刻的雌雄二态性。

失控的外挂

在诸多类型各异的性信号中，以雄孔雀的大尾巴给人的印象最为深刻，它兼具形式和色泽之美，抖动时还会发出哗啦啦的声响，对雌孔雀有着无法抵御的诱惑力。

有长尾巴的孔雀，就会有短尾巴的孔雀。可雌性为什么偏偏喜欢长尾巴而不是喜欢短尾巴呢？毕竟那么长的尾巴除了好看之外，似乎没有任何实用价值。雌孔雀没有长尾巴，不是也活得好好的吗？

许多雌鸟都喜欢长尾巴的雄鸟，似乎长尾巴是鸟类的时尚。雄鸟的尾巴越长，越能通过雌性的评估。从长尾寡妇鸟到欧洲仓燕，无不如此。

那么，雌鸟选择长尾巴的依据何在？

这是摆在性选择理论面前的重要挑战。

长尾巴既不利于飞行，也不利于躲避天敌，可谓花样作死的性状。可雌性却偏偏喜欢这种危险的性状，简直就是在自寻死路，和自然选择原理格格不入。也就是说，要么性选择理论错了，要么自然选择理论错了，但达尔文却无视两者的矛盾，坚持这两个理论同样正确，未免牵强。因此达尔文去世之后，性选择理论基本就被打入了冷宫。

后来还是费希尔出手，再次拯救了性选择理论。

起初费希尔对性选择理论也是半信半疑，但他不太相信达尔文会犯下如此明显的逻辑错误，生物进化的科学体系也不应该由两个互相矛盾的理论组成。要想处理这一矛盾，就必须将性选择与自然选择协调起来，形成有机的统一体，这样进化论才堪称完美。

最终费希尔给出了一个漂亮的答案，就是著名的失控理论。

仍以孔雀的大尾巴为例，费希尔认为，大尾巴并非一无是处，而是身体强壮的标志，同时也是合适的性信号，供雌性选择时参考。

雄孔雀为什么要以大尾巴来当性信号？

费希尔假设，孔雀的祖先本来是短尾巴，后来由于基因突变，有些雌孔雀开始喜欢尾巴稍微长一点的雄孔雀。恰巧有的雄孔雀尾巴较长而且非常健康，和它们交配可以生育较多后代。这些后代都继承了父母的性状，雄性全部拥有长尾巴，雌性全部喜欢长尾巴。长此以往，长尾巴的雄孔雀就会越来越多，喜欢长尾巴的雌孔雀也就越来越多。

随着时间推进,雄性为了讨好雌性,需要与其他雄性展开雄性竞争,它们就像是参加卵子拍卖会的买家,为了竞拍成功,不得不轮番抬高成交价格,最终导致价格失去了控制。雄孔雀出价的方式就是增加尾巴长度,一年一度反复举行的拍卖会,迫使雄孔雀尾巴越来越夸张,确实可能会影响生存,出现了与自然选择冲突的苗头。

但此时雌性和雄性都已骑虎难下,雌性无法放弃选择标准,雄性无法放弃竞拍冲动。失控的性状就此保留了下来,直至达到危及生存的程度。这时自然选择开始发挥作用,尾巴太长的雄孔雀被捕食的可能性大增,失控进程才得到了有效控制。

从这个推理可以看出,因为性选择,雄孔雀的尾巴才会失控。因为自然选择,雄孔雀的尾巴才没有彻底失控。所以失控理论在某种程度上调和了性选择和自然选择,两者并非二选一的关系,而是可以彼此共存。在交配时节,性选择的压力更大。在平时,则自然选择的力量更明显。没有哪种选择可以单独行事,它们已经在自动协调。

如果雄孔雀不考虑自然选择,就可能长出十几米长的尾巴;如果不考虑性选择,就应该像雌性那样长着短尾巴。现存雄孔雀尾巴的长度,不但没有导致雄孔雀灭绝,还成功吸引了雌孔雀的目光,甚至连人类都觉得匪夷所思,恰是性选择与自然选择妥协的结果。

这就是费希尔想要的结论。

根据费希尔的观点,不光是尾巴,许多性状都存在失控的可能。有些鸟类就不以尾巴长短来展示身体状况，比如鹪鹩，它们体型很小，不适合用长尾巴作为性信号，雄性转而采用另一种方式自我炫耀，那就是唱歌。它们在发情季节会卖力歌唱，远远超出了自身承受能力，甚至会把自己活活累死，属于典型的失控。

鹿豚是野猪的近亲，主要生活在东南亚丛林中。雄性鹿豚长有两对獠牙，起初是进攻性武器，后来也承载着雄性炫耀的功能，导致上獠牙处于失控的边缘，甚至会弯曲生长刺进自己的脑袋，有的居然硬生生把自己扎死，成为失控理论的绝佳例证。

后来当失控理论遇到军备竞赛理论时，两者居然碰出了激烈的火花，产生了强大的说服力，不但可以用来解释雄性失控，而且可以用来解释各种生物失控性状。

军备竞赛原本主要用来解释猎物和捕猎者之间的竞争，比如猫和老鼠之间，就存在典型的军备竞赛。后来人们发现，军备竞赛无处不在，雄性竞争只是军备竞赛的一种表现形式。你比我强，我要比你更强，否则就会被淘汰，这就是军备竞赛的基本要义。

军备竞赛可以分为对称军备竞赛和不对称军备竞赛。

雄性竞争属于对称军备竞赛，比如两头雄狮之间的较量：你身材高大，我也要身材高大；你发展牙齿，我也要发展牙齿；你的鬃毛好看，我的鬃毛更好看。可见对称军备竞赛就是旗鼓相当的较量。

而不对称军备竞赛则要微妙许多，最典型的例子是猫和老鼠之间的竞赛。老鼠不可能和猫硬杠，它们只要跑得更快就可以了。对于猫而言，一次捕猎失败只是概率问题，或者是劳动量多少的问题，不至于因此被饿死，大不了下次再来。而对于老鼠而言，一次逃跑失败，就没有下次了。就像是参加一次严格的考试。假如猫考不及格，下次还有机会补考，直到及格为止。而老鼠则不然，考不及格则当场枪毙。可以想象，老鼠备考的态度肯定比猫认真许多。

这就是不对称军备竞赛。

不对称军备竞赛的竞争目标并不相同，比如猫想把老鼠吃掉，而老鼠从来没想过要吃掉猫。可见不对称军备竞赛往往呈现一方获益多，一方损失大的局面，最终必然出现一方失败，一方胜利。只要猫成功，老鼠就必然死亡。所以不对称军备竞赛也是不公平的竞赛，因而参赛双方投入的精力也不同。

雌雄两性之间的军备竞赛同样具有不对称性。

雄性相当于猎手，追逐雌性的成功与否只是概率问题，这次不行下次还有机会。雌性相当于老鼠，失败虽然未必会当场毙命，却可能决定后代的数量与质量。而且选择方和被选择方也站在不对称的位置，决定了雌雄两性注定受到不公平的压力，同时也决定了雌性和雄性的心态不同，对身体性状的影响也完全不同，进一步强化了雌雄二态性。

无论是对称性还是不对称性的军备竞赛，都会逼迫参赛方轮番升级竞争设备，最终必然导致失控。所以军备竞赛和失控理论有着内在的一致性。

至此费希尔认为，性选择和自然选择之间的矛盾已经得到了完美解决，达尔文也可以在威斯敏斯特大教堂内安然长眠了。然而就在费希尔死后不久，失控理论却受到了很多质疑，特别是遭到了特里弗斯的强烈反对。

精妙的骗局

爱打架的特里弗斯不只是喜欢拳头对决,也喜欢嘴巴对决,他认为费希尔的假设,也就是起初有一只雌性喜欢长尾巴的前提并不现实,而只是一种空想。雌性从头至尾都没有喜欢长尾巴的动力,所以失控理论的结论并不成立。特里弗斯质问道,雄性的长尾巴对雌性能有什么好处呢?如果没有好处,雌性何必非要喜欢长尾巴?它们可以喜欢雄性的任何特征,只要这个雄性健康就好了。

特里弗斯明确指出,性信号的目的是为身体做广告。雌性不能不看广告,又不能盲目相信广告,因为所有广告都有注水的嫌疑,谁能保证雄性不在性信号中造假呢?事实确实如此,许多雄性的性信号都具有欺骗性,动物学家称之为雄性欺骗。有时雄性炫耀和雄性欺骗甚至像是一回事,你不清楚对方炫耀的内容是否属实时,离受骗也就不远了。

雄性欺骗的常用套路是制造虚假广告,用各种花招迷惑雌性,干扰它们的评估结果,让雌性误以为雄性身体很棒,以此骗取交配机会。欺骗行为代价低、收益高,没有哪种动物能够抵御欺骗的诱惑。尤其是在发情季节,当雌性被激素冲昏了头脑,更是雄性施展欺骗技能的大好时机,一旦得手,就可以让雌性为自己生下一堆小骗子。就算失手,损失也不大,毕竟动物界没有法庭,也没有舆论压力,雄性何乐而不为呢?就连碌碌无为的昆虫也不例外,它们常用气味作为交流工具,就是所谓的性外激素。有些雄性昆虫会伪造复杂的气味欺骗雌性,比如雄性兰花蜂,常收集各种香味物质装饰自己,什么花朵、蘑菇、落叶、水果等,不拘一格,都能拿来试试，把身上搞得香味扑鼻，以此误导雌性，然后趁机得手。有一种雄性盗蛛，在向雌性求爱时，常会送上一个大礼包，里面包裹着营养丰富的食物。礼包越大，就越容易获得雌性的交配许可。但礼包并不容易获取，有些雄性就索性送上一个空的礼包，里面没有货真价实的食物，只有一些棉花或者昆虫外壳，雄性用蛛丝紧紧缠绕起来，然后一本正经地献给雌性。当雌性满心欢喜忙着解开大礼包时，雄性就可以趁机成其好事。

明星动物雄性招潮蟹也是行骗高手。

雄性招潮蟹那只有名的大螯其实并不实用，真正实用的反倒是那只不起眼的小螯，那是招潮蟹进食的工具，就像筷子一样，可以把食物送进嘴里。大螯太大了，就像太长的筷子，长到无法将食物送进嘴里，所以大螯只剩下一个功能，就是和其他雄性展开雄性竞争，还可以用来守住海螺壳的入口，不然就可能无家可归。

海螺壳就是招潮蟹的房子。只有占据了海螺壳的雄性招潮蟹，才能得到雌性的青睐。因而空的海螺壳会成为雄性招潮蟹抢夺的对象。只有长了大螯的招潮蟹，才能守住房子，对雌性才有吸引力。既然如此，雄性招潮蟹就有充分的理由展示大螯。在平坦的海滩上，大螯看起来也相当显眼。雄性只要挥舞大螯向雌性示爱，就很容易得到雌性的关注。可有些雄性的螯并不大，很难吸引雌性，它们只好设法作弊——站在小沙丘上，然后用力挥舞大螯，使自己看起来更加显眼，轻轻松松就能骗取雌性以身相许。

吃过龙虾的朋友，都会对淡水龙虾的大钳子印象深刻，那其实也是雄性欺骗的工具。理论而言，雄性的钳子越大，夹击的力量也就应该越强。但科学家最近才发现一个惊人的事实，雄性龙虾的钳子虽然型号很大，力量却很弱，有时甚至不到雌性的一半，因为钳子内部的肌肉并不多。雄性龙虾只是在用夸张而无用的空钳子欺骗雌性，让它们误以为自己很强壮而已。

后来人们才发现，许多身披外骨骼的节肢动物都会玩相同的花招，因为外骨骼很容易制造假象，真实的内部到底有多少肌肉，从外面很难判断。许多甲虫都会以夸张的外骨骼来骗取雌性的信任，成为雄性欺骗的重灾区。

鱼类也有雄性欺骗行为。在波罗的海浅水区域有一种雄性刺鱼，是浑水摸鱼的行家。它们在交配季节会先占据一片水域，再忙着用海藻筑巢，然后等待雌性前来视察。要是雌鱼感到满意，就会在巢中排卵。如果水体清澈，四下一览无余，雌性就会认真对比，然后挑选一条最强壮的雄性，并在它的巢中产卵。但在海藻生长旺盛的季节，或者水体因污染而变得浑浊时，就会影响雌鱼的判断，让它们很难做出全面的对比。此时雄鱼骗子就有了可乘之机，它们专门选在浑水区马马虎虎地筑一个简陋的巢。当雌性前来视察时，由于无法看清其他巢穴，也不知道附近是否还有其他巢穴，它很容易相信眼下的巢穴就是最好的巢穴。为了防止过了这个村就没有这个店，雌鱼只能勉为其难，同意在简陋的巢穴中排卵。雄鱼骗子就此大功告成，投机取巧的基因也就可以代代相传了。

如果说鱼类都会行骗，那么鸟类就更是雄性欺骗的行家里手。特别是一些小型鸟类，比如麻雀，它们本身实力不济，雄性尤其需要特殊手段来博取雌性的好感，聚扰行为就很能说明问题。

所谓聚扰行为，就是当大型鸟类捕食者，比如猫头鹰或红隼等猛禽出现时，小型鸟类会主动聚集在一起，通过飞舞吵闹等方式群起骚扰对手的现象。一旦威胁解除，吵闹的小鸟就会恢复平静，战斗小队瞬间瓦解，大家各自觅食，互不相干，就像无事发生一样，似乎刚才的表现纯粹就是针对天敌的勇者行动。

聚扰行为是常见的鸟类行为，尤其是针对猫头鹰的聚扰行为，已经引起了鸟类学家的兴趣。他们对聚扰行为的一般解释是：这些小鸟尽管种类不同，各不相干，但为了对抗猫头鹰的捕杀，不得不临时合作，用集体的力量赶走天敌，降低自己被捕杀的风险。大量小鸟展开眼花缭乱的骚扰式攻击，会把猫头鹰弄得晕头转向，很难锁定捕杀目标，最后不得不放弃捕杀。这对所有参加聚扰活动的小鸟来说，都是一件好事。

这个解释虽然漂亮，却缺少有力的动机。如果只是为了躲避捕杀，小鸟为什么不四散逃跑呢？它们何必冒着巨大的风险对着猫头鹰大吵大叫？那只会让自己陷入不可预测的危险之中。进一步的观察还发现，参加聚扰行为的小鸟大部分都是雄性，难道雌性就没有被捕杀的风险了吗？

所以聚扰行为明显需要一个更有说服力的解释。

进一步的观察果然有了意外的发现，聚扰行为并不完全是为了抵抗天敌，而确实还另有所图。

小鸟要想从聚扰行为中获利，至少要确保自己不被吃掉，所以不会奋不顾身地冲到猫头鹰面前单挑，而只会在外围盘旋骚扰。但就算在外围骚扰也有风险，猫头鹰可不会在游戏开始之前和这些小家伙签订一个谅解备忘录。小鸟必须设法自保，它们怎样才能做到这一点呢？

为了回答这个问题，研究人员制作了两种猫头鹰模型：一种主要捕食小鸟，叫作食鸟猫头鹰；另一种只吃昆虫，叫作食虫猫头鹰。当用这两种猫头鹰测试聚扰行为时，结果很有意思。无论是哪种小鸟，几乎都会采用相同的策略，它们会避开食鸟猫头鹰，而只攻击食虫猫头鹰。这是一个意外的结果，因为食虫猫头鹰根本没有威胁到小鸟的生命，为什么要攻击人家呢？

经过分析，研究人员认为，聚扰行为可能有一种隐蔽的目的，那些一拥而上的雄鸟其实醉翁之意不在酒，它们只是在炫耀自己的勇敢行为。炫耀的对象，当然不是食虫猫头鹰，而是旁观的雌鸟。每当有雌性在场时，雄鸟的聚扰行为就异常活跃，而且更为大胆、叫声更响、飞行动作更夸张，甚至敢于接近食虫猫头鹰。而当面对真正的食鸟猫头鹰时，那些小鸟只会四散飞逃，再也不敢争强好胜表现自我，因为食鸟猫头鹰真的会把它们吃掉。

这是个惊人的发现，彻底推翻了此前对聚扰行为的解释。也就是说，在聚扰行为中，强大的猫头鹰只是道具，能否将其赶走，并非雄鸟感兴趣的事情。雄鸟真正感兴趣的，是让雌性看到自己的表演。

从这种意义上说，聚扰行为就是彻头彻尾的雄性骗局。

特里弗斯认为，许多雄性都会向雌性传递欺骗信息，以此获取远超预期的收益。

针对特里弗斯的解释，其他学者并没有全盘接受。雄性欺骗可以用于解释部分雄性性状，但并不能解释所有雄性性状。相反的观点认为，雄性性状的根本价值并不在于造假，而在于诚实。

如果雄性欺骗不被反击，所有雄性都会成为骗子。雌性当然不甘心受骗，它们一般只会上当一次，下次就会避开雷区，努力寻找诚实的雄性。所以雄性欺骗不会永远得逞。这就是"定向怀疑理论"（directed skepticism），意思是说，雌性会设法强迫雄性展示诚实的信号，以免成为虚假广告的牺牲品。而一旦雌性开始怀疑广告的内容，雄性欺骗的效果就会大打折扣，反过来对雄性造成了巨大的压力，它们必须努力向雌性证明性信号真实可靠。

那么，雄性该如何说服雌性相信自己呢？

答案就是提供无法造假的广告。

可什么样的广告才是无法造假的广告呢？

这时，进化论领域另一位重要人物隆重登场了，他就是以色列学者扎哈维（Amotz Zahavi），他于1970年提出了著名的"累赘原则"（handicap principle）。这一原则成为理解雄性行为的革命性理论，其视角之独特，至今仍令人耳目一新，同时也引发了巨大的争议。

累赘的解释

观鸟爱好者之所以喜欢观察鸟类，是因为鸟类不但外观美艳，而且行为也很有趣，往往需要雌雄合作共同孵育后代，有组建家庭的意愿，与人类的表现非常接近，甚至比对某些哺乳动物的观察结果更有参考价值，所以西方社会一度形成了疯狂的观鸟风潮。

扎哈维就是观鸟潮中的佼佼者，他曾在以色列和约旦边界长时间观察鸟类，对雄鸟的炫耀行为有充分的了解。根据观鸟结果，他正式提出了累赘原则。

扎哈维认为，雄性动物身上有许多奇特的性状，比如孔雀的尾巴、大角羚的巨角之类，明显都是沉重的负担，说白了就是累赘，除了取悦雌性，没有任何实际用处，相反还容易因为过度招摇而成为捕猎的目标。但雄性却敢于拖着这些累赘趾高气扬地来回炫耀，说明它们有能力背负巨大的累赘，足以证明自己身体强壮。也就是说，雄性其实是在用累赘作为性信号，向雌性证明自己的实力。

既然累赘性状是为了证明自我，当然就要尽量展示出来，否则就没有意义，所以雄性需要大张旗鼓地炫耀，这就是雄性炫耀的根源。

雄性为什么要以累赘的形式展示自己呢？

那可能是遭到雄性欺骗反噬的结果。

受到雄性欺骗的影响，雌性在挑选配偶时必须格外谨慎。它们需要观看雄性的广告，又担心广告内容不太可靠，所以迫切希望雄性能给出一种无法造假的广告。正是为了呼应雌性的需求，雄性才被迫发展出累赘性状。毕竟动物界没有任何证书可用，只能通过信号本身加以证明，证明的方法就是累赘。

累赘的要义是，要么给雄性造成物质损失，要么导致雄性行动不便。无论何种形式，都无法造假。只有足够强壮的雄性，才能支付得起如此沉重的代价。所以累赘就像是一枚勋章，被雄性骄傲地挂在身上。尽管勋章本身对于生存毫无帮助，却能证明主人的优秀。

雌性感兴趣的，绝非雄性的累赘，而是背负累赘的身体。比如雌孔雀看中的，并不是雄孔雀的尾巴，而是雄孔雀拖着这么大的尾巴，却依然能够活下来。大尾巴一眼可见，来不得半点虚假，是值得信任的广告，同时也是值得炫耀的广告。所以累赘性状和炫耀行为往往密不可分。

这就是累赘原则的核心内涵。

更重要的是，雄性的累赘信号要想让雌性心动，还必须附加一个特别属性，就是只能传给儿子，绝不能传给女儿。累赘只有出现在儿子身上，才能帮助儿子俘获更多雌性的芳心，长在雌性身上则毫无意义，因为雌性没有必要通过累赘向雄性证明什么，所以它们不会长出大尾巴来拖累自己。

那么，雄性该如何确保累赘性状只传给儿子，而不会传给女儿呢？

方法就是伴性遗传。

累赘性状常与决定性别的基因连锁起来，保证累赘基因只传给雄性后代，而绝不会影响雌性后代，由此也造成了雌性和雄性的种种差别。那就是我们没有看到大尾巴的雌性孔雀的原因，相关基因根本不会出现在雌性身上。

如此看来，累赘原则不但可以解释雄性炫耀，而且可以从基因层面解释雌雄二态性。

随后的研究证明，除了具体的生物性状，动物行为也受累赘原则的支配，瞪羚就是很好的例子。

瞪羚是生活在非洲草原上的一种小型羚羊，眼睛特别大，所以被命名为瞪羚。瞪羚是群居动物，往往成百上千聚集觅食，加上体型适中，是食肉动物心仪的猎杀对象。狮子、猎豹，还有鬣狗，都将瞪羚列为特色菜品。对此瞪羚心知肚明，它们除了提高警惕，并没有更好的办法。每当天敌出现时，负责放哨的瞪羚就会高高跳起，同时摇动白色的尾巴，似乎在向其他伙伴报警，提醒大家快跑。但如此夸张的举动同时也把自己暴露在了杀手面前，无异于自投罗网。

对于瞪羚的奇怪举动,许多学者试图给出合理的解释,其中以群体选择论的观点流传最广。该理论认为,尽管瞪羚的跳跃行为对哨兵不利,却对整个群体有利,所以这种行为才保存了下来。但经过威廉斯的抨击,群体选择的观点已经失去了市场。现在动物学家已经明白,瞪羚绝不是为了群体的利益而牺牲自己,它们其实另有所图。

那么,瞪羚在天敌来袭时高高跳起,究竟能得到什么好处呢?

扎哈维用累赘原则给出了出人意料的答案。

扎哈维认为,瞪羚勇于跳跃报警,并不是活得不耐烦了,恰恰相反,那是强烈求生欲的表现,它们在努力向杀手证明:你看我跳得多高,因为我的身体足够强壮,你根本追不上我,还不如去追那些跳得不高的家伙,它们比我更容易追到。

这就是累赘原则对动物行为的解释。

大量观察也证实了扎哈维的观点,很多杀手在跳跃的瞪羚面前会放弃追杀,转而去追杀其他猎物。因为瞪羚跳得越高,确实意味着跑得越快。跳跃是典型的累赘行为,危险且无法造假,因此是可靠的信号。展示可靠的信号对于杀手和猎物都有好处。杀手不必再做徒劳的追杀,猎物也不必再花大量精力去逃跑,结果皆大欢喜,各得其所。

只有活着的瞪羚才是优秀的瞪羚,只有优秀的瞪羚才能留下更多的后代。雌性瞪羚完全同意这个观点。它们看到在危急关头高高跃起的雄性瞪羚时,同时也看到了一头身体很棒的瞪羚,和它生下的儿子应该同样不容易被猎杀。就算雄性瞪羚有心欺骗雌性,也未必敢欺骗杀手。可见跳跃行为不但能够让杀手信服，也能让雌性信服。勇敢的瞪羚很容易成为备受爱戴的英雄，从而名利双收。夸张的雄性炫耀行为当然也就能代代相传，香火不绝。至于那些举止猥琐的家伙，在危险来临时只敢悄悄溜走，则很难得到雌性的青睐，也就很难留下后代。

累赘原则很快成为一种流行理论，在许多场合都被津津乐道。但扎哈维在推广累赘原则时也不是一帆风顺，而是遇到了不小的麻烦。有好事者曾特意把扎哈维的理论介绍给道金斯，并问他怎么看。道金斯用他一贯的辛辣风格不假思索地挖苦道，根据累赘原则，雄性应该只长一条腿和一只眼睛。听到这一评价后，扎哈维勃然大怒。他回应说，道金斯难道没有听说过，许多久经沙场的将军都只有一只眼睛吗？

最猛烈的批评来自史密斯的追随者，他们习惯于通过数学建模研究动物行为，但数学模型测算表明，累赘原则并不成立。在解释夸张的雄性性状方面，费希尔的失控理论就已足够，累赘原则纯属画蛇添足。甚至有人攻击扎哈维是以色列的军方间谍，以野外观察鸟类为名，事实上身负监视敌方军事动向的秘密任务。他们嘲讽道，扎哈维绝不是一名合格的科学家，累赘原则也绝不是一个合格的科学理论。如果要把这个理论扔进粪坑里，也应该扔进堆满鸟粪的粪坑里。

扎哈维后来曾总结过，自己之所以遭到口诛笔伐，一个原因在于累赘原则过于奇特，另一个原因在于他修养不足、言辞粗暴，常对批评者恶语相向。可能是出于学术背景的限制，他更依赖文字的力量，而不太倚重数学模型，或许他也不懂数学建模，因此未能以理服人。

好在随着时间的流逝,大量田野观察都得到了支持累赘原则的结果,数学建模也取得了成功,扎哈维的观点才被广泛认可。道金斯也改变了看法,他认识到了累赘原则的价值,并在《自私的基因》再版时,对累赘原则做了重点介绍,认可累赘原则是解释动物行为的重要理论,将会彻底改变动物学家理解动物行为的角度。

至于史密斯,更是不遗余力地推广累赘原则,因为累赘原则与博弈论可以无缝对接,相互印证,展示强大的理论价值。不仅如此,史密斯还试图改造累赘原则,结合自己的观点,提出了昂贵的信号理论。

昂贵的信号

史密斯是进化论大师霍尔丹的衣钵传人,在进化论领域取得了极高的学术成就。他对有性生殖双倍代价的追问,曾有力推动了相关研究。他提出的进化稳定策略,已经成为进化论领域的重要理论,在指导动物行为学研究方面有着指南针的作用。除此之外,史密斯还积极动用计算机模拟技术研究动物行为,他的著作《进化与博弈论》(*Evolution and the Theory of Games*)是进化博弈论的奠基性作品。史密斯也因此被称为进化博弈论之父,曾获得过达尔文奖、林奈奖和克拉福德奖等重要科学奖项,是成就斐然的进化论大师。

基于自己的研究,史密斯对累赘原则很感兴趣,并在退休以后投入了大量精力进行相关探索,充分认识到了累赘原则的价值。由于此前曾反对过扎哈维,所以在1990年举行的一次动物行为生态学大会上，史密斯当着全体代表的面向扎哈维道歉，正式承认累赘原则是伟大的理论，可他还是想对累赘原则做一些修订工作，并希望得到扎哈维的理解，但被扎哈维当场拒绝。

史密斯之所以想要修订累赘原则，是因为他觉得许多动物炫耀的内容并不完全是累赘，有的只是一种代价。累赘和代价是两码事，累赘属于代价，可代价不一定都是累赘。比如某个学生违反了课堂纪律，老师可以罚站，也可以强迫他抄写课文，或者背着沙袋在操场上跑步，这些都是学生承受的代价，但只有沙袋属于累赘。史密斯认为，雄性为了取信雌性，可能会付出各种代价，累赘只是众多代价中的一种，他希望累赘原则能够拓展覆盖面，成为具有普遍意义的理论。

由于扎哈维并不买账，史密斯无奈之下只有自己继续研究，并于2003年提出了"昂贵的信号理论"（costly signalling theory），试图取代累赘原则。可惜史密斯次年就与世长辞，没有就此展开深入阐述。

从史密斯的理论来看，雄性信号必须昂贵，以至于让雄性有点不堪重负。这是昂贵信号的根本特征。初听之下，这个观点似乎和扎哈维的理论差不多。其实两者内涵并不一致。扎哈维强调诚实，而史密斯强调昂贵。尽管昂贵与诚实都能证明一些东西，但本质并不相同。诚实具有主观属性，说你诚实你就诚实。比如学生诚实与否，需要老师的评价才行。而昂贵具有客观属性，与别人承认与否无关。比如一颗精美的钻石，价格非常昂贵，与别人承认与否无关。相比而言，客观的昂贵更加可靠。由于昂贵的信号代价特别高，就算雄性有心欺骗，结果却可能得不偿失。如此看来，昂贵的信号理论覆盖面确实要比累赘原则更广一些。

扎哈维之所以反对史密斯的修订，是因为他相信，累赘原则已经包括诚实和昂贵这两大要素。所有奇特的雄性性状，尤其是值得炫耀的性状，基本都兼具诚实与昂贵的特征。要想让性信号诚实可信，生产成本必须提高。如果成本低廉，每个雄性都有能力拥有，也就失去了炫耀价值。只有代价高昂才无法伪装。所以累赘的信号天然就是昂贵的信号，两者是等价的。既然如此，何必再搞一个新理论出来呢？

客观而言，扎哈维的坚持并非没有道理，毕竟他还活着，可以反复宣传自己的观点，并悄悄填补一些不起眼的漏洞，让累赘原则越来越接近完美，直至反向涵盖昂贵的信号理论。

其他研究人员并不愿意花费太多时间去甄别两个相近理论之间的细微差别，并仔细区分在哪种情况下应该运用何种理论。对于大多数人来说，简约的理论才是更好的理论，而累赘原则足够简约，因此仍被大家常常提起。昂贵的信号理论则已渐渐淡出了人们的视野。

最近还有学者对累赘性状进行了进一步划分，比如有诚实性的累赘和炫耀性的累赘等。前者如雄性大角羚的角，顶在头上确实很沉，无疑属于诚实性的累赘。而雄孔雀的尾巴算不上太沉，雄孔雀仍然可以拖着大尾巴在丛林中低空飞行，也可以在树枝上展示华美的羽毛，主要起到炫耀作用，因此可称为炫耀性累赘。这些细分便于动物行为学研究，对累赘原则起到充实完善的作用，并没有改变累赘原则的核心思想。

现在累赘原则的影响已经超出了扎哈维的预期，尤其是在协调性选择和自然选择的关系方面，累赘原则同样出色。

雄性要想存活下去，就不能不考虑自然选择的压力。要想繁殖后代，又不能不考虑性选择的压力。费希尔的失控理论已经为协调两种选择压力的矛盾做出了尝试，累赘原则又提供了一个全新的协调方案。

根据累赘原则，雌性对雄性的要求必须掌握尺度，在审美和安全之间维持平衡，万万不能把雄性全部逼上绝路，否则雌性也必将独守空房。

比如有一种剑尾鱼，尾巴像一柄长剑，如同雄性孔雀的尾巴，是供雌性参考的性信号。雄性剑尾越长，越容易被天敌捕食。对此雌性似乎心中有数。如果在安全水域，天敌较少，视野清晰，雌性就会更喜欢尾巴较长的雄性，因为尾巴长一点也没什么危害。可一旦环境改变，水质下降，天敌密集行动，而且不易察觉，意味着雄性剑尾鱼被捕食的风险增加，雌性就会选择短尾巴的雄性。倒不是雌性突然变得理性起来，学会了替雄性考虑，而是和长尾巴雄性待在一起时，雌性自己被捕食的风险也会同步增加。

长颈鹿的脖子也是折中的结果，理想情况下，脖子与树冠齐平才是最佳高度。如果脖子比树冠还高，就是浪费。但累赘原则却不设上限，往往会超越最佳值，直至失控，导致长颈鹿可能会出现超出实际需要的脖子。此时雌性的态度就很重要了，如果它们毫无理性，一味偏爱长脖子的雄性，对短脖子爱理不理，就会把所有雄性都逼入绝境。从雌性的实际表现看，它们并没有走到那一步，而是适可而止。现状就是证明，雄性长颈鹿的脖子确实足够长，同时又不至于长到导致灭绝的程度。

事实上所有看似失控的累赘性状都是可控的，大角羚的角没有大到将自己累死的程度，雄孔雀的尾巴也没有让自己寸步难行。雄性似乎并没有竭尽全力来满足雌性的审美需求，因为那将造成灾难性的后果。从这种意义上说，性选择必然和自然选择达成妥协，并且已经达成妥协。

至此，达尔文已经可以高枕无忧了。他提出的两大选择理论，非但没有内在的冲突，反而可以互相补充，让我们更加全面地理解生物现象，特别是理解动物的求偶行为和交配策略。

自然选择必然导致两性分化，两性分化必然导致雌雄二态性，性选择和雄性竞争都对雌雄二态性具有强化作用，最终使得这个世界到处都充满了形态各异的雄性动物和雌性动物。它们的共同任务就是与异性合作，将自己的基因传递下去。而要实现这个目标，它们需要遵循更多的进化稳定策略，许多策略都与择偶和交配有关，最终汇聚为动物的婚配制度。

第 2 章 动物婚配制度

> 在天愿作比翼鸟,在地愿为连理枝。
> ——白居易《长恨歌》

有一段时间，我常去附近的云湖公园散步。公园几年前曾引进过一对澳大利亚黑天鹅，它们通体油光漆黑，没有一片杂色羽毛，每天在清澈的湖面上相依相偎，以湖面倒映的蓝天白云为底色，清新醒目、如在画中，总能引起游人驻足观看。大家能看出来，这两只天鹅明显是一对夫妻，它们的恩爱行为很容易引起人类的共鸣。事实正是如此，天鹅奉行终生一夫一妻制，对婚配制度的坚持甚至比人类还要坚定。

你没看错，动物也有婚配制度，这是一个严肃的动物学术语，而不是民政局专用的法律词汇。很多人听到"婚配制度"这个词，无一例外都会联想到人类，当然人类确实是婚配制度调整的对象，但研究婚配制度最重要的模式生物却是鸟类。毕竟我们不方便每天窥探人类夫妻的日常起居，对鸟类却用不着那样客气。鸟类多在树上筑巢，并以巢穴为中心组建家庭，加上体色鲜艳，容易观察，是较为理想的研究样本，以至于动物学家对鸟类婚配制度的理解，恐怕比对人类自身的理解还要深刻。

鸟类的局限在于，它们归根结底还是鸟类。它们产蛋，然后在巢中孵化，而不是直接产崽，毕竟与人类有所不同。为了进一步理解人类的婚配制度，动物学家还需要对哺乳动物展开深入研究。

大多数哺乳动物都像人类一样，通过胎盘孕育后代，并用乳汁哺育后代，其生物学机制和人类相对接近，婚配制度也有一定的可比性。所以我们在重点讨论鸟类婚配制度的同时，会兼顾介绍哺乳动物，并在此基础上将一般规律适度延伸到人类身上，以此深化对人类婚配行为的认知。除此之外，有些极具代表性的昆虫和鱼类也会偶尔客串一把。它们和其他动物一道，共同构建起了一座包罗万象的婚配知识博物馆，墙面雕刻着奇诡的交配图案和复杂的择偶逻辑。

下面让我们言归正传。

所谓婚配制度，是指动物配偶之间采用的一般合作模式。对动物婚配制度的研究，包含动物生理学、动物生态学、动物行为学、动物心理学等不同学科的内容，是极其庞杂的知识体系。研究的目标，就是要弄清雌性和雄性如何合作生育后代。

为了便于梳理，不妨把动物婚配制度做个极简分类，大致可以分为两种：一种是多配制，就是每个个体都会有多个配偶。另一种是单配制，即彼此只有一个异性配偶，就是通俗意义上的一夫一妻制。根据遵守规则的决心不同，又可以分为真性一夫一妻制和假性一夫一妻制。所谓真性一夫一妻制，就是雌雄双方终生只有一个配偶，是罕见的情形。假性一夫一妻制则相对较多，指雌雄双方至少在一个生殖季节只有一个配偶，但在下一个生殖季节可能变换配偶的现象。或者指大部分个体采用一夫一妻制，但仍有少部分个体会有偷情现象,当然也不排除有些优秀个体会采用一夫多妻制,其实就是明目张胆的偷情。所以严格意义上的单配制非常罕见。

动物界更为流行的是多配制,类比人类的婚配制度,相当于一夫多妻制、一妻多夫制、多夫多妻制等形式。

多夫多妻制其实就是乱交。只要机会成熟,发情期同步,成年雄性和成年雌性之间就百无禁忌,大家都生活在极乐园中,根本没有舆论压力,也没有经济压力,有的只是身体压力。多夫多妻制是动物界最为常见的婚配制度。其次是一夫多妻制,最少见的是一妻多夫制。

无论哪种婚配制度,雌雄两性都像是对枰互弈的棋手,需要视对方的行棋策略决定自己的行动计划。不同的雄性有着不同的行棋策略,雌性也有相应的反击手段。结果就是,不同的动物必然形成不同的婚配制度,具体采用何种婚配制度,都是受到不同因素影响的结果。这些因素琐碎而复杂,很少有学者能够参透其中的所有奥秘。有些因素影响广泛,对不同的动物一体适用,生活史就是其一。

所谓生活史,就是在漫长的进化过程中不断形成的生活习惯和繁殖方式。不同的生活史往往对应不同的婚配制度,偕老同穴是一个有趣的例子。

偕老同穴是生活在东南亚等地海域的一种海绵动物,身体呈管状,外表有一层薄薄的外骨髓,就像精致镂空的花瓶,底部附着在海底,靠网眼状的细胞层过滤有机碎屑生活。这种海绵基本都是雌雄同体,有时还会采用无性生殖。对它们而言,婚配制度只是一种传说。

真正把偕老同穴与婚配制度联系起来的，是住在其中的俪虾。

俪虾身体纤细，通体柔弱透明，很容易遭到天敌捕食。为了自保，它们从小就钻进偕老同穴体内，躲在镂空的花瓶中生活。瓶中只能容下一雌一雄两只俪虾，如果有多余的外来者，就会引发激烈的竞争，直到失败者出局为止。一旦局面稳定下来，这对俪虾就靠过滤的食物为生，长大以后就再也出不去了，直至死亡，永无二心，因此称为偕老同穴。

可见偕老同穴其实是海绵与俪虾的共生体。俪虾被锁进了花瓶中，根本没有机会遇见其他个体，双方都不可能有什么不轨的想法，就此形成了强制性的一夫一妻制。雄性对雌性的控制欲因而不断降低，雌性的反抗能力也同步降低，否则大家很难在同一个花瓶中存活下去。那不是它们情投意合的结果，而是不断竞争的结果。无法和谐共处的俪虾，都已变成了海绵的食物。

类似偕老同穴的例子在动物界还有许多，大多是无脊椎动物，它们对环境要求相对简单，可以在有限的空间内勉强生活。比如有一种螳螂虾，当雌雄配对以后，就会双双在海沙中挖一个洞穴作为新房，同时把洞穴作为伏击猎物的哨卡。它们悄无声息地躲在洞穴里，只露出一双灵活的眼睛，一旦有猎物经过，螳螂虾就会突然弹出大钳，闪电般击中猎物，一招致命、例无虚发。由于很少走出洞穴，它们索性脱去了身上的铠甲，只剩下柔软的身体，再也不敢冒险远行，否则就会变成一粒四处游动的虾仁。所以螳螂虾差不多一生都在洞穴中度过。为了防止沙洞塌方，它们必须不断分泌黏液加固四壁，把洞穴变成牢不可破的碉堡。夫妻双方在碉堡内长相厮守，谁都不敢擅自离开，成为另一种一夫一妻制的代表。

除了生活史，食物也是影响婚配制度的关键因素。食物越是匮乏，就越是容易采用一夫一妻制。以吃虫子的鸟和吃草籽的鸟为例，它们因食性不同，婚配制度也完全不同。由于虫子很难抓获，所以吃虫子的雄鸟需要占据更大的地盘，才能保障食物需求。而吃草籽的雄鸟对地盘的要求则略低，因为草籽要比虫子容易获取，雄性因此可以供养更多的雌性。所以吃虫子的鸟类多采用一夫一妻制，而吃草籽的鸟类多采用一夫多妻制。不是吃虫子的鸟儿更文明，而是因为它们照顾不了那么多配偶。

除此之外，还有其他因素也对动物婚配制度具有直接影响，比较重要的有三种因素，分别是择偶策略、生育模式与亲代抚育。下面我们将依次加以介绍。

择偶策略

无论采用何种婚配制度，构建何种家庭模式，所有动物要做的第一件事情，都是选择合适的交配对象，其中涉及的所有策略，都可以统称为择偶策略，用以回答到底应该选择什么样的配偶的问题。

别看许多动物都碌碌无为，它们其实都有一套成熟的择偶策略，并且代代相传。它们只要依计行事，照葫芦画瓢就行了。所有择偶策略都与婚配制度相辅相成，互为因果，成为动物行为学研究领域最为生动有趣的内容。

动物在学习择偶策略的过程中没有老师，也没有教材，只能持续不断地向自然选择学习，无师自通、渐臻佳境，然后将最佳策略录入基因，传给下一代。有些策略传男不传女，有些策略传女不传男，用动物学术语表达，就是伴性遗传，外在的表现分别是雄性择偶策略和雌性择偶策略。两类策略相辅相成、彼此互补。有什么样的雄性策略，就有什么样的雌性策略作为应对之计，充分展示了雌雄博弈的精妙与复杂。

动物择偶策略涉及许多因素，其中最关键的因素是双方的投资意愿，这就是著名的"亲代投资理论"（parental investment theory），是特里弗斯在1972年提出的另一个重要理论，意指雌雄双方在合作时的投资不同，导致择偶策略也不同。

所谓亲代投资，是指雌雄双方对合作生育后代的任何形式的资源投入，以此提高后代的生存质量和竞争能力。对于雌性哺乳动物而言，排卵、怀孕、哺乳、抚育后代等，都是投资。对于雄性而言，则主要是射精，此外还有一些其他形式的投入，不同的动物类型，投入的形式差别很大。总体来说，只要对后代成长有利，都可以看作是某种投资。

根据亲代投资理论，可以得出两条重要推论：第一，投资越多的性别，主要是指雌性，择偶时就越挑剔。第二，投资越少的性别，主要是指雄性，竞争就越激烈。这两条规则彼此互补，等于为雌雄两性设定了择偶时期的行为准则。投资相对较少的雄性，只有展开激烈的竞争，才能吸引挑剔的雌性的关注。如果没有被雌性关注到，就谈不上被雌性选择。

之所以说这是两条基本规则，是因为没有哪种超凡脱俗的动物能够跳出这两条规则的限制。设想在某个动物群体中，所有雄性和雌性都不按照规则行事，雌性不挑剔，雄性也不竞争，它们似乎可以组成一个富有理想主义的世界。可是只要出现某个基因突变，有少数雌性个体开始遵守亲代投资规则，加大对后代的投资，并强化对配偶的筛选，就会迅速提高后代质量和成活率，使得遵守亲代投资规则的个体比例越来越高，直至将强化投资变成流行策略。那些清静无为的不准备参与激烈竞争的雄性个体，也不得不打起精神，积极投入到雄性竞争中去，否则它们就得不到与挑剔的雌性交配的机会，直至被彻底淘汰出局。

特里弗斯指出，这一理论是可以证伪的，如果出现这样一个物种，雌性对合作的投资较多，却对雄性毫不挑剔，一律来者不拒。或者雄性投资较多，同时却展开激烈的雄性竞争，以便接受挑剔的雌性的选择。只要这两种情况中出现其中一种，就表明这个理论是错误的。但到目前为止，还没有野外观察符合相关假设，所以亲代投资理论才被看作是站得住脚的理论。就算有许多雄性动物对后代的投资超过雌性，那也是雄性在挑选雌性，而非雌性在挑选雄性，完全符合亲代投资理论的预测。

亲代投资理论有力拓展了达尔文的性选择理论，并为雌雄二态性提供了一个全新的解释方案——雌雄对后代的投资力度不同，竞争水平不同，外在表现自然也完全不同。亲代投资理论与性选择理论结合，可以全面理解动物的择偶现象，是动物择偶策略集大成式的总结。

要想深刻理解亲代投资理论，不妨将雄性和雌性设想为两位不同级别的投资人，它们都在寻找合作伙伴。雄性的资产是十块钱，因为它们的精子很不值钱。雌性的资产是十万块钱，因为它们的卵子很值钱。在决定是否合作时，雄性几乎没有发言权，它们所能做的只有等待，等待雌性给出自己的决定。也就是说，手握十块钱的雄性，在选择合伙人时面临着巨大的压力，它们不得不摆出讨好的姿态。至于雌性，压力则要小得多，即便眼前的合伙人不如意，还可以找下一位合伙人，反正它们手中握有巨款，有挑三拣四的资格。

如果雄性有心改变现状，变被动为主动，就必须加大投资，而不是仅仅付出一点精子。雄性加大投资的形式多种多样，可以是巢穴，可以是地盘，也可以是食物。其中地盘是动物界的硬通货，因为地盘同时意味着巢穴和食物，还有安全的生活环境。只有拥有足够大的地盘，才能得到雌性足够多的关注。因此许多雄性动物都有地盘意识，它们霸占的地盘越大，与雌性议价的能力就越强。如果雌性无法拿出匹配的投资，就只能压制自己的标准，弱化挑剔环节，答应雄性接纳更多的雌性。比如雄性狮子就会占据一片地盘引诱雌性，并且不止引诱一只雌性。它们占据地盘的方法主要依赖暴力，所以雄性狮子的暴力倾向非常明显。它们强壮的身体并非为了打猎，而是为了战胜其他雄性竞争对手，否则就无法保住自己的地盘。

雄性加大投资的时机也有讲究，有择偶阶段的投资，有受精阶段的投资，也有抚育阶段的投资。相对而言，最重要的投资都发生在择偶阶段，这叫前期投资，是表达合作诚意的绝佳方式。至于抚育阶段的投资，则属于事后投资，有时投资力度无法得到有效的保障，吸引力也无法与前期投资相比。雄狮就必须在和雌狮交配之前展示自己的地盘，而不能许诺以后会占据一片地盘供雌性生活。只有拥有地盘的雄性，才能算得上是雄性投资，否则极有可能变成骗子。

由于合作前景不确定，导致前期投资变数较大，以男人为例，他们可能送上一束鲜花，也可能送上一抱鲜花。虽然都是投资，但诚意级别明显不同，同时也与雄性的能力相关。投资越少，雄性竞争就越激烈。投资越多，就越能轻而易举地将雌性拿下。

对于缺少长远规划能力和预见能力的动物而言，前期投资至关重要，毕竟那是看得见摸得着的好处，昆虫为此还发展出了有趣的献礼行为（nuptial feeding behavior），即雄性在交配前为雌性献上礼物的行为。礼物的形式多种多样，有的是腺体分泌物，有的是猎物，还有的是身体的一部分，也有一些别具匠心的礼物，可以给雌性提供免疫能力，或者为雌性补充水分和矿物质，甚至能提高雌性的化学防卫能力。总而言之一句话，这些礼物往往非常昂贵，可以看作是雄性对雌性合作的一次性补偿。

昆虫的投资水平与交配时间直接相关，交配时间越长，精子的传输效率越高，同时还可以延长雌性后续交配的不应期，缓解精子竞争的压力。

当然，也有些昆虫非但不提供礼物，还会霸王硬上弓，通过创伤交配的形式强行传输精子。此类雄性动物的生殖器往往形成特化构造，如钩、刺、棘等形状，可以直接刺伤配偶而强行交配。创伤交配无疑损害了雌性的利益。作为反击手段，雌性也在不断进行防御性进化，以阻止雄性的无礼行径，比如踢打雄性，或者封锁生殖道等。双方你来我往，事实上都付出了沉重的代价。有学者认为，创伤交配可以降低雌性对后续交配的兴趣，增加对当前交配的投资，可以看作是一种奇特的亲代投资行为，只是效果略显负面而已。

哺乳动物偶尔也会出现创伤交配行为，雄性在交配前往往会对不合作的雌性造成一定程度的伤害，直至出现强奸现象。但总体而言，多数动物都会按照投资规则行事。公事公办、公平公正，才是两性博弈的主流策略。

根据投资强度，雄性择偶策略大致呈现两个极端：一个极端是，雄性在生育全过程都付出巨大的投资，在交配之后仍然陪伴在雌性周围，对雌性不离不弃，双方长相厮守，共同抚养后代，姑且称之为好好先生策略。另一个极端是，雄性在生育过程中付出极少，除了射精之外，再无其他贡献，并在交配后立即和雌性各奔东西，再也不管雌性，也不在乎后代的死活。所有后续工作都丢给雌性完成，可以称之为花花公子策略。

到底是和好好先生交配，还是和花花公子春风一度，是雌性必须做出的抉择。那么，雌性又有哪些应对方案呢？

方案就是针锋相对，见招拆招。

好好先生的好处

所谓好好先生，可以通俗地理解为雄性对雌性尽职尽责，对后代也会负责到底，它们通常能和雌性组成稳定的一夫一妻制关系。由于鸟类组成一夫一妻制家庭的种类较多，因此成为重点观察对象。它们从占领地盘选择配偶开始，常需经历筑巢、产卵、孵化、育雏以及雏鸟出飞等阶段，每一阶段都会影响生殖回报。在此期间，许多雄鸟的表现都堪称好好先生，随处可见的雄性大山雀就是其中的佼佼者。

大山雀种类较多，属于典型的留鸟，不会随着季节变化而不断迁徙，地理分布范围极广。雄性在与雌性交配之后，仍会陪伴在雌鸟身边，直至完成育雏任务。有的在完成第一次生殖任务后仍会不离不弃，以便在下个生殖季节再续前缘。许多大山雀因此而组成了长久的夫妻关系。它们寿命也比较长，可以活二十多年，这在小型鸟类中算是长寿的了。相比之下，体型差不多的麻雀只能活两三年，稳定的婚配制度可能在其中起到了重要作用。

大山雀的择偶工作在筑巢之前就已开始，关系明确之后，雄性大山雀就开始准备筑巢。对于即将组建的家庭来说，筑巢是一个重要环节，那是容纳鸟蛋和雏鸟发育的关键场所，是双方投资与收益的折中产物。收益是鸟巢能抵御风雨，保护雏鸟，维持良好的孵化环境。投资则体现在筑巢时的能量消耗和被捕食的风险。频繁出入某一处特定场所很容易引起捕食者的注意，所以雄鸟在筑巢时必须提高警惕，以免酿下人财两空的悲剧，那也是对它们反应能力的一种考验。

在雄性大山雀筑巢期间，有时雌性也会帮忙，它们偏爱在树洞中筑巢，因为在树洞中筑巢相对简单，而且安全性较好，但也正因如此，它们需要花费巨大精力来保卫巢穴不被暴力侵占，而雌雄合作的力量无疑比单打独斗要强。

雄性大山雀在选择筑巢地点时非常谨慎，其他小型鸟类可能只需要两三天时间就可决定在哪里筑巢，而大山雀却需要几个月时间来考察筑巢地点。一个原因是合适的树洞很少，比如树洞位置太低或太高都不好，太低容易受到地面鼠蛇等天敌的侵袭，太高则容易遭到风雨的破坏。树洞开口方向不合适也不行，错误的树洞开口方向更容易进风漏雨，影响后代的生存。另一个原因是，雄性大山雀需要追踪当地捕食者的活动规律，比如松鼠和老鹰等天敌的出没情况，避免将巢建在捕食者的地盘，一不小心就成了人家的免费点心。

选定筑巢地址后，雄性大山雀常以新鲜的苔藓铺垫在树洞底部，再加一些细草、兽毛、棉絮、羽毛和树皮等材料，偶尔也会使用一些柔软的人工制品，比如绳索和布头等，不同的鸟巢材料成分略有差异。如果是在相对寒冷的地区，雄性大山雀就会设法找来更多的动物毛发，以此提高巢的保暖性能。

此后在孵蛋及喂食幼鸟的过程中，雄性大山雀的表现也是可圈可点，它们对幼鸟的喂食次数和雌性不相上下，此外还会主动清理巢中的粪便，以确保巢内卫生，减少寄生虫的危害。

有时就算出了点意外，比如雌性大山雀被野兽捕杀，雄性大山雀还是会坚持独自将后代抚育长大，喂食频率和清理粪便的次数显著增加，以此补偿雌性缺失的影响，可见好好先生确实名不虚传。

那么，雄性大山雀能从好好先生策略中得到什么好处呢？

答案当然是提高生殖回报。

观察表明，大山雀筑巢所用的材料越多，巢的容积越大，每窝产卵数量也就越多。也就是说，雄性每一分付出都能得到有效的回报。除此之外，雄鸟在抚育幼鸟时的出色表现，还将影响后续的交配工作，因为大山雀有时会一年繁殖两次，第二次繁殖的效率与第一次繁殖的效率直接相关。雄性大山雀在第一次繁殖时的表现越好，在第二次繁殖时的回报也就越高，那与雌性的配合程度有关。

雌鸟在第一次繁殖之后，会在第二次生育期间做出慎重的抉择，决定到底是重新选择配偶还是维持与原配偶的合作关系。如果雄鸟在第一次生育期间表现较好，雌性就会维持原配偶，以此节省求偶环节，压缩繁殖周期，快速进入繁殖状态，在有限的时间内生下更多的后代。而且当雄鸟略过二次求偶环节后，有理由将更多的精力投入到抚育工作中去。雄鸟的投入越多，雌鸟的压力就越小，这完全是一个双赢的局面。

正是在这一策略的推动下，雄性大山雀的表现才堪称完美。尽管有些雄性大山雀偶尔也会偷情，但比例要比其他种类的雄鸟少得多，毕竟雌性大山雀寿命很长，有很多时间判断雄性的品格，迫使它们努力做一个合格的好好先生。

如果说雄性大山雀是鸟类好好先生的表率，那么雄性草原田鼠则可算得上是雄性哺乳动物中的楷模。

田鼠的种类很多，有山地田鼠、森林田鼠、沙漠田鼠等，其中以草原田鼠数量多、危害大，是生态学家研究的重点。有趣的是，草原田鼠却因其独特的一夫一妻制关系，同时也得到了动物行为学家的关注。采用一夫一妻制的哺乳动物种类本来就少，草原田鼠却在大面积长时间地采用一夫一妻制，给研究人员提供了不可多得的样本材料。草原田鼠身上充分展示了一夫一妻制的种种特征，其中最重要的特征就是雄性田鼠的好好先生品格。

雄性草原田鼠最重要的特征就是共情能力，它们能够感知并分享其他个体的情绪状态，甚至具有一定程度的换位思考能力，会感受雌性的痛苦，并主动营救受困的雌性，出现所谓的护偶行为。

雄性田鼠的绅士风度能给它们带来怎样的好处呢？

答案与雄性大山雀相似，都是提高生殖回报。

雌性田鼠具有一种奇特的交配偏好，算是对雄性好好先生策略的回应，它们更喜欢和熟悉的雄性交配，同时拒绝与近期曾经与其他雌性交配过的雄性交配，以此逼迫雄性不敢随意交配。而那些采用多夫多妻制的山地田鼠，则没有这么多的顾忌。

之所以出现这种情况，可能与雄性制造精子的能力有关。采用一夫一妻制的雄性田鼠睾丸相对较小，性格温和，对雌性的侵略性不强，由此也产生了一个副作用，那就是制造精子的效率不高，如果近期曾和其他雌性交配过，就会出现交配能力下降及受精失败的风险，容易造成无效交配。对于雌性而言，无效交配纯属多余，它们有理由回避花心的雄性，以确保自己的交配质量。

从雌性田鼠的表现中，可以看出雌性应对好好先生的策略，那就是稳扎稳打、逐步推进。

凡是采用好好先生策略的雄性，本身基因未必强大，但胜在细致体贴，可以帮助雌性共同抚育后代，提高后代成活率，因此对雌性有着较强的吸引力。也就是说，好好先生以态度见长，而非以能力见长。对此雌性心知肚明，它们甚至可以忽略好好先生的某些弱点，比如身材瘦小等。所以采用好好先生策略的雄性和雌性之间很少表现出强烈的雌雄二态性，它们大体看起来都差不多。如果雌性想要得到雄性的细心照料，又要求它们强壮凶悍，未免会让雄性顾此失彼。

但雌性也不能对好好先生来者不拒，而应该及时展开严谨的评估，判断它们是不是冒名而来的骗子。为此雌性需要采用害羞策略，也就是忸怩内敛、小心谨慎，轻易不对雄性的追求做出回应，而是要细心观察、暗中分析，用较长的时间收集完整的评估信息，确定对方究竟是不是货真价实的好好先生。所以无论是草原田鼠还是大山雀,求偶时间都要比其他同类型的动物更长一些。

为了给雌性留下好印象,好好先生应该充分利用这段评估时间,拿出实际行动来展示自己的诚意,比如努力挖洞、奋勇筑巢,或者给雌性献上丰盛的食物,等等。雌性对此尽管坦然接受,而不必有任何内疚。表面上雌性在占雄性的小便宜,本质上是在为后代寻找合适的父亲。千秋大业,莫此为大。

真正的好好先生并不反对交配前的长期评估,它们还可以借机判断雌性有没有怀上别人的后代,以免自己的心血全打了水漂。所以好好先生和害羞的雌性在这方面并无矛盾,它们都需要一段交配前的评估时光,问题只在于时间的长短。

由此可见,雄性的好好先生策略和雌性的害羞策略高度般配。它们成功配对以后,往往采用一夫一妻制。这就是择偶策略与婚配制度之间的因果关系。

而当雄性采用花花公子策略时,雌性的反应则完全不同,因为它们从花花公子那里得到的投资完全不同。

花花公子的花招

真正绝情的花花公子,无论是在交配之前,还是在交配之后,都表现得一如既往,对雌性毫无留恋之意。它们不会付出任何先期投资,既不提供地盘保障食物安全,也不建造巢穴保障居住安全,甚至都不会接受雌性的长时间评估。而在交配之后,花花公子也根本不准备抚养后代,对后代死活毫不在乎。

那么,花花公子该如何吸引雌性和自己交配呢?

办法只有一个，那就是发展累赘性状，然后大肆炫耀。尽管不是所有爱炫耀的雄性都是花花公子，但花花公子必定是炫耀的专家。道理很简单，只有炫耀才能博取更多雌性的关注。

其实无论是好好先生还是花花公子，都需要炫耀，不过炫耀内容有所区别罢了。好好先生更注重实用性，它们常会炫耀食物或者巢穴。而花花公子更喜欢炫耀花里胡哨的东西，诸如大尾巴或者大角，都是些中看不中用的类型。

在众多雄性炫耀行为中，以天堂鸟的表现最为抢眼。

天堂鸟除了羽毛色彩极度华美，求偶舞蹈也复杂多样。它们还会将炫耀羽毛与炫耀舞蹈相结合，在森林中呈现一场视觉的盛宴。在表演之前，雄性天堂鸟会清理出一块干净的场地，然后在雌性面前尽情展示，就像戏剧舞台上的花脸，不断变换花样，结合华美的羽毛，足以产生迷幻般的效果，以此激起雌性的兴趣。

炫耀的本质是展示身体素质，值得炫耀的身体才是优秀的身体，背后有着优秀基因的支撑，是吸引雌性的终极法宝。雌性看似在欣赏花花公子的炫耀表演，其实是在鉴定它们的基因是否卓越，能否提供优秀的精子。

既然大家目标明确，当然还是废话少说，直奔主题为好。为了强化炫耀效果，提高求偶效率，有些雄性动物甚至会集中在某个特定的场合展开大规模的炫耀活动，此类活动场所被称为求爱场，就像是雄性批发市场，大家摩肩接踵、热闹非凡。

而热衷于在求爱场展示自我的家伙，无一例外，都是花花公子。

无论是昆虫还是爬行动物，鸟类还是哺乳动物，都存在求爱场现象。成批的雄性密集地挤在一起尽情表演，由雌性在场外进行挑选。其中以昆虫求爱场最为常见。雄性昆虫通常会选择一个标志性地点，比如某棵大树或者某处山顶。云南大理的蝴蝶泉边就是一处著名的求爱场，只要时间合适，就会迅速聚集大量蝴蝶，盘旋在泉边，如同彩色云雾，成为一道迷人的自然景观。

鸟类在这方面也不遑多让，其中以松鸡的求爱场表演最有代表性。

松鸡分布较广，常见于欧洲、西伯利亚和中国新疆北部的阿尔泰山一带，大兴安岭也常有黑嘴松鸡出没。它们多分散栖息于针叶林中，体型较大、食性较杂、飞行能力较弱，主要在地面生活，常遭到黄鼬和紫貂捕杀，所以松鸡必须注意回避风险，羽毛色彩不能过于华丽，平时也不敢大声喧哗。这种生活习性使得松鸡高度依赖求爱场表演，否则雌性和雄性很难相聚，自然也谈不上交配了。

每到春季发情时节，成群的雄性松鸡都会在森林边缘选一片较大的空地，时间大多定在早晨或者傍晚，那时可能相对比较安全。表演开始时，准备充分的雄性松鸡会率先上场，它们先发出一串奇特的叫声，提醒观众注意观看，然后走动几步，观察一下附近情况，确认没有危险时，就开始正式演出。它们会将尾羽呈扇状打开，双翅微张，略有下垂，有时甚至可以拖到地面，头部则高高昂起，与下垂的双翅形成鲜明的反差，随即以趾高气扬的步伐来回走动，颈部和喉部羽毛会伴随着行进的步伐而有节奏地起伏，制造醒目的律动效果。其间偶尔也会鼓动翅膀，配合双腿垂直跳起，离地一米左右，再缓缓下落，同时嘴里不停鸣叫。每次表演大约十分钟，然后退到附近灌木丛中休息，换另一批雄性轮流上场。至于雌性松鸡，则主要负责现场观摩，它们会停在求爱场附近的松树上仔细观望，当确认理想的目标后，就会主动飞到雄鸟附近，就近观看。此时雄鸟信心大增，表演强度也不断升级，竭力吸引雌鸟的注意。如果雌鸟没有意见，就会随雄鸟来到相对隐蔽的灌木丛中成其好事。完事之后，大家即刻一拍两散，后续所有产卵孵化等工作，都由雌性单独完成。

这就是典型的鸟类求爱场表演程序。

花花公子之所以热衷于求爱场表演，是因为可以提高寻找雌性的效率，特别是对于相对分散的动物而言，意义尤其重要。否则大家要花大量时间寻找对方，还不知道对方是否愿意，一来二去，就会浪费太多时间。聚集在一起的雄性为雌性评估提供了极大方便，可以在单位区域内显著提高配对效率。

雌性在选择花花公子时，根本不指望得到任何投资，也不指望雄性和自己共同照顾后代，它们的唯一要求就是雄性基因要足够优秀，优秀到足以让它们一见倾心。

花花公子之所以能够兵不血刃拿下雌性，正是倚仗自身基因过硬，可以帮助雌性生下优秀的后代，特别是生下优秀的儿子。它们将像父亲一样优秀，同样能令雌性怦然心动，日后必将吸引大量雌性的青睐，有效提高生殖回报。

为了如此光明的前景，雌性宁愿牺牲自己，就算单独抚养后代也在所不惜。这就是雌性甘愿接受不负责任的花花公子的逻辑。在雌性眼里，它们看到的并不是花花公子，而是大把优秀的儿子。它们必须通过老花花公子，才能得到小花花公子。那正是雌性比较容易犯花痴的原因。

正因为如此，雌性反而对雄性更加挑剔。

既然雌性从花花公子那里除了得到精子，其他几乎什么也得不到，它们当然要精挑细选，绝不能来者不拒，否则极有可能得到劣质的精子，所以雌性必须极度挑剔，直至逼迫雄性用夸张的形式证明自己的优秀，看起来更像是花花公子。

如果说害羞是雌性应对好好先生的策略，挑剔就是雌性应对花花公子的策略。这几种策略就像电池的正负极，一旦接通，就能来电。

挑剔与害羞不同，害羞是迟迟不做出决定，就算对雄性称心如意，雌性也会拖延许久才会答应交配。而挑剔则不然，挑剔的雌性可以一眼就在众多雄性中找出最优秀的郎君，并立即答应以身相许，时不我待、刻不容缓，就算对方已经妻妾成群也在所不惜。就因为雌性看重的并不是雄性的品行，而是基因，以及基因背后隐含着的巨大生殖回报。至于其他普通雄性，则根本不在雌性的考虑范围之内。也就是说，挑剔的雌性必然选择最优秀的雄性，而害羞的雌性则只会选择最有耐心的雄性。这是两种雌性应对策略的根本区别。

为了应对挑剔的雌性，花花公子必将展开激烈的雄性竞争，并在竞争中胜出，才有可能进入雌性的视野。求爱场是最方便的竞争场所，那是花花公子热衷于求爱场表演的根本原因。它们有大把时间和精力挥霍在炫耀表演上，努力和尽可能多的雌性交配，对配偶的要求是多多益善，几乎不做任何选择，就算对方是劣质雌性也无所谓，毕竟花花公子付出的只有精子。

与此同时，雌性的表现也足以令人大开眼界。

在花花公子的香艳诱惑下，雌性不但挑剔，而且放荡。它们不会拘泥于只与某个特定的花花公子交配，只要对方看起来足够优秀，一律来者不拒，甚至主动投怀送抱，郎情妾意、其乐融融。也就是说，雌性非但不反对花花公子的放纵行为，还会大力倡导、积极配合，由此制造出了典型的多夫多妻制。在这样的婚配制度中，大家都不必为对方负责，更不会组建稳定的家庭。各自萍水相逢、逢场作戏，散场之后立即各奔东西，毫不矫揉造作，一切只以生下优秀的后代为目标。

在好好先生策略和花花公子策略这两个极端之间，还存在许多其他策略，可以统称为折中策略——雄性既算不上是好好先生，也算不上是花花公子。雌性有可能害羞，也有可能挑剔或者放荡。总而言之，它们都是随机应变的高手，在婚配市场推杯换盏、你来我往，在无垠的天地里玩他个不亦乐乎，以便争取足够的生殖回报。具体采用何种折中策略，仍然取决于动物进化史及其所处的生态环境。

随机应变的高手

暹罗斗鱼是产自东南亚的一种淡水鱼，因其体色华丽，而常被人工培育成著名的观赏鱼，由于生性好斗，故而命名为斗鱼，是观察鱼类行为的重要模式生物。雄性暹罗斗鱼是折中策略的典型代表，就算同一个体，也会根据环境变化而采用不同的策略，并表现出不同的生物学性状。

首先，雄鱼可能采用花花公子策略，此时雄鱼体型较大，性格粗暴，甚至会强迫雌性交配，并在交配之后扬长而去，完全不照顾后代。其次，它们也可能采用好好先生策略，雄鱼体型一般较小，对雌性较有耐心，对着鱼卵射精之后，还会与雌鱼一道照顾受精卵，直到后代孵化为止。但随着小型雄鱼体型增大，它们便会转而采用大型雄鱼的花花公子策略。

面对雄性的折中策略，雌性斗鱼也有不同的选择，它们常常回避粗暴的花花公子，而迎合温柔的好好先生。因为花花公子态度恶劣，可能会给雌性造成肉体伤害。而好好先生则不然，它们曾经在与花花公子的决斗中落败，对雌性的态度温顺柔和，生育成功率反倒比花花公子更高。

在某个群体中，不同策略可以通过博弈而达到平衡，很少出现某种策略独占优势的局面，这是折中策略得以存在的前提。假如群体中的所有雌性都害羞，所有雄性都是好好先生，那当然是理想世界，雌雄和谐、歌舞升平。但这种情况不会维持多久，肯定会出现意外波动。只要偶尔出现一个放纵的雌性，就会遍地开花，在短时间内留下很多后代。更重要的是，它们的交配对象都是忠诚的好好先生。雌性不必费心费力对雄性进行评估，可以集中资源大搞生育工程，放纵的雌性基因就此得到迅速扩散，情况很快就会失去控制。

但放纵的雌性比例持续上升，必将影响雄性的策略。雄性不可能一如既往地保持忠诚的态度，一旦意外出现了一个无情的花花公子，它会惊喜地发现，四周居然全是放纵的雌性，可以随心所欲地交配。花花公子必将抓住所有机会，任意挥洒精子，无拘无束、百无禁忌，花花公子的基因就会随之扩散开来，导致好好先生的堡垒转眼崩溃。

花花公子的基因快速扩散的结果就是，大批放纵的雌性都要单独抚养后代，后代成活率大为降低，放纵的雌性比例将因此而不断减少。与此对应的是，花花公子策略也会同步遭到抑制。

如果群体中的所有雄性都是花花公子，演变的逻辑也与此类似。只要出现一个好好先生，情况就会逆转。害羞的雌性很快将拥有明显的优势，它们容易屏蔽花花公子的求爱，转而替好好先生养育更多的后代，害羞的雌性基因就将渐渐在群体中再度扩散，直至压倒放纵的雌性。

害羞的雌性比例不断升高，就会对花花公子产生压力。花花公子开始处处碰壁，没有充足的交配机会，生殖回报开始清零，花花公子基因也开始减少。好好先生策略就会再次回归。

在折中策略中，害羞的雌性仍然可能受骗，因为忠诚与否很难实际衡量。对鸟类的调查证明，在第一个繁殖季节，雌鸟会生下很多骗子的后代，这就是年轻的代价。随着经验值的增加，雌性会不断强化识别骗子的能力，最基本的策略就是提高追求难度，到了第二个繁殖季节，就会生下更多好好先生的后代。如果它们在第一个繁殖季节就遇到好好先生，彼此合作愉快，相互知根知底，在第二个季节很容易再结连理，大大提高了择偶配对的效率。而花花公子则要花费更长的时间寻找牺牲者。

基于这个逻辑，只要动物的寿命足够长，能够跨越多个繁殖季节，就会有利于好好先生策略，并淘汰放纵的花花公子策略。尤其是在鸟类和哺乳类动物中，寿命越长的动物，婚配制度就越靠谱，害羞与忠诚的比例也就越高，也就越容易采用一夫一妻制。前提是，雄性必须接受雌性的交配前评估。

要是雄性希望跳过评估，也不是不可以，但必须先拿出足够的投资来证明自己的诚意，以投资换取时间，弥补雌性被抛弃的风险。只要这份投资到手，雌性就可以答应交配，从而省却漫长的评估。这个投资可以是巢穴，也可以是一片用于觅食的地盘，或者云湖边上的湖景别墅也行。这种情况下，尽管雌性未必能拴住雄性，但有了雄性的地盘作为保底，雌性也不会血本无归，因此愿意冒险缩短评估时间。许多雄鸟都倾向于以地盘换时间。雌鸟可以在雄鸟占据的地盘上放心觅食，以此养活更多的后代。有时就算雄鸟没有陪在身边，雌鸟也可以忍受。数个雌性同时做出相同的决定，意味着一夫多妻制已成定局。所以雄性投资是推动一夫多妻制的关键力量。

有时雌鸟会针对雄性的投资变化而调整生育策略，视情况产下不同的卵。以蓝脚鲣鸟为例，雄性的脚通常是蓝色的，作为性选择的指标供雌性参考，蓝色深浅代表身体的健康程度。雌性更喜欢和颜色比较蓝的雄性交配，并为它们产下足够大的卵。研究人员把雄鸟的脚染成灰色，暗示雄鸟的身体变差了，雌性的态度也相应发生了变化，随后产下的卵的体积会小很多，表明它对雄性的期待值有所降低。许多鸟类都有相似的策略，它们的基本原则是，不要为资质平平的雄性付出全部的热情。

雌鸟的投资水平还与环境有关。有一种织布鸟居住在较大的群体巢穴中，有的巢穴可能住着一百多只鸟，有的只住了几只。雌性会根据居住密度决定卵的品质。如果群体密度较大，产下的卵中就含有较高的雄性激素水平，保证后代快速生长，并提升攻击力，有助于在竞争中获胜。如果巢穴周围捕食者较多，比如存在大量松鼠或者老鹰，随时可能威胁幼鸟的性命，雌鸟就会减少对后代的投资，产卵数量减少的同时，卵的体积也相应变小。如果环境相对安全，雌鸟就会增加产卵的数量，提高产卵的质量，那时它们对于投资的回报已经有一定的信心。

此类雌鸟投资策略可以驱动雄性寻找更加安全的地盘，而雄性的努力也会得到雌性的积极响应。两性策略就此实现了良性互动。

在特殊环境下，雌性的投资积极性可能会持续增加，以至于达到雄性的水平，这时两性角色就会出现逆转——雄性表现得像是雌性，雌性的表现倒像是雄性，一妻多夫制就此成为可能。

所谓一妻多夫制，是指一只雌性与多个雄性组成家庭的婚配制度，在动物界并不常见，因为那会造成明显的雌性浪费。毕竟雌性制造生殖细胞的能力无法和雄性相比。尤其是哺乳动物，产卵数量受到发情期和怀孕的制约，根本无法做到高速排卵。既然如此，多余的雄性和多余的交配都是浪费。

但万事皆有例外，只要能从一妻多夫制中获得更多的生殖回报，总有些雌性会迎难而上。不过目前看来，成功的雌性并不多，只有一些低等动物，比如社会性昆虫，还有一些鱼类和蛙类，具有强大的产卵能力，雌性有资格沉迷于追逐群欢的游戏。尽管如此，采用一妻多夫制动物的比例还是非常低，而且每种都有独特的生物学特征。

下面就让我们看看一妻多夫制的逻辑。

两性角色的逆转

以前在中药店里常有一味中药——海马。海马名为马，实则是一种小型海洋动物，主要生活在热带水域，因头部弯曲如马，故名海马，有的地方又叫马头鱼，晒干后约几厘米长，据说可以治疗阳痿、遗尿等症。另外根据中药理论，海马还能补肾壮阳，有利于治疗妇人难产。这是一种相互矛盾的药效，可能与当初人们对海马的模糊认识有关。

海马不仅长相奇特，婚配制度也很奇特，在生育过程中存在明显的角色逆转现象——雌性的表现像是雄性，雄性的表现倒像是雌性。在角色逆转后，它们居然放弃了在动物世界常见的一夫多妻制模式，转而采用典型的一妻多夫制。

当雄海马成熟后，腹部会长出一个透明的育儿袋，里面布满了丰富的血管，进入发情期后，它们就会在雌性面前反复炫耀育儿袋。当雌性看中雄海马的育儿袋时，它们就会用细细的尾部和雄性纠缠在一起，免得被海浪冲散再难相聚，然后两下腹部相对，不过并没有像哺乳动物那样的生殖器交接，雌海马只是把卵子一粒一粒排在雄海马的育儿袋中，整个过程单调而平静，甚至有点枯燥。雄性会用心观察卵子的数量，此外没有任何多余的动作。当雌海马排卵完毕，双方就此别过，各奔东西。雄海马小心封好育儿袋，躲在一个安静的角落里从容地给卵子授精，此后的所有孵卵任务都由雄性完成。由于承担了育儿任务，雄性根本没有时间另寻新欢。而雌性则已在为下任男友准备卵子，形成典型的一妻多夫制。

像海马这种简单的动物并不能提供丰富的博弈信息。毕竟，雌海马看起来呆滞刻板、面无表情，简直毫无意趣可言。它们实行一妻多夫制的关键在于，雌性有能力在短期内生产大量卵子，更多的雄性配偶可以带来更多的生殖回报。高等动物则很难做到这一点，但有些鸟类还是做出了勇敢的尝试，水雉就是其中的代表。

水雉是生活在湿地和湖沼中的水鸟，体型中等，身材瘦削，长着细长的脚爪，可以在水浮莲等大叶水草上快速奔跑，向来有"凌波仙子"的美称。因为羽毛艳丽豪华、精彩夺目，又被称为水中凤凰。可是这个凌波仙子在交配领域却有着非常强悍的一面。

水雉有很多种，婚配习性与生活环境密切相关，大部分都实行一妻多夫制。它们把巢筑在芡实和睡莲等大型浮草叶上，这种筑巢方式的优点是省事，缺点是很容易被天敌一锅端掉，或者被一阵大风连底吹翻，远不如筑在树上保险。雌性如果不多产几窝卵，就很难留下后代。这几乎是所有一妻多夫制鸟类的共同问题——巢穴的安全性不高。虽然水雉不产鸡蛋，却也懂得"不要把所有的鸡蛋放进一个篮子"的道理，否则一旦风云突变，那一篮子鸡蛋就可能彻底完蛋。多在几个地方产卵才是最保险的策略，所以它们需要多弄几个巢穴。

筑巢任务照例由雄鸟完成。筑好巢后，雄鸟就会用夸张的舞姿吸引雌鸟。雌鸟毫不害羞，它们会仔细审核雄鸟的舞蹈水平，如果觉得效果不错，就会主动投怀送抱，与雄鸟交配然后替它产下一窝卵。

要是换作其他鸟类，洞房花烛之后，雌雄双方一般就会轮流孵蛋，直到小鸟破壳而出。可是雌水雉不然，它们没有安贫乐道的闲情雅致，而是毅然决然地把孵蛋任务全部交由雄鸟完成，自己则远走他乡，继续寻找更多的雄鸟共度春宵，然后产下更多的蛋。平均而言，一只雌水雉在一个繁殖期内可以与十只左右的雄鸟交配，生殖回报远高于那些苦苦守在巢中孵蛋的雄鸟。

然而雌水雉不一定就会因此而感觉幸福，它们根本无法享受普通雌性的静雅与安闲。道理很简单，既然采取一妻多夫制，雄鸟就会成为抢手货。为了抢到更多的雄鸟，雌水雉不得不撕下温柔的假面，转而大打出手，像雄性那样争霸江湖，表现出强烈的雄性特征——张扬、霸道。反倒是雄鸟像小媳妇一样乖乖地站在一旁用心观察，然后把自己的肉体当作奖杯奉献给胜利者。两性角色与择偶策略几乎完全逆转。

雌水雉展示了一妻多夫制的典型逻辑。首先，雌性必须有能力掌控雄性，这个不能靠劝说，而主要靠武力解决，所以雌性远比雄性高大强壮，羽毛也更加豪华亮丽，这样才能争取更多的配偶，否则只能望鸟兴叹。其次，雌性产卵速度必须足够快，如果浪费了巨大的精力好不容易抢到一只雄鸟，结果自己却产不下卵来，那就真的是白忙活了。最后，雌性能够强迫雄性独自孵化和照顾后代。雄性成为博弈的输家，不得不可怜巴巴地坐在巢里，眼看着雌性在外面寻花问柳。那是雄水雉为爱付出的代价。个中甘苦，只能独自品尝。

要是雌性做不到以上几点，就没有资格玩一妻多夫制游戏。尽管如此，还是有些雌性动物向一妻多夫制发起了义无反顾的冲锋，其中包括一些哺乳动物，比如草原土拨鼠，雌性很难怀孕，需要和更多的雄性交配，达到足够强烈的刺激强度，才能提高怀孕概率。但绝大多数哺乳动物都无法享受一妻多夫制，有的甚至会因为多个配偶而造成流产或不育。

雌性动物追求一妻多夫制最根本的动力，是可以对雄性进行优中选优，以便生下优秀的后代。筛选作用可以在好几个层面进行，要么选择优秀的雄性，要么选择优秀的精子，或者选择优秀的胚胎，虎鲨就是在胚胎层面进行选择的一妻多夫制动物。

虎鲨与其他鱼类不同，它们实行体内受精，雌性可以和多条雄性交配，并在子宫中孵化。这些异父同母的小虎鲨在子宫中就地展开了残酷的猎杀游戏，兄弟姐妹就是它们的猎杀目标，最后只有一条小虎鲨能够存活下来。通过如此血腥的方式，虎鲨母亲对胚胎进行了初级筛选，保证后代刚一出生就是成熟的杀手。尽管筛选过程异常恐怖，结果却相当可靠，彰显了一妻多夫制最残酷的价值。

至于受精层面的筛选，则是隐性雌性选择的前提。

所谓隐性雌性选择，是指雌性可能在暗中操纵雄性的受精成功率，斑点鬣狗就是这么干的。

雌性斑点鬣狗在群体中享有最高权力，是当之无愧的女王。每当女王和雄性交配之后，如果它对雄性的表现不满意，就会将精子排出体外，根本不给自己受精的机会。这就是隐性雌性选择，可以确保雌性产下优质雄性的后代。

无论如何，雌雄两性角色逆转的故事确实存在，并将长期存在下去。但不可否认，一妻多夫制从来都不是典型的婚配制度，在自然界中只属于少数派游戏，因为它必然遭到雄性的强力反击。雄性动物并不能从一妻多夫制中获得更多的生殖回报，当然有理由抵制一妻多夫制的推广与普及。

无论是一夫多妻制，还是一妻多夫制，抑或是一夫一妻制，都是雌雄实力综合较量的结果，也是受到不同择偶策略影响的结果。通过不同的择偶策略，不同的动物将组建不同的家庭。

除了择偶策略，动物婚配制度还受到生育模式的影响。

生育模式

选择配偶的任务并不是找个异性陪伴在身边,以免夜深人静的时候孤单寂寞。孤单寂寞的动物多的是,无论是在地下蠕动的秋蝉幼虫,还是在树梢攀缘的无尾熊,它们一生中的绝大多数时间都遇不到其他伙伴,更不要说与异性长相厮守了。大家辛辛苦苦寻寻觅觅,真不是为了缓解寂寞,而是为了促进精子和卵子的结合。至于人类矫情的孤独情绪,只不过是精子和卵子在暗中发力,提醒主人该找个伴了,否则我们根本不会感到孤独。

精子与卵子结合的过程就是受精。总的来说,受精模式可粗略地分为体外受精和体内受精两大类。最先出现的,理所当然的是体外受精模式,毕竟体外受精要简单得多。

生命起源于海洋,在大小配子最初分化的那一刻,它们必须在水环境中寻找对方,那就是体外受精的原始形式。后来动物具备了复杂的机体结构,但仍需要将精子和卵子排出体外,让两种生殖细胞在水中结合,由小配子快速接近大配子,也就是让精子快速接近卵子,最终完成受精过程。

可见体外受精才是正统。绝大多数水生动物都采用体外受精,借助得天独厚的水环境推动大规模的精子运动,速度快、效率高,而且公平公正,公开透明,所有精子都在同一条起跑线上向着卵子冲刺,理所当然地可以选拔出优秀的精子。

与此同时,雌性也把卵排在水中,只是卵子体积稍大,运动能力稍弱,多数情况下,只能等待精子找上门来。雌雄两性甚至不必经过身体的接触,就可以完成受精工作。

鱼类作为体外受精的代表，它们的基本流程是，雌性先要排出卵子，然后雄鱼紧随其后排出精子。为了让所有卵子全部受精，雄鱼必须控制精子产量。如果排出的精子比卵子还少，就会造成卵子浪费，不符合追求最大生殖回报的原则，还会给其他雄性留下乘虚而入的机会，也不符合雄性竞争原则。所以雄性排出的精子数量要大大超过卵子数量，但数量太多，又会造成精子浪费。如何把握正确的尺度，对雄性是一个巨大的挑战。一般来说，体外受精的鱼类排出的精子和卵子数量比例大致在100∶1左右，既能保证卵子受精率，也不会浪费太多精子，与哺乳动物动辄几亿精子争夺一枚卵子相比，效率要高出几个数量级。

体外受精同时也决定了多数鱼类采用多夫多妻制，很少照顾后代。好在它们的后代在水中孵化，刚一出世就可以自主生活，就算没有双亲照料，也能靠数量取胜，总有一部分可以存活下来。

但有些鱼类也会采用其他婚配模式，比如非洲坦噶尼喀湖中有一种鲫鱼就不按套路出牌，它们采用典型的折中策略。每到繁殖季节，雌鱼就会在一片岩石缝隙中产卵，然后找来一大一小两条雄鱼射精。通常情况下，两条雄鱼分别承担不同的角色。小雄鱼比较负责，扮演好好先生，不遗余力地守卫在岩石缝隙里看护鱼卵和幼鱼，是个尽职尽责的好父亲。而大雄鱼则扮演花花公子，在射精之后便扬长而去，很少待在岩缝里略尽义务，因为它们还有很多其他妻妾，需要四处射精。所以大雄鱼射精时非常讲究，它们不会一次把所有精子全部射光，排出的精子数量要远远少于小雄鱼，反倒给小雄鱼留下了宝贵的机会，多数鱼卵都被小雄鱼授精。不过大雄鱼家室较多，总体来说也不吃亏。

如果小雄鱼羡慕大雄鱼的生活，只要机会成熟，它们就会向大雄鱼的宝座发起冲击。比如在食物充足、生存竞争趋缓时，小雄鱼就会停止射精，转而不停地进食，驱动身体迅速长大，在短时间内成长为大雄鱼，对雌性的态度也随之改变，从专心伺候一只雌鱼的好好先生，变成了四处留情的花花公子。

尽管大雄鱼拥有众多妻妾，但同时也面临着日益激烈的雄性竞争，寿命因此而大打折扣，反倒没有小雄鱼活得长久。可见取舍不同，对生命的影响也完全不同。

这两种雄性鲫鱼身上分别体现了一夫一妻制和一夫多妻制策略。仅就雌鱼而言，则在践行一妻多夫制。如果不是体外受精，我们很难在同一种动物身上看到如此复杂的表演。

有些体外受精的鱼类在特殊环境的影响下，甚至发展出了专性一夫一妻制模式，比如慈鲷科的许多鱼类都是一夫一妻制。大家较为熟悉的神仙鱼，就是典型的慈鲷科动物，它们体色鲜艳、外形美观，是常见的观赏鱼类。神仙鱼产卵较少，因而卵细胞体积较大，在发育过程中需要大量氧气供应，所以它们不能一排了之，而是要寻找一片清洁的水域排卵，并注意保持水的流动性。只有流动的水源，才能给受精卵提供充足的氧气。但水流又不能太急，否则就会将卵子冲得无影无踪。为此神仙鱼夫妻必须通力合作，这时它们长长的腹鳍就有了用武之地，那不是为了供人类观赏，而是为了扇动水流，保证卵子上方的氧气含量。雌雄两性需要轮流工作，才能确保受精卵正常发育，因此它们只能采用一夫一妻制。如果雄鱼离场，那么雌鱼也只能将卵放弃。

随着进化步伐的不断推进，有些鱼类也演化出了体内受精模式，对卵子的保护能力进一步提高，婚配制度也随之一变。腔棘鱼就是体内受精动物，它们属于肉鳍鱼类，可以用发达的肉鳍在水底行走，早在四亿多年前就已在海洋世界中占据一席之地，被称为活化石。体内受精的雌性腔棘鱼要经过漫长的怀孕期，时间可能长达三年，然后直接生下完整的小鱼。由于这种生育模式对雌性消耗较大，所以需要雄性的悉心照顾，因此腔棘鱼也是一夫一妻制动物，它们在深海之下默默坚守着彼此的约定，亿万年来从没改变。

随后体内受精为动物登陆奠定了基础，陆生动物必须发展体内受精能力，否则精子将寸步难行。最安全的措施是在生殖道内模拟水环境，为体内受精保驾护航。可见体内受精并不是为了有趣，而是为了提高精子存活率，同时提高受精卵的存活率。

随着受精模式的改变，婚配制度也随之改变，与体外受精模式变得截然不同。

两栖动物率先做出了尝试，它们是从水生向陆生的过渡类型。大多数两栖动物仍然保留着体外受精的传统，幼体阶段仍在水中生活，并以水生动物的方式生活觅食，蝌蚪就是代表，它们需要经过变态发育，长出四肢以后才能在陆地生活。其间有些两栖动物开始尝试体内受精，有多达十几种青蛙成为体内受精的先行者。但真正将体内受精策略定型，并成功走向陆地的动物，要数昆虫和爬行动物，直到鸟类才日臻完善，它们用卵生模式将体内受精的优势进行了全面展示。它们产下的蛋虽小，其中包含的种种玄机，却足以让人惊叹不已。

蛋里乾坤大

从雌性的角度来看，在水环境中进行体外受精有诸多优点，比如不必担心卵子干燥失水，无须为卵子提供额外的保护设施，不用制造卵壳和卵清蛋白，可以省下大量心血和营养。更重要的是，雌性可以把卵子做得很小，小到肉眼看不见的程度，物质消耗被降到了最低，雌性有能力一次排出大量卵子，确保较高的生殖回报。何况雌性还不必承担怀孕的负担，几乎像雄性一样潇洒自由。

而陆地环境与水体环境相比，出现了天翻地覆的变化，除了缺少水分，陆地还受到强烈的阳光和紫外线照射，对卵子具有可怕的杀伤作用。如何保护卵子，就成为雌性的首要任务。方法并不多，最简单的方法就是尽量不将卵子排出体外。既然如此，雌性就必须用全新的方式接纳精子，它们不得不同意雄性在自己体内射精。至于不同的动物后来进化出了不同类型的生殖道，用不同的姿势完成精子输送工作，并在输送精子时享受某种不可名状的乐趣，都是为了完善体内受精程序，鼓励两性合作完成体内受精任务而已，本质上并无创新之处。

可以看出，体内受精对于雌性相当不利。雌性不但被迫接受额外的精子，还要将受精卵留在体内继续发育，等于受到了雄性和受精卵的双重压迫。为了减少损失，雌性只能在受精卵上做文章，策略就是尽量控制受精卵在体内的停留时间，争取早日将受精卵排出体外。受精卵排出体外的时机不同，造就了不同的生育模式，即卵生、胎生、卵胎生。

卵生是指卵子经体内受精后不久即排出体外孵化，并用坚固的蛋壳将受精卵保护起来，是爬行动物和鸟类的主要生育模式。胎生则是哺乳动物的经典生育模式，受精卵需要在雌性体内形成幼崽再出生。卵胎生介于卵生和胎生之间，卵子在体内受精以后，并不直接以蛋的形式排出体外，而是先在雌性体内孵化，胚胎仍然需要依靠卵黄提供营养，直到完成孵化后再排出母体。有不少鱼类，比如鲨鱼和孔雀鱼等，都采用卵胎生模式。两栖动物也有不少卵胎生的例子，比如印度尼西亚雨林中有一种奇特的青蛙，能够直接产下蝌蚪。不过相对而言，卵胎生只能算是过渡模式。真正堪称主流的，仍然要数卵生和胎生。

鸟类是重要的卵生动物，它们也因此而开发出了与卵生配套的婚配模式。

我们最熟悉的鸟类应该是鸡。

我们能够每天吃到鸡蛋，就是仰仗鸡的产卵能力。

需要注意的是，鸡蛋并不是卵细胞。这是一种常见的错误，许多人都会误把鸡蛋当作卵细胞，并振振有词地指出，鸡蛋壳就是细胞壁，鸡蛋白就是细胞质，鸡蛋黄理所当然就是细胞核。其实完全不是那么回事，鸡蛋只是保存卵细胞的场所。如果卵细胞在母鸡体内已经受精，鸡蛋就变成了保存受精卵的场所。蛋壳和蛋清的主要作用是物理防护，鸡蛋清中的清蛋白除了为受精卵提供营养，还可以结合大量水分，以此保证水分供应。蛋黄则主要提供营养。鸡蛋中的受精卵很小，要通过显微镜才能观察到。在鸡蛋产出体外时，受精卵其实已经发育了一段时间。母鸡产下的鸡蛋已不仅仅是一个鸡蛋，而是包裹着由大量细胞构成的早期生命体。准确地说，鸡蛋中包着一个胚胎，只要时机成熟，就可以破壳而出，成长为可以独立活动的小鸡。

这是典型的卵生模式流程，像蝴蝶之类的昆虫，乌龟之类的爬行动物，大体都要经过相似的途径生育后代，差别只在于卵的大小和孵化条件不同而已。

不要小看卵生模式，那可是雌雄博弈的焦点，是雌性反击雄性并积极争取生殖利益最大化的有效手段。许多男女博弈策略，都能隐约看到卵生模式的影子。

卵生模式为雌鸟提供的简单优势就是，雌鸟可以最大限度减少对后代的投资，从而尽量和雄鸟实现投资平衡。

由于受到体内受精的制约，雌性不得不让受精卵在自己体内发育，对后代的投资额度远远高于雄性。为了平衡投资，不同的雌鸟会采用不同的生育方案，典型的有早成鸟策略与晚成鸟策略。

雌鸟的目标很清晰，它们并不想做冤大头，不可能让受精卵在体内一直发育直到成熟。但到底发育多久才合适，则是极富挑战性的问题。受精卵在体内发育越久，雌性的损失也就越大，设法及时止损才是上策。雌鸟正是这么想的，也是这么做的，它们从受精到产蛋，往往只有一天或者几天时间，然后会尽快将蛋排出体外。这样的蛋基本就是毫无特色、半生不熟的圆球，里面装有适量的蛋白和脂肪，外面包裹了一层坚硬的蛋壳，从哪方面看都不像是一只鸟。雌性正是用这种古怪的方式控制投资的额度，并逼迫雄性追加投资。

雄鸟追加投资的方式就是共同孵化和养育后代。

大部分鸟类依靠体温孵卵，雌性在很长时间内都无法离开鸟巢。由于飞翔需要控制体重，它们也无法储存大量营养。一旦营养补充不足，很快就会被饿死。所以雌性迫切需要雄鸟为它们提供食物,或者轮流值班孵蛋。只要雌鸟在孵蛋,雄性就必须去觅食,有时甚至自己饿着肚子也要先把雌鸟喂饱。如果雄性离开或者意外死亡,雌性也将弃巢而去,此外别无选择。

可见将蛋排到体外孵化是雌性拖住雄性的基本策略。

为了压缩成本,雌鸟会尽量压缩蛋的体积。体积越小,先期投入的营养物质就越少。幼鸟孵出之后,还没有完全发育,基本就是一团皮肤裸露、身体柔弱的软肉,连眼睛都没睁开,不会跑也不会飞,甚至无法站立,只知张大嘴巴等着亲鸟喂食。这种小鸟成熟比较晚,所以叫作晚成鸟,相关的生育策略就叫作晚成鸟策略。

燕子就是典型的晚成鸟,雏鸟会在巢里待上很长时间,每天等着父母轮流喂食。雄性就此被牢牢锁定,只能与雌性共同养育后代,根本无法逃脱。

与晚成鸟对应的是早成鸟,后代从壳中孵化出来之后,眼睛已经睁开,身披绒毛,腿脚有力,能跑能跳,可以跟着母亲四处觅食和躲避天敌。鸡和鸭都采用早成鸟策略,孔雀也是一样。早成的雏鸟只需跟着母亲,基本可以自主生活,就算没有父亲的照顾也无所谓。所以早成鸟往往采用多夫多妻制,雄鸟根本不知道谁是自己的孩子,雌鸟也根本不在乎谁是孩子的父亲,它们只在乎交配的一刹那,那个雄性比较优秀就足够了。

相比于早成鸟,晚成鸟无疑需要更加细致的照顾,它们的父母必须通力合作,否则就无法将基因传递下去。所以晚成鸟往往采用一夫一妻制,至少是假性一夫一妻制。当然不排除部分能力较强的雄鸟也会采用一夫多妻制,前提是它们能够提供足够的食物保障后代的存活率。

那为什么有的鸟采用早成鸟策略,有的采用晚成鸟策略呢?采用早成鸟策略的雌鸟难道就不担心投资平衡问题吗?它们为什么甘愿忍受雄鸟的剥削?

此事除了与雄性的好好先生或花花公子策略有关,还可能与后代的远程遥控有关,那是卵生模式中隐藏着的一把飞刀。

后代的遥控

早成鸟和晚成鸟的分类相对比较简洁,背后的逻辑却相当复杂,涉及的因素千头万绪,其中最重要的因素是安全问题。

安全第一,是所有动物都要遵循的基本原则。

无论雌雄双方博弈态度如何,它们都有一个共同心愿,就是希望后代存活率越高越好。要想实现这个目标,就必须设法保障后代的安全。一般来说,生活在树上和生活在地面,后代面临着完全不同的安全压力。安全形势不同,采取的方案也不同,但鸟类的选择并不多,要么实行早成鸟策略,要么采用晚成鸟策略。

鸟类在树上筑巢的优势是,可以保证幼鸟远离地面捕食者的威胁,安全性较高,雌鸟有机会采用晚成鸟策略,用较小的代价将幼鸟孵化出来,但随即就要面对食物问题。树上不像地面,到处都是可以捡食的草籽和虫子,树上尽管也有食物,却需要强大的活动能力才能获取。而晚成的幼鸟毫无运动能力,却有着强大的消化系统。刚出壳的小鸟眼睛还没睁开,就已经能吞下整条毛毛虫,每天都需要大量的食物供应,仅靠雌鸟根本无力养活。如果雄鸟胆敢置幼鸟于不顾,忍心把后代全部饿死,它们的生殖回报也将被彻底清零,这样的雄性也就很难再有机会在林间飞鸣。经过自然选择,保留下来的都是识相的雄鸟，它们被迫接受一夫一妻制的安排，不得不成为模范丈夫，与雌性共同承担起养育后代的任务，直到晚成的幼鸟可以独立生活为止。在父母的共同照料下，晚成鸟的成活率也普遍高于早成鸟。

在这一回合的较量中，雌性主动进攻，通过晚成鸟策略，用相对较少的投资逼迫雄性持续追加投资。而雄鸟只能步步退守，不断收敛花心，为采用一夫一妻制奠定了基础。

而在早成鸟策略中，则轮到雄性略占上风。

稍加注意，我们就会发现，许多早成鸟都生活在地面或者水面。地面的好处是，幼鸟不会掉到树下摔死。但另一方面，幼鸟却要时时面对猫、鼠、蛇甚至是人类的威胁，安全环境明显不如晚成鸟。为了活命，它们不得不跟着母亲四处乱跑，以此躲避可能的危险。有了母亲的呵护，早成鸟的安全问题基本得到了保障。既然能够跟着母亲四处乱跑，当然也能自己觅食，所以刚出壳的早成幼鸟不会像晚成鸟那样，只知张大嘴巴等着父母来喂自己。它们最多在听到母亲召唤时，匆匆跑到母亲身边，从母亲嘴下分享一条虫子或者一粒草籽，使得母亲喂食的压力大为减轻，没有雄鸟的帮助也无所谓。雄鸟该干嘛干嘛，没人指望它们能为后代提供一碗芝麻两碗油。既然如此，早成鸟大多采用多夫多妻制。比如一只母鸡孵出的一窝小鸡，可能会有好几个父亲。当然，公鸡对此并不在意，小鸡的死活也跟它无关。

可为什么不是父亲来为早成鸟提供安全保证呢？

那是另外一种重要的因素在起作用，即父权明确。

所有雄性动物都有一项基本共识——不要替其他雄性照顾后

代。这与道德无关,而是自然选择驱动的结果。可以想象,如果某种雄性动物潇洒大度,根本不在意配偶生下的是不是自己的血脉,照样心甘情愿照料它们,这种行为固然令人感动,但如果它们没有留下自己的骨肉,试问,这种无私大度的基因该如何传递下去呢?所以现实中的雄性,都只在乎自己的骨肉。

雌性深知雄性的心思,如果要想让雄性花费时间与精力和自己共同照顾后代,就必须证明后代是雄性的亲生骨肉,这就是父权明确。如果雌性无法证明这个问题,就是父权不明确,或者称为父权模糊。只有父权明确,雄性才会愿意照顾后代,否则就会逃之夭夭。

在体内受精机制出现之前,也就是体外受精阶段,明确父权虽然也很重要,但还没有那么重要,因为那是摆在台面上的事情,在雌雄博弈中属于明手,一招一式对方都看得清楚,不需要太多的盘外招。许多体外受精的鱼类都由父亲照顾后代,因为它们亲眼看着卵子在自己面前受精,确信受精卵中含有自己的基因,因而有信心照顾后代,这就是父权明确最基本的价值。

但体内受精则把父权问题复杂化了,有可能父权明确,也有可能父权模糊,由此造成雄性对抚养后代的信心不同,婚配制度自然也不同。只有父权明确,才有资格采用晚成鸟策略。我们可以通过信天翁的例子来理解其中的逻辑。

信天翁有许多种,我们最熟悉的是黑背信天翁,多数居住在偏远的海岛上,平均能活五六十岁,每年只产一枚蛋。因为海岛环境缺少天敌,它们对抚养后代充满信心,会花好几年时间教育后代。幼鸟直到十几岁才会性成熟,是典型的晚成鸟。

信天翁之所以采用晚成鸟策略，与其生物学特征和生活环境有关。

信天翁成鸟翼展可达三米多，主要借海上空气对流飞行，通俗地说就是滑翔，只要展开翅膀，就可以在空中任意遨游，最好不要轻易落下，否则就很难再飞起来。这种飞行方式决定了它们每年都花很长时间待在空中，甚至几个月不落地，这样当然很难寻找配偶。此时它们最好的策略是：一旦组建家庭，就不再分开，以此节省寻找配偶的时间，同时带给后代最好的照顾。因此它们采用真性一夫一妻制。所有雄性都奉行好好先生策略，雌性自然也要竭力配合，对其他雄性的勾引视而不见。也就是说，信天翁的父权高度明确，那是它们采用晚成鸟策略的底气。

如果父权模糊，那就只能采用早成鸟策略。公鸡就是反面教材。

我们已经知道，公鸡是典型的花花公子。母鸡应对花花公子策略的方案就是放纵，对每一只优秀的公鸡都来者不拒，由此导致公鸡的父权相当模糊，它们完全不知道母鸡会产下谁的后代，因此缺少照顾后代的动机。既然雄性不会照顾后代，那么后代就必须提高独立生活能力，只靠母亲的照顾也照样生活，它们只能采用早成鸟策略。

这就是早成鸟的父亲不会为后代安全负责的原因。两者互为因果关系，一方面，因为父亲不负责，所以必须采用早成鸟策略。另一方面，因为采用早成鸟策略，所以父亲不负责也没关系。从进化论的角度分析，这两种性状存在协同进化关系，不断互相促进、彼此成就，这才有了今天的局面。

无论是早成鸟策略还是晚成鸟策略，都是雌雄博弈的结果，反过来又可以约束雌雄博弈的进程，因为后代生活能力对父母婚配制度具有直接影响，类似于结果干扰了原因，是另一种协同进化的表现形式，即婚配制度与生育模式之间的协同进化。

后代之所以能够逆向制约父母的婚配制度，是因为它们必须存活下去，这就是后代制约。只有后代存活下去，父母的博弈策略才有意义。在胎生模式中，后代制约与婚配制度之间的辩证关系得到了淋漓尽致的展示。

胎生模式

除了鸭嘴兽等少数特例，哺乳动物基本放弃了卵生模式，转而改用胎生。所谓胎生，就是体内受精之后，受精卵继续在子宫中发育，只是不再通过蛋清和蛋黄提供营养，而是由母体胎盘提供营养，并且全部营养都来自母亲。

可以看出，胎生模式给雌性造成了更大的压力，除了营养消耗加剧、行动不便等因素外，母体也可能会因为怀孕或生育造成意外死亡。但是胎生模式强化了对受精卵的保护，使后代存活率明显提高，具有确切的进化优势，因此成为继卵生之后最重要的生育模式。

尽管胎生模式做出了重大调整，但雌性的博弈策略却与卵生模式相差不大，因为前提并未改变，胎儿在母体内待的时间越长，母亲付出的代价就越大。这个困境和卵生模式相同，所以雌性哺乳动物也希望用最快的速度把后代生下来，并迫使雄性追加更多的投资，以期实现投资平衡。

但胎生模式却很难做到这一点。由于雌性不再产蛋，要是生育太早，胚胎的后续发育就会变得一团糟。鸟类之所以能用最快的速度将受精卵排出体外，是因为受精卵受到蛋壳和蛋清的保护。如果将保护层去掉，受精卵什么都不是。

假如哺乳动物也向鸟类学习，交配之后过不了几天就把受精卵排出来，受精卵的结局大致和摔碎了的鸡蛋差不多。为了避免悲剧发生，雌性哺乳动物必须拿出更长的时间来孕育胚胎，直到可以生下来为止。至于具体多长时间产崽，则取决于不同动物的生物学特征，比如体型和食性等，并与雄性的表现息息相关。但总的来说，雌性哺乳动物仍然借鉴了鸟类的策略，采用的策略大体也可以分为早成鸟策略与晚成鸟策略。当然，并不是说哺乳动物会生小鸟，这里只是套用了早成鸟与晚成鸟的概念，方便描述哺乳动物幼崽的活动能力而已。

采用早成鸟策略的哺乳动物，幼崽出生后不久就已具备较强的活动能力，除了自主吃奶，还能随着母亲一道奔跑。许多草食动物都采用早成鸟策略，像羚羊、野水牛、梅花鹿等，无不如此，它们的婚配制度也与早成鸟相似，雄性大多是花花公子，从不参与照顾后代，也不与雌性组成稳定的家庭。由于父权模糊，雌性对此也心知肚明，毫不在意，它们完全可以单独照顾后代，对雄性的唯一要求只是优质的精子。

也就是说，采用早成鸟策略的哺乳动物同样采用多夫多妻制，偶尔也有一夫多妻制。没有谁见过出双入对的山羊，因为山羊也是典型的早成鸟动物。山羊幼崽除了知道跟着母亲，对于父亲根本没有概念。

有些熊科动物也采用早成鸟策略，比如北极熊和棕熊，雄性需要通过激烈的雄性竞争决出胜利者，然后获得和多数雌性交配的权利。至于雌性，只认胜利者，因为胜利者的精子比较优秀。至于谁是胜利者，雌性并不在乎。有时在不同的地方会遇到不同的胜利者，雌性只要处于发情期，都会照单全收。它们深得多夫多妻制的要义。

奇怪的是，北极熊幼崽刚出生时，活动能力却并不强，眼睛都没有睁开，除了知道寻找奶头，并没有其他自主活动能力，似乎不像早成鸟。但只要仔细分析一下，就可以看出原委。原来北极熊生育时往往正在冬眠，母亲已经积蓄了足够的营养，进入雪洞冬眠之后，尽管数月时间不吃不喝，却仍可为幼崽提供充足的奶水。等到春天来临，天气回暖，北极熊母亲结束冬眠时，幼崽已经可以跟着母亲一道去打猎了。从这种意义上说，北极熊可算是晚成的早成鸟。幼崽在走出冬眠洞窟的那一刻起，才算真正降生到了这个世界。

棕熊也有类似的表现，它们同样奉行多夫多妻制，在冬眠的洞穴里，只能看到母亲独自陪着幼崽。至于雄性，早已无影无踪了，由于后代父权模糊，雄性当然懒得照顾。

另外一些哺乳动物则采用晚成鸟策略，它们需要特别关心两件事：第一，如何保障后代的食物供应；第二，如何保障后代的生命安全。任何一条稍有闪失，生殖投资都将被清零。食物供应还好办，主要通过乳汁解决，前提是母亲的食物供应能得到保障，要么食物容易获取，要么有雄性的帮助，甚至是得到了整个家庭的支持。狼就是很好的例子。

狼是定点居住的群居动物，往往由优势公狼和优势母狼结为夫妻，负责生儿育女。其他家庭成员的生育能力受到了强烈抑制，它们只能为头狼养育子女，保障母亲的食物供应，因此狼有资格采用晚成鸟策略。

解决了食物问题，剩下的就是安全问题。为了提高子女存活率，狼群会先挖一个洞穴，将幼崽放在里面，幼崽由其他家庭成员细心看护，安全性也基本得到了保障。

其他哺乳动物要想采用晚成鸟策略，同样要注意食物与安全，要么得到雄性的帮助，要么找个安全的地方将幼崽藏起来。许多草食动物都采用后一种方案，它们可以在地下挖洞，也可以在树干上掏洞，甚至还可以高高地躲进树冠，远离地面的一切危险。

生活在地面的哺乳动物采用晚成鸟策略时，面临的风险相对要大一些，基本只有肉食动物才有这个资格。最强势的晚成鸟动物是老虎，小老虎出生之后，甚至连眼睛都无法睁开，需要精心的照顾才能存活下去。而老虎属于猫科动物，有着典型的独居习性。也就是说，雌性老虎和雄性老虎不会彼此照顾对方，因为它们需要大片的地盘才能保障食物供应，只有分散居住才能填饱肚皮。所以雌性老虎需要独自将幼崽抚养长大，不过雌老虎并不担心，生育期的雌老虎性情凶猛，战斗力爆棚，以至于人们常用"母老虎"这个词来形容可怕的对手，就是因为雌性老虎需要为后代提供基本的安全保障。

除了后代制约，哺乳动物的生育模式还受到诸如寿命、体型、食性、食物来源、自然环境、降水及气温等一大堆因素的影响，甚至人类的介入也是重要因素。比如狗，原本从狼进化而来，应该采用和狼类似的生育策略和婚配模式。但它们在人类的呵护下，居然在短短一万年的时间内做出了重大改变。当远离荒野的威胁时，狗的安全性和食物供应都得到了人类的支持，交配行为更加大胆开放，直接从与狼相似的一夫一妻制变成了多夫多妻制。它们的后代仍有晚成鸟特征，不过在人类的呵护下似乎也不难养活。这就是家养动物和野生动物的区别。

无论是家养还是野生，刚刚出生的动物都对这个世界非常陌生，或多或少需要得到父母的关爱，特别是晚成鸟动物，更是严重依赖父母。就算无法得到父母双方的共同照顾，至少也要得到其中一方的关心才行。这时由谁来照顾刚出生的后代，就是现实的亲代抚育问题。不同的动物存在不同的亲代抚育模式，而适当的亲代抚育行为又需要适当的婚配制度来保障，所以亲代抚育与婚配制度是息息相关的两类行为，也是雌雄博弈的集中爆发点。从昆虫到人类，无一例外。

亲代抚育

如果你在林下漫步，不小心翻开一片枯黄的树叶，发现下面爬虫乱走，有大有小，体色深浅不一，那你可能在不经意间摧毁了一个昆虫家庭。它们的父母正在精心抚育子女，却被你悠闲地打破了阖家团圆的气氛。这事听起来像是童话，却是残酷的现实。从昆虫到鱼类，从两栖动物到爬行动物，从鸟类再到哺乳动物，都存在温馨的亲代抚育行为。但它们的努力很难得到应有的回报，它们的梦想随时可能会被意外事件击得粉碎。但生命的韧性在于，尽管充满艰辛与挑战，它们却依然在默默努力。从草原到荒漠，从高山到海洋，到处都是忙碌的父母在照顾后代的身影。

亲代抚育行为是动物学研究的重要分支，是动物之所以能够延续血脉的基本环节，也是继择偶策略和受精模式之外，第三种影响婚配制度的关键因素。

动物种类不同，所处环境不同，亲代抚育行为也不同。总的来说，亲代抚育行为不是单因素事件，而是受到很多因素的影响，这些因素会绞合在一起共同起作用。有两个值得关注的理论意在解释此类综合效应，即"逃逸竞赛假说"和"生育策略假说"。

先说说什么是逃逸竞赛。

抚育后代无疑要付出沉重的代价，迫使所有父母都会产生逃跑的念头。但当后代需要得到亲代抚育才能存活时，父母就必须有一方留下来，具体谁留谁走，取决于大家逃跑的动作有多麻利。跑得慢的留下来，跑得快的且去逍遥。这就是逃逸竞赛假说，或者叫跑得快原理。

在逃逸竞赛中，任意一方都会为自己的利益精打细算，它们的利益可以分为两个层级：第一级是根本利益，就是生殖回报。其他利益都要为这一利益服务。第二级利益是争取尽可能多的生殖回报。两级利益属于主次关系，先得有生殖回报，然后才能谈多与少。对此两性全都心中有数，亲代抚育就是决定多与少的关键环节。当后代至少需要父母中的一方抚育时，父母就必须有一方要留下来，问题是谁留下来。

在没有法律裁决的情况下，此事只能靠博弈。

父母中的任何一方都可能会这样想：假定对方心慈手软，不会离开,那么我就应该先离开,那样我就占了大便宜,可以再去寻找其他配偶,争取更多的生殖回报。假设对方并没有心慈手软,跟我一样也准备逃跑。如果让它先逃掉,那我就亏大了,那样我就必须留下来单独抚养后代,再也没有希望去找更多的配偶了。我可不想做这种冤大头,所以我更应该先跑。

当双方都在打同样的算盘时,逃逸竞赛就正式开始了。

根据逃逸竞赛假说,受精模式成为决定亲代抚育的重要因素。体外受精时,大家都有逃跑的机会。但在体内受精的动物中,雌性则很难逃掉,它们只能被迫留下,因为受精卵就在雌性体内。

除了受精模式,前期付出的亲代投资额度也会限制逃跑速度。投资较大的一方很难撒手不管,它们付出的沉没成本太高,除非逃跑的收益大于沉没成本,它们才有可能逃跑。鸟类就常常出现这种情况,当周围异性数量增加时,它们弃巢的意愿也会随之上升。尤其以雄性的表现最为可耻,因为它们能从逃跑行为中获得更多的生殖回报。

但所有刺激逃跑竞赛的因素,都将遭到生育策略的强烈反击。这就是生育策略假说的要义。

生育策略是个泛泛的说法,大致就是指动物在生育后代时,到底该以数量取胜,还是以质量取胜,相关抉择直接影响抚育后代的强度。

所谓以质量取胜,就是后代数量相对较少,但质量相对较高,比如体型较大、竞争力较强、存活率较高等。以质量取胜策略往往需要充足的生活资源,同时需要精心的照顾。好在因为后代数量较少,父母也能照顾得过来。

狮子就采用典型的质量取胜策略。

在现实生活中，雄狮会占据一大片地盘，管理一大群雌狮，奉行一夫多妻制。雄狮是狮群的老板，很少亲自打猎，而主要负责以武力保卫地盘，守住雌狮不受其他雄性的侵扰，此外基本无所事事，有时一天甚至花二十多个小时睡觉。至于打猎和抚育后代等工作，几乎都由雌性负责。在这方面，雄性的表现很像是花花公子。

雌狮有了雄狮的保护，才能放心抚养后代，它们一胎只生育两到三头幼崽，每头幼崽的质量都很高，不出意外的话，它们可以将每头幼崽都抚育到成年。

反观以数量取胜的动物，它们的后代体型往往较小，但数量极多，繁殖速度极快，尽管死亡率很高，好在可以通过数量弥补。正由于数量太大，基本不可能出现亲代抚育行为，父母根本照顾不过来那么多后代。多数昆虫和鱼类都采用这种策略，它们的后代无须抚育，照样可以在这个残酷的世界中依靠数量取胜。

蝗虫是以数量取胜的代表，它们常在农田里铺天盖地地飞来飞去，没有父母陪伴照样横行无忌，甚至给农业生产造成巨大的灾难，那其实是它们繁殖成功的标志。人类想方设法要消灭蝗虫，蝗虫却照样年年肆虐。而以质量取胜的狮子、老虎、大象和犀牛等动物，则要在人类设立的自然保护区内才能存活。两种策略何者更佳，实在是一言难尽。

正是受到逃逸竞赛和生育策略等诸多因素的微妙影响，动物的亲代抚育行为才会不断趋于复杂。有时以数量取胜的动物也会出现亲代抚育行为，与此对应，那些以质量取胜的动物却也可能对后代不管不顾。根本的原因在于，动物行为本身差异极大，抚育行为更是烦琐不堪，彼此之间并没有清晰的分类边界。

尽管如此，为了叙述方便，动物抚育行为还是可以做个简洁的分类，大致就是无抚育行为和有抚育行为。无抚育行为没什么好说的，就是父母双方都已放弃了抚育后代的任务，对后代的死活抱无所谓的态度。至于有抚育行为，又可以再分为雌性抚育、雄性抚育和双亲抚育。只有了解了这些基本的抚育类型，才能深刻理解它们的婚配制度。

需要强调的是，何种动物采用何种亲代抚育模式，并非有一成不变的定则，而是会随着环境的变化而做动态调整。比如南美丛林中有一种雨蛙，会根据群体密度决定抚育后代的方式。如果群体密度较小，彼此竞争较弱，它们就会将受精卵弃之不顾，任其自生自灭，采用无抚育模式。要是群体密度较大，生存竞争较激烈，它们就会转而采用雄性抚育模式，由雄性守在受精卵旁边，确保受精卵存活率。至于雌性，则已经在逃逸竞赛中抢得了先机。

下面我们先从最简单的抚育行为谈起，那就是无须抚育。无论是雄性还是雌性，都不会陪在后代身边呵护它们长大。受精卵的未来，只能听天由命。孵育出来的后代，也只能在残酷的自然环境中自生自灭。

变态的道理

总的来说，以数量取胜的动物大都缺少亲代抚育行为，数量太大本身就是难以克服的障碍，但那并不意味着昆虫父母彻底不替后代着想，事实上许多昆虫都会对后代尽到力所能及的责任。

根据昆虫的觅食特征，动物学家常将它们分为植食性昆虫、寄生性昆虫和捕食性昆虫三大类。不同的昆虫的产卵行为也有所不同，以寄生性昆虫为例，它们需要将卵产在寄主身上，好让后代一出世就能吃到美味的食物，但又不希望后代一出世就遇到竞争对手，所以雌虫在产卵前会先探测寄主是否已经被寄生，只有没被寄生的宿主才是优秀的宿主，否则它们就会继续寻找新的空白宿主。

除此之外，雌虫还会对宿主的可寄生性进行全方位考察，比如果实颜色是否合适、是否成熟等，以及植株大小、鲜嫩程度、发育时期等，只有在合适的宿主身上产卵，才能保证后代的生活质量。例如柑橘潜叶蛾的幼虫，比较偏好幼嫩的树叶，雌虫就会特意选择在枝梢产卵，因为那里的树叶最为鲜嫩可口，营养也最丰富。也就是说，尽管多数昆虫都没有照顾后代的行为，但它们却已努力为后代创造了良好的生活环境。

还有些昆虫的父母虽然没有尽到照顾后代的义务，却已经开发出了一种奇特的技术，可以作为有效的替代手段，保障后代快速成长，那就是变态发育。

无父母照顾的后代要想独自存活下去，就必须具备几个基本特征：一是数量巨大，经得起高死亡率的损耗；二是自主生活能力极强，刚到这个世界就会自主觅食；三是快速成长，能赶在被天敌吃掉之前就已性成熟，然后立即交配，进入下一轮生殖循环。就算不能快速成长，也要找个安全的地方躲起来慢慢发育。

变态发育可以同时满足以上几个条件。

昆虫的发育模式千奇百怪，大致可以粗略地分为不完全变态发育和完全变态发育两大类型。不完全变态发育是指发育过程要经过卵、幼虫和成虫三个时期，代表有蜻蜓和蝗虫等，幼虫不但形态与成虫类似,生活方式也与成虫相同。比如蝗虫幼虫个头儿虽小,却可以到处跳跃飞行,以至于遍地成灾。

完全变态发育则要经过卵、幼虫、蛹和成虫四个时期,代表有蜜蜂、蝴蝶和蚕等。在幼虫和成虫之间,无论是行为还是形态,都存在极大差异,因此叫作完全变态。这两种模式都是以数量取胜的结果。

逻辑是这样的,既然采用数量取胜策略,雌虫就不得不产下大量卵子,导致每个卵子的体积都很小,根本无法为幼体发育提供充足的营养。幼虫孵化之后,必须自力更生、尽快长大才行。而尽快长大需要摄入大量食物,所以幼虫绝大多数时间都在进食,就像蚕宝宝那样,一直在吃桑叶。为了完成大吃特吃的任务,幼虫的身体结构往往相对简单,只要能略做移动,然后连续进食就可以了。除了食物供应,幼虫连安全问题也靠自己解决,有的通过毛毛刺威胁天敌,有的则通过伪装色隐蔽起来,自主解决了食物和安全两大难题,成为自然界最省心的宝宝。

当幼虫发育为成虫以后,主要任务就不再是进食,而是寻找配偶生育后代。随着任务的改变,它们的身体结构也需要做出相应调整,以便远距离快速移动,比如飞行或者跳跃,就此和幼虫身体结构拉开了差距,这就是变态发育的根本逻辑。尽管在发育的全过程中都没有父母的身影,但父母已经为后代设计了完美的发育程序。

脊椎动物也有以数量取胜的例子,但它们会尽量为后代提供某种形式的保护,变态发育已经非常少见。我们熟悉的青蛙就属于脊椎动物中的特例,只是变态发育的逻辑和昆虫不太一样。

青蛙属于两栖动物。两栖的意思是,它们需要经过水生到陆生的转变，幼体往往在水中生活，成体则到陆地生活。两种完全不同的生态环境，对身体结构提出了截然不同的要求。幼体在水中生活时，可以像鱼一样，用鳃在水中呼吸、游泳和捕食。而成体需要适应陆地生活，身体结构必须做出重大调整，以便四处跳跃，来去自如。在两种状态之间，必然出现切换环节，所以它们也需要变态发育。

两栖动物大多在水中进行体外受精，春天的池塘里充满了黑压压的小蝌蚪，就是以数量取胜的最好证据。但你绝不会看到有青蛙父母在照顾它们，可见青蛙采用无亲代抚育模式。小蝌蚪找妈妈的故事只是童话，小蝌蚪根本不需要妈妈照料，照样可以四处旅行。只有少数两栖动物会照顾后代，比如负子蟾会将受精卵背在后背孵化，因为它们的生活环境中很难找到稳定的水源，倒逼负子蟾改变了生育策略。由于后背面积有限，很难再以数量取胜，它们才不得不向着以质量取胜的方向转变。

鱼类主要进行体外受精，无亲代抚育的比例也较高。雌鱼和雄鱼会在发情季节同时向开阔水域排卵和排精，根本无所谓谁和谁配对，它们都是逃逸竞赛的赢家，放任受精卵随波逐流，代价是要排出远超实际需要的生殖细胞。以翻车鱼为例，成年翻车鱼在交配季节可以产下多达3亿枚卵，泄入海水中四处漂散。这么多的鱼卵自然会吸引大量天敌前来觅食，好在卵子数量太多，总有一些可以逃出生天。在后代完全自生自灭的情况下，一条雌性翻车鱼一个生育季节可以留下30多个后代，尽管存活比例极低，但与大型哺乳动物相比，后代数量已经非常可观了。

另一个以数量取胜的典型是海龟，它们的后代同样无须亲代照顾。有些雌海龟会在沙滩上产下200多枚卵,孵化之后,小海龟成群结队冲向大海,约有一大半在途中成了海鸟的食物。就算到了海里,还会有一批成为鱼类的食物,不过最后总有几只可以长到成年。

受到以数量取胜策略的影响,雌雄两性对婚配制度都抱无所谓的态度,反正不指望对方帮什么大忙,大家都是露水夫妻,只要彼此身体健康可以交配就行,所以它们主要奉行多夫多妻制。

不过随着时光流转,以质量取胜的生育策略开始慢慢流行起来,与以数量取胜的策略走上了完全不同的进化道路。

假设以质量取胜策略和以数量取胜策略是两家彩票投注站。以质量取胜的投注站几乎每注必中,投资回报率接近100%。而以数量取胜的投注站回报率极低,无限接近于零,必须大量投注才有中奖的希望。可以想象,必然有更多的彩民会涌向以质量取胜的投注站。所以以质量取胜的生育策略一旦出现,就会产生巨大的诱惑,同时改变了动物的抚育行为。一方面,由于后代数量较少,父母有了悉心照顾后代的可能。另一方面,以质量取胜的后代相对娇弱,它们很少像昆虫幼虫那样四下乱爬、到处乱吃,而是需要父母更多的关照才能更好地存活,亲代抚育因此越来越普及。

这时逃逸竞赛假说再次显示威力,体内受精的雌性在逃逸竞赛中天然处于劣势,迫使它们不得不成为亲代抚育的主力军。

体贴的雌性

以前动物行为学家在选择研究对象时,很少考虑昆虫。在许多学者眼里,昆虫大脑简单,神经传递缓慢,谈不上什么复杂的行为，基本没有研究的必要。但最近的调查却表明，就算最不起眼的昆虫，也有着相当复杂的行为模式。除了社会性昆虫令人眼花缭乱的社会分工现象，有些昆虫还存在一定的雌性抚育行为，它们的表现丝毫不逊色于其他动物，进阶的母亲除了考虑后代的食物问题，还会考虑安全问题，可算是相当细心而且老到。比如雌沙蜂，它们在生育前会先在沙地上打个洞，然后捕捉一只昆虫，将其麻醉后带回洞穴，再在猎物体内产下一粒卵，并用小石子把洞口封住，安全而又隐秘。

当沙蜂的卵孵化后，它们不会像其他昆虫的后代那样急着跑出去寻找食物，而是继续躲在洞穴内，安逸地享用母亲留下的猎物。猎物此时处于半死不活的状态，自带保鲜机制，不但营养全面，而且不易腐烂。幼虫会赶在食物吃完之前发育成熟钻出洞来，它们尽管没有看到自己的母亲，却已感受到了母爱的温暖。

沙蜂之所以出现一定程度的雌性抚育行为，是因为它们已经调整了生育策略，从以数量取胜向以质量取胜过渡。毕竟，每次只产一枚卵，无论如何也谈不上以数量取胜，雌性完全可以照顾得过来。如果沙蜂仍然像其他昆虫那样，动辄产下成千上万的卵，那就再也没有办法为每一个后代考虑得如此安全周到。

至于那些大批量产卵的昆虫，如果想对后代进行细心的照顾，就得另想他法。社会化养育就是不错的选择。蚂蚁、蜜蜂和白蚁都是社会性昆虫的代表，雄性都已沦为生产精子的自动化工具，雌性才是整个群体的中枢，它们通过激素驱动职虫照顾后代，专业化程度极高，有力保障了后代存活率。所以社会化昆虫可以看作是特殊形式的雌性抚育动物。

不但昆虫有雌性抚育行为，鱼类也在悄然变化当中。只要产卵数量下降，不像翻车鱼那样疯狂播撒，鱼类就可能出现抚育行为，尤以雌性的表现较为积极，比如雌性罗非鱼会将受精卵含在口中孵育，为后代提供无微不至的关怀。雄鱼甚至利用雌鱼的这一特点，进化出了一种奇特的欺骗行为，它们会在尾巴上长出像卵子一样的斑点，然后不断摆动尾部诱惑雌鱼，让雌鱼误以为那是自己口中的卵子泄漏了出去。为了回收卵子，受骗的雌鱼会紧紧跟在雄鱼身后，拼命要将雄鱼尾巴上的图案吸入口中。此时雄鱼就会趁机射精，将精子喷入雌鱼嘴里，以便让其中的卵子受精。通过这种不光彩的举动，雄鱼可以留下许多后代，而且都能得到雌鱼的细心呵护。

有些雌鱼的表现比罗非鱼更加激进，比如银鲑，俗称大马哈鱼，就有令人震惊的亲代抚育行为。

大马哈鱼原本为淡水鱼，后来随着水流进入海洋生活。受到生活史的影响，准备产卵的雌性大马哈鱼需要消耗巨大的能量再次从海洋洄游到淡水河上游，寻找合适的产卵地点，途中常遭到棕熊等动物的截杀。幸存的雌鱼会寻找一片合适的地点，然后用力拍打鱼鳍，在河床上挖出一个浅坑，先将卵产在坑中，再吸引附近的雄鱼前来参观。此时雄性大马哈鱼一拥而上，都想趁乱在坑中射精，很少安静地接受雌性的挑选。雌鱼只能严格监控，并将不喜欢的雄鱼赶走。等到受精工作完成，雄鱼转身再去寻找其他机会，雌鱼则会留下来，用小石子盖住受精卵，独自守护在侧，防止其他动物来偷吃受精卵。尽心尽职的雌鱼没有机会觅食，无法得到营养补充，直到死在小坑边上，用自己的尸体饲喂捕食者，以此保护后代免遭杀戮。它们一生只产一次卵,用生命谱写了一曲母爱的赞歌,可以称为雌性抚育的楷模。

爬行动物也有雌性抚育行为,尽管很少,却也像模像样,比如雌性鳄鱼会在产卵前建一个复杂的巢,巢的类型各不相同,有的在水边,有的在草丛中,还有的建在沙地洞穴内。产卵以后,雌鳄会守在巢穴附近等待孵化。当小鳄鱼能将卵壳撕开一条裂缝时,它们就会用叫声吸引母亲过来帮忙。雌鳄鱼就忙着将巢穴上的覆盖物清除掉,撕开卵壳,将小鳄鱼一个个带到水边,并继续守护小鳄鱼成长。直到几周以后,小鳄鱼基本可以自由觅食时,抚育工作才告结束。

相比而言,鸟类的雌性抚育行为更加细致。凡是早成鸟,比如鸡和鸭等,几乎都由雌性抚育后代。母亲先是不辞辛苦地独自用体温展开孵化工作,其间并没有雄性轮岗,雌性饿了需要自己外出觅食,然后回来继续工作,直到后代破壳而出,雌性再带着子女集体觅食,同时还要负责安全保卫工作。为了保护后代,它们甚至可以直接和狗对抗。

尽管昆虫、鱼类、鸟类、爬行动物等都已展示了雌性抚育的本能,但真正将雌性抚育发扬光大的,还是要数哺乳动物。其他动物算是雌性抚育工作的票友,哺乳动物才是雌性抚育的形象代言人。若以科为统计单位,哺乳动物中约有90%都存在雌性抚育行为。不是因为雌性哺乳动物的品行有多么高尚,而是因为它们在逃逸竞赛中全面失败。

雌性哺乳动物的劣势在于,它们只能进行体内受精。而在体内受精过程中,雄性并没有看着自己的精子和卵子结合,所以存在父权模糊的嫌疑，它们无法保证雌性会产下自己的后代，导致对后代的抚养兴趣不足。这就是体内受精的副作用，所有体内受精的雌性动物都深受其害，只是雌性哺乳动物的受害程度更深，因为它们还要负责受精卵的体内发育，对后代的投资大幅提升，同时也给雄性制造了强烈的逃跑动机。

在后代出生之后，雌性哺乳动物将要面临着艰难的选择。在没有雄性帮助的情况下，它们要么独自将后代抚养长大，要么将后代抛弃。不需要认真思考也能知道，多数雌性选择自己抚育后代。它们没有被动等待雄性抛弃自己，而是主动抛弃雄性，这样就可以把命运掌握在自己手里，确保大部分投资不会打水漂。这就是雌性哺乳动物独自抚育后代的理论基础，从雌性老虎到雌性黑熊和北极熊，无不如此。自然界到处都游荡着逃避抚育责任的可耻雄性。

由此造成的结果是，凡是独自抚育后代的雌性，它们既然不需要雄性的帮助，当然也不必在意雄性的感受，根本不去考虑所谓父权问题，所以它们大多采用多夫多妻制。

但麻烦并没有就此结束。

既然雌性准备独自将后代抚育长大，就必须保证后代的食物供应。在无法得到雄性帮助的前提下，雌性哺乳动物不得不动用自己的身体资源，将大量营养转化为乳汁，以便给后代提供源源不断的优质营养。此举进一步加重了雌性动物的生育代价。唯一值得安慰的是，它们的后代体内，确定带有它们的基因。

与雌性抚育相比，雄性抚育的比例相对较低，但也不是没有，因为每种动物都生活在不同的环境中，面临着不同的博弈困境。有时雄性在博弈中落败，不得不承担起抚育后代的重任，在体外受精时尤其如此。

负责的雄性

如果说雌性是体内受精的牺牲品,那么雄性就是体外受精的牺牲品,因为体外受精主要在开放的水环境中进行,很难维持较高的精子浓度。为了不浪费宝贵的卵子,雄性必须射出超量的精子,才有可能收获微薄的生殖回报,导致雄性的前期投入几乎与雌性旗鼓相当。既然如此,雌性也有逃跑的本钱。如果雄性不照顾后代,雌性也不会照顾后代。结果就是,体外受精的动物大多缺少亲代抚育行为。就算偶尔出现抚育行为,也以雄性抚育为主,因为雄性逃跑的希望更为渺茫。

理论而言,在体外受精过程中,雌雄双方同时释放配子,那一瞬间它们站在同一起跑线上,雌雄双方都可以寻机逃跑,展开真正的逃逸竞赛。到底由谁照顾后代几乎是随机事件,最终的结果应该是平局,即有一半由雄性照顾后代,一半由雌性照顾后代。但实际观察结果却让人大跌眼镜——多半以上体外受精的鱼类都由雄性抚养后代。雌性在逃逸竞赛中算是打了个翻身仗。

局势为什么会出现反转呢?

因为雄性在体外受精的逃逸竞赛中,还是略慢了一小步。正是这一点点的时间差,决定了双方的命运。

雌雄两条鱼相遇时,面临着一个简单的选择,到底是雄性先射出精子,还是雌性先排出卵子呢?

答案是由雌性先排出卵子。因为卵子体积比较大,流失速度略慢,何况雌性还会用一些胶状物质将卵子粘在一起,使得卵子结构相对稳定。但精子则不然，精子又小又多，射在水里就像狂风中的烟雾，很快就会烟消云散。更麻烦的是，雄性不能照抄雌性的策略，它们不能把精子都粘在一起，否则就无法迅速靠近卵子。这种不对称性决定了体外受精时，只能由雌性先排出卵子，雄性再对准目标排出精子。仅此一步之差，雄鱼即已被锁定。既然雌性率先排卵，当然可以率先逃之夭夭，将压力留给了雄性。它们射精之后，到底是继续照顾受精卵，还是也跟着逃跑？

结果取决于鱼类自身的生物学特征。

当后代不需要抚育时，雄性有理由在射精之后同样一跑了之。但有些鱼类的情况却很特殊，如果是在相对私密的环境下受精，比如在水草丛中，或者河床石堆旁，那里卵子分布密集，可以排除其他雄性的干扰，雄性能够亲自观察到自己的精子包围了卵子，父权高度明确，雄性因而有着充分的抚育动机。此时就算雌性已经跑掉，雄性仍然会留下来照顾后代，表现出典型的雄性抚育行为。

除了父权明确，雄鱼还有另一个抚育后代的动力，那就是促进雌性提高排卵量。

雌鱼体型越大，产卵越多；产卵越多，后代当然就越多，因此雄鱼偏爱追求体型较大的雌鱼。至于雄鱼自己，反倒不必发展更大的体型，毕竟产生精子的代价相对较低。所以许多雄鱼的体型比雌性要小。

对于雌鱼而言，更大的体型和更多的卵子，意味着更高的投资成本，它们有理由要求雄鱼追加后续投资，以便实现投资均衡。所以，凡是雌性体型较大而雄性体型相对较小的鱼类，基本都有雄性抚育行为。

与鱼类相比，雄性单独抚育后代的现象在鸟类和哺乳类动物中相对少见。它们主要采用体内受精，雌性很难在逃逸竞赛中获胜，雄性乐得坐享其成。不过还是有些鸟类会有雄性抚育现象，除了水雉，美洲鸵鸟也有相似的表现。

美洲鸵鸟生活在南美大草原上，个头儿差不多有中学生那么高，雄性有着复杂的等级观念，不同的个体大致可以被分为四个等级：最低级的是四等雄鸟，它们属于雄性竞争中的失败者，整天垂头丧气、心如死灰，对生育不抱任何指望，唯有在草原上无所事事地四处闲逛，根本不去追逐雌鸟，成为鸵鸟界最潇洒的浪子。稍微勤奋一点的是三等雄鸟，它们会自己孵蛋，但孵的却不是自己的后代，而是在替其他雄鸟孵蛋，以此换取在优势雄鸟的地盘上觅食的机会。从某种意义上说，三等雄鸟就像是鸵鸟界的太监，以劳动换食物，也不算寒碜。二等雄鸟则比较优秀，它们不但会交配，而且会亲自孵蛋，是比较本分的雄性。最优秀的是头等雄鸟，也就是优势雄鸟，它们只交配、不孵蛋，孵蛋任务全部交由那些不交配只孵蛋的三等太监完成。

稍微细心一点就会发现，在所有抚育行动中，都没有雌鸟什么事情，因为雌鸟根本不孵蛋，它们比四等雄鸟还要潇洒。

随着生育季节到来，优势雄性鸵鸟会先找一块合适的地盘筑巢，然后大声吸引雌鸟。只要地盘足够好，巢穴足够棒，就能吸引到源源不断的雌鸟投怀送抱。交配之后，雌性就把蛋产在巢中，然后转身离开，再去寻找其他雄性。留下优势雄鸟负责招募太监，如果是二等雄鸟，则会亲自把后代孵化出来。无论哪种情况，都不需要雌性帮忙。

那么，雄性美洲鸵鸟为什么情愿独自承担抚养后代的重任呢？

有几个因素使得这种情况成为可能。

首先是父权明确。雄鸟在自己的地盘上和雌鸟交配，很少受到其他雄鸟的干扰，父权基本不受污染，雄性有抚育后代的信心。其次，南美高原气候适宜，加上鸵鸟蛋体积较大，热量散失较慢，孵化时不必一直坐在上面，雄性仍有一定的自由活动空间，没有雌性的配合问题也不大。何况优势雄鸟还可以控制三等雄鸟代为孵蛋，更是提高了工作效率。就算是专心孵蛋的二等雄鸟，也有一种奇特的觅食方式保障食物供应，它们会把一枚蛋弄破以后放在太阳底下暴晒，直到将蛋晒成臭蛋，散发出浓烈的臭味，以此吸引苍蝇和蚊子，从而基本解决了食物供应问题。

除此之外，安全问题也得到了妥善解决。雄性美洲鸵鸟为了自保，已经进化出了强大的战斗力，它们脾气暴躁，双腿有力，脚趾具有强大的杀伤力，甚至可以一脚踢死一条野狗，凭借一己之力完全可以保护后代。如果有雌性在一旁帮忙，反而显得多余。

有时后代太多，实在忙不过来时，雄鸟也不需要雌性插手，鸵鸟太监早已在左右伺候。作为交换，太监日后也可以寻求高级雄鸟的帮助。正是通过这种奇特的合作机制，才形成了奇特的雄性抚育景观，而雌鸟则乐得逍遥自在。

哪怕雄性鸵鸟如此尽职，生殖的机会仍然很少，每年大约只有5%的雄鸟能够得到繁殖的机会。如此低下的繁殖率是一种巨大的进化压力，迫使雄性对于抚育工作更加投入。

尽管如此，雄鸟单独抚育后代的现象仍然罕见。鸟类最常见的模式是双亲共同抚育后代，是雌雄两性打个平手的结果。

合作的力量

印度尼西亚沿海丛林中有一种长相古怪的鸟,名叫苏拉冢雉,顾名思义,它们不会筑巢,而是堆土为冢。每到繁殖季节,雌鸟就会在阳光海滩上挖一个坑,然后将卵产在坑里,再将坑填上,盘成一个土堆,像海龟那样,利用阳光的热量孵化后代,有时它们还会在土堆里加一些树叶杂草,利用发酵产生的热量促进孵化。幼鸟出壳以后不需要父母照顾,就会自己钻出沙堆,瞅准时机,快速冲进森林里躲藏起来,不需要学习就会自行觅食和躲避敌害,是典型的早成鸟。父母虽然没有陪伴在幼鸟身边,但能选好地址、挖坑堆土,让鸟蛋得到充足的阳光照射,也算是尽到了基本的责任。

晚成鸟就没有如此省心了,它们缺乏自主生活能力,无论如何都需要父母的精心抚育。后代抚养难度越大,父母越需要合作。这一原则在鸟类世界普遍适用。企鹅就因为受到后代制约而采用一夫一妻制,刚刚孵化的小企鹅缺少抗寒能力,必须站在父母脚掌上、依偎着父母的腹部,依靠父母的体温保护才能存活下来。当一方站在冰雪中照看后代时,另一方必须努力提供食物,否则双方都不会留下后代。至于下个生殖季节大家会不会交换配偶,那就要看缘分了。

也就是说,双亲共同抚育后代的动物,往往采用一夫一妻制,或者至少采用假性一夫一妻制,否则不足以保证后代存活率。为了保证后代的存活率,有时雌性会用一些有趣的策略困住雄性,迫使它们和自己共同抚育后代,南美热带丛林中的巨嘴鸟就是很好的例子。

巨嘴鸟长着一张名副其实的大嘴巴,色泽鲜艳、引人注目,它们主要住在树洞里。在孵育期间,雌性会留在巢中照顾幼鸟,并将树洞口封起来,同时把自己也封在洞内,只留一个出口方便大嘴伸出,防止蛇或者松鼠之类的动物偷袭。雄鸟觅食回来时,自己也无法进入树洞,只能通过小洞将食物送进去,再由雌鸟喂给幼鸟,雌鸟还要截留一份自己吃掉。夫妻二人必须精诚合作,才能把幼鸟养育到成年。

巨嘴鸟之所以采用这种奇特的抚育方式,与其自身的生物学特征有关。它们的幼鸟发育时间特别长,是普通鸟类的两到三倍。麻雀和燕子的幼鸟出壳后,只需十几天就可飞出巢去自行觅食。而巨嘴鸟的后代常需两个月左右才能独立生活,就因为它们的大嘴需要充足的营养供应,严重拖累了发育进程。

幼鸟发育时间越长,面临的危险也就越多,如果没有亲鸟看护,总有一天会遭遇不测,所以雌鸟必须留下来专心照顾后代,雄鸟当然也就必须负责外出觅食。如果雄鸟花心不再回来,后代就可能全部饿死在树洞里,让雄鸟的前期投入彻底清零。这就是典型的后代制约,它们必须自我约束,采用严格的一夫一妻制。

后代制约策略相当成功,晚成鸟也因此而成为双亲抚育比例最高的动物,同时也是一夫一妻制比例最高的动物。经验老到的动物学家只听鸟鸣,就可以判断它们是不是采用一夫一妻制。一夫多妻的鸟类往往只有雄性在独自鸣唱,雌性只负责倾听并且做出选择。而一夫一妻制的鸟类,雌雄双方则会来回对唱,互相取悦,以便组成和睦的家庭。

毫无疑问,双亲共同抚育可以有效改善后代的食物供应和安全保障,大大提高后代存活率,对父母双方都是一种奖励。但如果遇到不可抗力的破坏，比如风暴摧毁了巢穴，或者被天敌杀掉了后代，双方的所有投资都被清零，失去了继续合作的纽带，它们大多会就此分手，再去寻找其他交配机会。

同样的道理，当巢穴遭到外敌攻击时，父母保卫后代的决心与雏鸟的年龄密切相关。雏鸟年龄越大，父母抵抗外敌的决心就越强烈，因为前期已经付出了大量抚育成本。如果后代太小，它们就可能会放弃巢穴，而不再拼命抵抗，免得把自己的老命也搭进去。毕竟"留得青山在，不愁没柴烧"的道理，鸟类也懂得一些。

哺乳动物和鸟类看起来相差十万八千里，其实它们的亲缘关系很近，都属于脊椎动物，而且都是恒温动物。恒温动物需要充足的能量保证体温，因此也需要消耗大量食物，雌性甚至以乳汁来确保对后代的营养供应，加上哺乳动物主要采用胎生，雌性在与雄性博弈时，已无力维持平局态势。尽管如此，仍有少量哺乳动物的双亲会共同抚育后代。那些参与后代抚育工作的雄性并非一朝悟道、改邪归正，而是被雌性采用晚成鸟策略牢牢困住了。

采用晚成鸟策略的哺乳动物，在生育过程中主要以质量取胜，后代数量相对较少，为双亲共同抚育提供了可能。比如草原田鼠，一胎可以产下六七个后代，每个后代都浑身赤裸无毛，双眼紧闭，毫无生存能力，直到十几天后，才能勉强自主活动。如果和大象等大型哺乳动物相比，草原田鼠无疑属于以数量取胜的动物，但与后代更多的昆虫相比，则又属于以质量取胜的动物。由于体型较小，它们需要在地下挖洞以确保后代安全。在雌性全力照顾后代的同时，雄性必须为雌性提供足够的食物，否则雌性就很难生产足够的乳汁。而且田鼠忍耐饥饿的能力很弱，十几个小时不进食就有可能饿死，雌雄双方只能通力合作，不能有丝毫分心，所以草原田鼠是典型的一夫一妻制动物。

在所有双亲抚育的哺乳动物中，我们最熟悉的其实不是草原田鼠，而是人类自己。

尽管如此，我们对人类的两性行为仍然充满了困惑，因为我们很少认真地以人类为研究对象，像研究动物那样，对人类的择偶策略和婚配制度加以细致的分析。进化心理学正在试图补上这一节课，并且已经取得了一定的成绩，为我们深入认识人类自己奠定了基础。

有一点可以肯定，明白了动物的婚配制度，可以帮助我们理解人类的婚配制度。动物的所有实践，都将投射到人类身上，成为男女博弈的导师。人类婚配制度只是动物婚配制度的延伸，也受到各种相似因素的制约，诸如体内受精、胎生模式、后代制约、父权明确、亲代投资等，每种因素都可能指向某种特定的婚配制度。无论是多夫多妻制，还是一夫多妻制，或者是一夫一妻制，都有相似的逻辑在起作用。

和所有动物一样，男人和女人要想生育后代，先要展开求偶程序。准备求偶之前，先要完成身体发育，顺利通过青春期，然后性成熟，能够生产合格的精子和卵子，才能成为优秀的生育机器。接下来的任务就是做爱生子。但与谁做爱不与谁做爱，大多数情况下都不靠随机洗牌决定，而要依靠正确的选择。在波涛涌动的精子海洋中挑选一枚优秀的精子纳入子宫怀孕，是广大女性孜孜以求的浪漫梦想。而优秀的精子只有向优秀的男人索取。可惜优秀的男人并不常见，女人必须花费一定的精力去四处寻找，所以人类同样存在性选择，并且主要是女性选择男性。毕竟卵子要比精子珍贵很多，女性有挑选的资本。这是男女博弈的基本原则，他们之间的故事才刚刚开始，其后的每一个段落都曲折迷人，堪称史诗。

以史为鉴，可以知兴替。

以动物进化史为鉴，则可以明人伦。

第 3 章 人类配偶选择

> 花自飘零水自流。一种相思,两处闲愁。
> 此情无计可消除,才下眉头,却上心头。
> ——李清照《一剪梅·红藕香残玉簟秋》

所有中学老师都知道一个有趣的现象，男生和女生的发育并不同步。这事其实非常奇怪，从理论而言，两性要想建立理想的合作关系，就应该在相同的年龄同步成熟才对，那样才不会浪费任何美好的时光。但他们的青春期和性成熟却错开了几年，说明男女对最佳时机的选择并没有达成一致意见，或者说存在某种冲突，那正是两性博弈的结果。

在青春期之前，男孩与女孩并不是太在意对方的性别，在一起嬉戏打闹也很少害羞。但进入青春期之后，在各种激素的驱动下，他们的身体开始出现日新月异的蜕变，所谓"女大十八变，越变越好看"，男性同样如此，只是男性不是越变越好看，而是越变越阳刚。观感的不同，表明他们正在走向不同的发育道路。唯一共同的表现是，他们开始逐步展现第二性征，体内的激素也如海潮涌动，他们再也不是从前心如止水的纯情少年。

所谓第二性征，是相对于第一性征而言。第一性征就是生殖器官，两性各不相同，借以分出男女。第二性征是除生殖器官以外的辅助性特征，比如乳房或胡子。我们看到第二性征，就算不去直接观察第一性征，也可以判断此人的性别。比如我们看到一个人长着满脸大胡子，不必脱掉裤子仔细检查，也能知道他应该是男的。从这种意义上说，第二性征具有明显的识别功能。

但识别功能只是副作用，第二性征之所以出现，是因为男女的机体内涵已经发生了变化，尤其是以雄激素和雌激素为主导的内分泌系统，开始呈现显著的差异。其根本目的不在于彼此识别，而在于制造不同的生殖细胞，也就是精子和卵子，以及促进阴茎和阴道的发育，那是辅助精子和卵子结合的通道。

在青春期之前，男性的睾丸很小，阴茎也不太显眼，大致相当于小手指粗细，平时低调内敛，似乎无欲无求，偶尔挺直，也只是排尿反应而已，或者练习海绵体充血功能。男孩对此也相当淡定，很少为此想入非非。

但等到十岁左右，男孩的睾丸开始急速扩容，雄性激素水平随之上升。此后三四年间，不同个体随生活环境与营养状况不同，表现会略有波动，但总的来说，阴茎开启膨胀模式，短短四五年间，就会长到成人大小，此后便不再生长，蛰伏在下方静待时机。同时睾丸开始生产精子，第二性征初步发育，胡子露头、声音加粗，骨骼和肌肉不断强化，为激烈的雄性竞争奠定物质基础。十五岁以后，生殖器官基本进入成熟期，精子数量和激素水平渐渐达到顶峰，在古代男性就可以结婚生子了。

可以看出，青春期发育策略具有明显的功利色彩。儿童期性器官不发育，因为用不着，那时他们要节省能量用于发育大脑和其他器官。生殖器官直到青春期才加速发育，因为那时他们已经到了生育年龄，此后男孩身体的大部分工作，都围绕制造精子和推销精子而展开。

　　睾丸中有一种生精细胞，又叫精原细胞，专门负责制造精子。它们先后形成初级精母细胞、次级精母细胞、精子细胞，最后发育为成熟的精子。经过减数分裂，成熟的精子只含有普通细胞一半的染色体，与卵子细胞中的另一半染色体配对后，最终发育为拥有完整染色体的后代。

　　为了保证充足的精子供应，精原细胞必须不断分裂。生殖系统就像高速运转的生产车间，稍有风吹草动，都会影响产品质量。精子对于温度尤其敏感，为了给精子降温，睾丸甚至下降到了腹腔外面，那就是人类睾丸如此显眼的原因。如果睾丸没能降出体外，而是留在腹腔内，就是隐睾症。腹腔内的高温会造成精原细胞退化萎缩，无法生成健康的精子。此外，许多生化因素也都会对精子产生影响，无论抽烟、喝酒，甚至烫头，都可能导致精子畸形。

　　从青春期开始，男性就在一日不停地产生新的精子，到五十多岁时，精母细胞已经分裂了800多次，每次分裂都有出错的风险，使得精子的基因突变率大约是卵子的5倍。折算下来，健康男性平均有四分之一的精子畸形。而错误的精子将会产生错误的后代，所以机体必须设法降低精子错误率，并为此设置了重重质检环节，其中一个重要的措施就是游泳竞赛。

　　在交配活动结束后，所有精子都会向着卵子奋勇前进。正常情况下，卵子只会接受一个精子。精子要想成功，就必须从数以亿计的同伴中脱颖而出。这是简单高效的筛选原则。理论而言，只有最优秀的精子才有可能取得成功，其他精子注定只能陪跑。参与竞争的精子数量越多,胜利者就越优秀。所以精子采用以数量取胜的策略,并以此作为男性的行为指南。

与男性相比,女性有着完全不同的发育策略。

卵巢是女性最重要的生殖器官,作用与男性的睾丸相似,主要任务是分泌雌性激素、制造卵子。与精子不同在于,卵子采用以质量取胜的策略,不只数量少,而且个头儿大,一个卵细胞可以装下数以万计的精子。如此巨大的细胞需要复杂的制造工序和物质供应,因此卵巢的工作机制和睾丸并不重复。

令人惊奇的是,卵巢在胎儿期就已经基本形成,其中贮存着700多万枚原始的卵细胞,又叫卵原细胞。女孩出生时,卵原细胞经过自我筛选,数量已减少到200万左右,到了青春期前后,就只剩下几十万。卵原细胞减少的过程与女孩的身体发育大致同步,二者都是激素变化的结果。

在十岁之前,女性生殖系统基本处于静默状态。从十岁左右开始,卵巢慢慢启动,雌激素水平逐渐上升,起点和男性差不多。女性第二性征最迟在十三岁左右开始出现,以月经初潮作为标志性事件,表明青春期正式到来。几年后女性进入性成熟期,约30年以后进入更年期,卵巢功能迅速衰退,渐渐失去生育功能。

在女性身体发育进程中,决定生育功能的关键,是卵原细胞的保有数量。

有一部分卵原细胞会形成卵母细胞,每个卵母细胞都由一些小泡包裹,负责提供营养和安全的环境,那就是卵泡。成年女性每个月经周期一般只有一个优势卵泡成熟,最终释放出成熟的卵子。整个过程复杂而烦琐,并受到激素的严格调控。随着年龄的增长,卵母细胞不断消耗,后来只剩下不到一千枚,其余都自行凋亡。扣除怀孕和哺乳期,加上绝经之后不生产卵子,女性一生中排出的有效卵子总数非常有限,大致只有400枚左右。与男性每天制造数亿精子相比,数量悬殊惊人。这种细胞层面的差异,最终将表现为男女行为层面的差异,并导致男女博弈策略的差异。

可以看出,在精子和卵子的发育过程中,涉及不同的原材料和生产工序。最重要的区别在于,女性在青春期之前,基本完成卵子的准备工作,之后只是不断成熟并按时释放卵子。卵子质量明显受到贮存时间的影响,就像保存在冰箱中的食品,保存时间越长,新鲜度就越低。随着女性年龄的增长,卵子质量会不断下降,甚至可能导致胎儿畸形。常见的唐氏综合征就是卵子质量存在缺陷的结果,患者往往在十岁之前死亡。女性年纪越大,后代发病率越高,到了四十岁以后,卵子因为存放时间太长而过了保质期,几乎不再具有生育价值。

而精子的制造工序则不然。

男性每天都可以生产新鲜的精子,贮存时间很少超过十天,随用随取,质量基本可以得到保证。虽然随着年龄增长,精子质量也会下降,但远不如女性卵子质量下降那么明显。

直白地说就是,成年女性的主要任务是保存卵子,而非制造卵子。成年男性的主要任务是制造精子,而非保存精子。

当精子和卵子发育成熟时,青春期总动员基本完成。经过性激素的熏陶,青年男女的一举一动都带有强烈的荷尔蒙气息。他们不再是中性的男孩或女孩,而是性别分明的男人和女人。他们整装待发,即将投入没有硝烟的两性战争。他们的作战目标基本一致:

为精子寻找卵子，为卵子挑选精子，并让它们结合成为一个全新的生命。

要想完成生育任务，作为精子和卵子的代理人，各位帅哥美女必须展开种种匪夷所思的表演，努力向对方展示自己的实力，以赢得对方合作的许可，共同走向婚姻的殿堂。为了顺利完成配偶选择工作，人类专门创造了一个清新的词汇——恋爱。

恋爱的本质任务，就是选择合适的配偶。

与其他动物相同，男女选择配偶的过程也有相对明确的策略，就像下围棋，充满了见招拆招的复杂套路。双方缠斗在一起，总体任务就是拓展自己的空间，压缩对方的优势。其中男性择偶策略稍显主动，女性择偶策略稍显被动。但总体结果，却是双赢的局面。

下面就让我们分别来看看男性和女性的择偶策略。

男性择偶策略

美国著名进化心理学学者巴斯（David Buss）专注于人类择偶策略研究，在得克萨斯大学任教期间进行了大量调查分析，取得了不少有趣的成果，内容涉及择偶策略、两性冲突等领域。此外，他还从进化角度研究忌妒心理、自杀心理等问题，是两性心理学领域的重要旗手。

巴斯与其他学者一道，将人类择偶策略分为短期择偶策略和长期择偶策略，以此解释不同的择偶行为，男女通用。

一般来说，短期合作关系维持时间较短，多则几个月，少则几天，甚至几个小时，或者更短。在这种短暂的关系中，男女最重要的动机是寻求生理上的快乐,并不以结婚为最终目的。而在长期合作关系中,无论男女,基本都以结婚为目标。

因为目标不同,所以他们在两种关系中的表现也不同。总的来说,在短期择偶行为中,参与者主要采用以数量取胜策略,玩伴越多越好。而在长期择偶行为中,参与者主要采用以质量取胜策略,致力于寻找一个优秀的配偶。其中以男性的表现尤其明显。

巴斯认为,推动男性短期择偶策略的根源,在于额外的基因传播效率,那是以数量取胜策略的必然结果。毕竟男性的每一次短暂关系都可能将自己的基因传递下去。遍地开花、量多面广,在数量方面有一定的保障。为此男性在短期择偶策略中主要关注女性的身体特征,比如是否丰满性感等,而不太注重品格特征。

短期关系的问题在于生殖回报不稳定,后代数量和存活率都不理想,更不要说还面临着其他风险,比如竞争的风险或感染性病的风险等。所以大多数男性并不以短期择偶策略为主要人生目标。他们真正想要的,是通过长期择偶策略,寻找一位能够长期合作的女性,两人共同走进婚姻的殿堂,为养育后代做长远的打算。男性在执行这一任务的过程中所表现出来的种种策略,就是典型的男性长期择偶策略,那也是巴斯研究的重点。

巴斯指出,男性之所以愿意和特定的女性发展长期合作关系,并付出漫长的时间和巨大的精力来维持这段关系,是因为男性能从长期合作关系中寻求较稳定的收益。具体收益主要有以下几种类型。

第一,相对而言,女性在择偶过程中主要奉行以质量取胜策略,她们更向往长期的合作关系。为了配合女性的偏好,男性也需要许诺长期合作，以便有效提高自身的吸引力。如果一个男人在刚与女性接触的时候就明确表示自己只是想玩玩而已，并不打算长期交往，就很难得到女方的积极回应。而许诺长期的合作关系相对更容易取得成功，所以恋人之间往往充满了各种誓言，无论真假，他们都要不断许诺，否则就很难再进一步。

第二，诺言可以帮助男性吸引更优秀的配偶。吸引异性只是基础任务，吸引到优秀的异性才是进阶任务。只有高质量的配偶，才能生下高质量的后代，确保将生殖回报落到实处。

第三，长期合作关系可以明确父权，增加父子关系的可信度，提高男性对后代投资的信心。事实上男性明确父权的方法并不多，相比而言，长期合作可以使父权更加明确，至少要比短期合作关系明确，那是推动男性投入长期合作的重要动力。

第四，长期合作关系能够有效提高后代存活率，这对男女都有吸引力。没有人愿意生下夭折的后代，那等于所有投资全部付之东流。而只有长期的合作关系，才能为后代提供良好的成长环境。

第五，长期合作关系还可以透过父母本身，持续提高子女的择偶成功率，保障远程生殖回报。有个简单的事实可以证明这个推论，单亲家庭的子女在婚姻市场上的成功率要远低于双亲家庭，因为后代得到父母的支持力度不同。

总而言之，男性长期择偶策略的核心就是提高生殖回报，而生殖回报无疑要以女性的生殖能力为基础，因此男性更加偏爱选择生育能力较强的女性。然而，生育能力没有量化的指标，男性只能从女性身上寻找潜在的线索。除了年龄，女性最重要的生育能力表现是身体健康状况，包括光洁的皮肤、丰满的嘴唇、小巧的下巴、对称而平衡的面孔、洁白的牙齿、迷人的腰臀比等，都可以引起男人强烈的兴趣。

除了相貌，男性还比较重视女性的人格特征、友好程度以及幽默感等，有时这些特质甚至比身体特征更有吸引力，因为那表明两人将在未来的日子里容易相处，更可能维持长期合作关系。如果对方相貌绝佳，却冷若冰雪，无法与人和谐相处，那么所有合作愿望都将成为泡影。

当然，男性择偶策略只是一种理想，理想与现实之间还存在一段辛酸的距离。因为男性寻找女性合作的资本主要是精子，精子数量极多，并非稀缺资源，使得男性在择偶市场议价能力极低。他们不得不用尽各种手段推销自己，在女性面前拿腔作调、花样百出，只为博取她们回眸一笑从而以身相许，为自己生儿育女、传宗接代。两人男耕女织、相互扶持，直到白头终老、此生无憾。自古以来，这就是凡夫俗子向往的幸福生活。

然而并非所有人都能得偿所愿，他们必须像其他雄性动物那样，首先展开雄性竞争。区别只在于，男人之间的雄性竞争远比其他雄性动物复杂且危险，有时甚至充满了血腥的搏杀。一部《水浒传》，可以看作是男性竞争的百科全书，肉搏战曾是最基本的竞争手段，武松等人都是个中高手。

随着人类文明的进步，男人之间的竞争方式也在不断改变，体力较量已不再是首要追求，随意打架还可能触犯法律，但男性竞争的意识却并没有消除。每位成年男性见到另一个旗鼓相当的男性时，都会迅速评估对方的实力，并随之产生两种心理。如果对方实力明显超过自己，他们就会甘拜下风，主动降级，把自己摆到服从地位，其实就是认输，不会轻易再去挑战对方。反之，如果自我感觉和对方实力相当，则会被激起强烈的竞争欲望，随时准备和对方一决高低。这两种心理表现在许多场合都会反复上演，无论是考场还是酒场，或者是各种比赛场合，都是对男性竞争意识的模拟。在许多游戏领域，智力游戏也好，体力游戏也好，男性选手的表现都要好于女性选手，就是因为男性面临更大的竞争压力，他们必须全力以赴。

正如其他动物一样，雄性竞争必然导致雄性炫耀。例外只在于男性炫耀的花样更加烦琐，足以让人眼花缭乱，远比角马之类愚蠢的动物复杂得多。但无论花样如何翻新，男性炫耀仍然无法逃脱失控理论和累赘原则的约束，他们必须把竞争结果传扬出去，或者用清晰可见的方式宣示自己的竞争能力，有时甚至夹带虚假信息，那是雄性欺骗的惯性使然。

但总的来说，无论男性动机多么阴暗、手段多么复杂，大致仍不过是沿用好好先生策略和花花公子策略，通过强化亲代投资或暗示后代抚育能力而感动女性。为了与其他动物有所区别，我们不妨将男性择偶策略粗分为三大类型，即好基因策略、好品质策略和好资源策略。几乎没有哪位女性能从这些策略的轮番轰炸中全身而退。

下面先从男性的好基因策略说起。

帅哥的魅力

男性的好基因策略，本质上就是花花公子策略。花花公子策略的重要特征是身体炫耀，以各种方式证明自己的基因优秀，所以又称为好基因策略。

从生物学角度理解,好基因主要包括相貌、身高、体重、肤色等基本个人特征。拓展的好基因还包括运动能力、语言能力、唱歌能力、学习能力等。男性好基因策略的任务就是,将自己的好基因通过性信号积极展示给异性,为此男人浑身上下都挂满了性信号,从浓密的头发到整齐的眉毛,再到威武的胡子,以及强健的肌肉和隐秘的阴毛,等等,无不在向对方传递这样一种信息:我的身体很好,激素旺盛,和我在一起准能生下健康的后代。

这些身体特征之所以能够作为性信号使用,与人类独特的进化过程有关。

人类直立行走,引发了一系列全新的性信号展示模式,最直观的性信号甚至很少被当作是性信号,那就是高大的身材。其他动物也会比试身高,比如长颈鹿,较高的长颈鹿就会拥有较大的竞争优势。但把身高特征发挥到极致的,当数人类,特别是男性,出于雄性竞争的需要,对身高有着偏执的追求。高大的身材是一种无声的声明,如果想和我竞争,还是先看看自己的身高吧。正因为身高如此重要,也引起了女性的高度关注,成为她们择偶的重要参考标准。

直立行走制造的另一个重要的信息展示窗口就是面孔。

很少有哪种动物拥有人类这样清晰的面孔,而且面孔还被高高地顶在脖子上,一目了然,非常容易观察,是帅是丑,基本无法造假,理所当然成为好基因的重要展示窗口。面孔越是帅气的男人,越容易得到女性的关注,有时甚至单凭一张面孔就可以行走江湖、老少通吃。面孔因此而成为好基因策略的硬通货。

优秀的面孔基本都是对称而均衡的，没有明显的歪斜现象，其上的五官搭配也很重要，有人眼睛好看，有人鼻子好看，也有人嘴巴好看，但放在一起时，整体却未必好看。参与面部构建的元素越多，维持好看的难度就越大。疫情防控期间大家都戴起了口罩，有些人的颜值似乎因此而得到了提升。那是一种正常的错觉，因为口罩挡住了鼻子和嘴巴，只展示眼睛，单一因素要更容易得到较高的评价。而维持眼睛、鼻子、嘴巴和脸颊的正确搭配，却是难上加难。正如一台复杂的仪器，内部零件越多，结构越精妙，越容易出现莫名其妙的故障，维持如此复杂的仪器的成本也就越高。

帅气的面孔对基因提出了极高的要求，基因稍有差错，就会对相貌造成毁灭性的影响。简单地说就是，帅气的面孔完全可以代表优秀的基因。所以处于择偶期的男性无不注意打理自己的面孔，否则就等于自废武功。

直立行走制造的第三种重要的展示窗口是头发，因为头发比面孔还要高，直接盖在脑袋上面，发质好坏更是一目了然。浓密的头发表明身体状况和激素水平都很正常，所以男性不惜花费大量精力打理头发，各种发型层出不穷，各种品牌的洗发水和护发素轮番上阵，只为了让头发更加闪亮迷人，起到更好的炫耀效果。很少有人会炫耀光头，因为光头并不能表明身体的健康程度。

如果说头发长在头顶，可以保护脑袋免受阳光暴晒，具有一定的实用价值，那么胡子则是彻底无用的累赘。很简单的道理，女人不长胡子，生活却照样继续，可见胡子纯属多余，不但多余，而且烦人。正因为烦人，现代人才发明了刮胡刀，把胡子刮得干干净净，也没有对身体造成任何负面影响。这种烦人而无用同时又可以让人一眼看见的东西，符合累赘原则的所有要素，所以胡子是典型的累赘。

胡子的价值在于展示自己的身体素质：尽管胡子很累赘，但我还是长了一脸，就因为我身体足够棒，可以负担得起这种无用的累赘。相关信息对男人也同样有效。一般来说，如果对面坐着个大胡子，我们就会下意识地产生畏惧情绪，那是对累赘信号做出的心理预警。

除了胡子，男性裸露的身体处处都是性信号，比如结实的肌肉和匀称的身材，无不散发着迷人的魅力。这就是所谓的阳刚之气，是身体炫耀的基本表现形式。

阳刚之气和睾酮有关。高浓度的睾酮可以维持高大的身材、宽广的额头、刚毅的下巴、低沉的嗓音、冷静的目光、果断的社交行为。更重要的是，睾酮还会激发必要的性欲。一个浑身肌肉的霸气猛男如果没有任何性欲，对女人也就没有实际意义。

受到睾酮的驱动，男性有着强烈的暴力倾向，如果不是受到法律的调控，青春期的男人会把大量时间用于聚众斗殴，甚至一言不合就拔刀杀人。勇敢的男人备受推崇，胆小的懦夫只会遭到无情的嘲笑。表面上人们嘲笑的是男性的行为，本质上嘲笑的是他的睾酮水平不足。

但每一枚硬币都有两面，睾酮也不例外，在给男人带来诸多优势的同时，也造成了不可避免的伤害。持续的高浓度睾酮会增加心血管疾病和冠心病风险，同时降低免疫系统对细胞突变的监控效率，以至于前列腺癌成为威胁男性健康的重要杀手。另一个不可思议的影响是，睾酮会损害免疫系统，导致男性的感染死亡率是女性的两倍以上。

如果男性免疫能力较差,就无法承受高浓度睾酮的副作用。可见阳刚之气事实上是在向女性传达这样的信息:尽管睾酮会影响免疫能力,但我依然充满了阳刚之气,因为我的免疫能力本来就很强大,根本不在乎睾酮带来的那点麻烦。可见阳刚之气也是一种独特的身体炫耀方式,并在雄性竞争中占据一定的优势,有时甚至可以不战而屈人之兵。

随着人类社会的发展,普通的身体炫耀已经无法在万千人潮中脱颖而出。除了这些硬件,男性好基因策略还经常炫耀一些软件,利用全新的方式展示自己的基因,各类明星因此而层出不穷,尤其是体育明星和娱乐明星的表现最为亮眼。

体育明星展示的是身体优势,娱乐明星则更深一层,除了展示阳刚帅气的外表,还要努力展示内在气质和外在表演能力,其中以摇滚歌星的展示力度最为激烈。普通男性可能独自在黑夜引吭高歌,疯狂的歌手则会在露天音乐节激情四射地用力摇滚。他们已不满足于通过唱片或者网络传播自己的歌声,而是要尽量与粉丝在演唱现场交流互动。只要分析一下演唱会的听众年龄,就会发现,他们多数都处于需求旺盛的择偶时期,他们事实上把摇滚现场当作了花花公子的求爱场。尽管形式不同,但本质并无二致,都是激素驱动之下的择偶行为。

采用好基因策略的男性大多阳光帅气,身手敏捷或者才华横溢,就像花枝招展的雄孔雀,对女性充满了致命的吸引力。问题也就在这里,他们的基因越是优秀,吸引的女人也就越多。你不可能指望他们对每个女朋友都忠诚,他们和动物界的花花公子一样,倾向于采用一夫多妻制甚至多夫多妻制。尽管受到了社会舆论和法律的强力约束，但他们体内的基因却一直在蠢蠢欲动。毕竟优秀的基因也是一种优秀的投资，因此花花公子在婚姻市场的议价能力极高。

正因为优秀的基因相当难得，采用好基因策略的男性也相当少见，这也正是他们奇货可居的原因。赢家通吃的规则决定了采用好基因策略的男性只能是少数，大量普通的男性将不得不采用另一种常规的择偶策略——好品质策略。

暖男的优势

所谓男性的好品质，并没有一个清晰的定义，根据各种文化的评价程度来看，大体包括善良、大方、忠诚、有责任感、情绪稳定等基本心理特征。好品质策略当然就是积极展示此类品质，在女性面前百般讨好、万种殷勤，表明自己将来可以成为一名好父亲，因此好品质策略有时也称作好父亲策略。从某种程度上说，好品质策略大致等同于动物界的好好先生策略。

在众多的品质标签中，善良是各种关系的基础，肯定要摆在第一位。没有哪个正常女性和男性相处是冲着受虐待去的。只有善良的男人，才能制造可以预期的未来，否则一切都无从谈起。所以男人必须在择偶阶段充分展示善良的品质，他们往往在女性面前表现出对婴儿的耐心，或者对猫狗等宠物的关怀，遇到乞丐时给几张零钱，这些都是展示善良品质的重要途径。

其次，大方也很重要。如果一个男人足够善良，但却不够大方，不愿为女性多花一分钱，分享一点食物都觉得吃了大亏，这样的男人，纵然家财万贯、慈悲如水，你要他又有何用？

第三种重要的品质是忠诚。这是一种递进的品质，是基于前两者之上的品质，与前两者既有联系，又有区别。善良的人可能忠诚，但忠诚的人未必善良。大方同样如此，不忠诚的人，大方没有意义，他可能把更多的钱财都送给了其他女人。只有在善良和大方之上，再加上忠诚，才接近完美的男人品质。至于有责任感，事实上可以看作是忠诚的另一种表现形式。

最后值得一提的是情绪稳定。无论一个男人有多么善良、大方、忠诚，但是情绪却如同三岁小孩，说翻脸就翻脸，恐怕无论如何也难以建立长期的合作关系。所以情绪稳定起到了压舱石的作用，就算处于逆境之中，稳定的情绪也可以让人东山再起，重新支撑起家庭的脊梁。

当一个男人充分展示了这几个方面的良好品质时，他就为长期择偶策略构建了值得信赖的防波堤。对于准备合作的女性而言，好品质的重要性甚至超过了好基因。好品质是必需品，好基因只是奢侈品。没有好基因，生活也可以继续，但如果没有好品质，则关于合作的所有事宜都无从谈起。

既然女性如此重视好品质，男性当然有必要加以全力展示。然而，好品质不像好基因那样一目了然。好基因几乎不需要证明，一张赤裸裸的面孔摆在那里，帅就是帅，丑就是丑，就算男人沉默无语，也可以证明自己的好基因。但好品质不行，如果一个男人站在那里，一言不发，一声不吭，他到底具备什么样的品质，很难被准确测知。因此，男人必须设法宣扬自己的好品质，一方面靠行动，一方面靠嘴巴。

行动可以理解，那是直接展示品质的手段。你和女朋友去饭馆吃完饭主动结账，就是大方，如果在奢侈品商店不停地为女友送上各种珍贵的珠宝，效果当然更好。但行动证明的成本未免太高，所以在择偶阶段的优选方案其实是用嘴巴说。高情商的说法是许诺，低情商的说法是吹牛。

好品质的男人更重视承诺，因为他们拿不出其他硬通货，也没有一掷千金的实力，只好反复表明自己拥有好品质，比如发誓在未来的日子里任劳任怨，与女性共同建设家庭，共同抚育后代，绝无二心、绝不出轨，工资全交、剩饭全包，对孩子全心全意，不辞辛劳。此类许诺之所以重要，是因为婚姻也需要画饼。既然没有好基因值得炫耀，男人就必须说服女人，告诉她为什么跟着自己会有希望。承诺的本质就是在诱哄女性：我现在没有，但我以后会有。我现在做得不好，但以后会做好。所以承诺的内容往往极具可塑性，比如现在没有房子，但可以承诺以后会有房子。现在不努力，但以后会努力。现在爱玩，但以后会顾家。很少有人承诺现在不帅，但以后会更帅，因为成年人的相貌可塑性并不强，当然整容除外。所以承诺变帅很难让人相信，但承诺以后会更有钱则是另一回事，而且你现在无法证明我以后不会更有钱。这就是承诺的意义，它令人向往，而又难以证伪。至于到底信还是不信，那是女人的事情。作为男人，尽管承诺好了，承诺未必能兑现，但连承诺都没有的男人，更难得到女性的信任。

男人勇于承诺的底气在于，很少有男人在承诺时会将内容记录下来，签名以后再拿到公证处公证。承诺的内容往往随性而发，对着月亮或太阳发誓都已算是相当隆重了，具体兑现与否，但看两人的记忆力与惩罚能力。一般来说只能靠良心去兑现，兑现几成则要看运气。就算男性的承诺完全没有兑现，待到女性发现时，恐怕也是为时已晚，她们早已错上了花轿，失去了后悔的机会。既然如此，承诺几乎有百利而无一害，那么他们干吗不做承诺呢？这就是大多数男人都热衷于海誓山盟的原因。当然，他们当时可能确实是真心的，那正是好品质的要义。

一方面，尽管承诺难以证伪，也并不意味着男人可以信口开河。作为好品质策略的主要内容，择偶时的承诺应该具有较高的可信度，他们毕竟还要接受女性的进一步评估，所以很少有人承诺结婚以后就搬到月亮上去住，那种承诺的可信度实在太低。另一方面，采用好品质策略的男性，本身也需要取得女性的信任，因为他们拿不出更好的投资，诚实也能让人感动，信口开河说不定会将这一丁点的价值也消磨殆尽。所以要想展示好品质，至少先要诚实，做出切合实际的承诺，其中最基本的承诺就是共同抚育后代，那是最简单也是最容易兑现的承诺。结婚之后你可以继续没有房也没有车，都可以理解，有形的财富需要付出巨大的努力和不可思议的运气才能实现，但共同抚育后代则不然，只要付出基本的耐心和诚意就可以轻松兑现。

和所有雄性性状一样，承诺也有失控的时候，那时就变成了吹牛。

吹牛是综合雄性炫耀和雄性欺骗的系统语言工程，是许多男人的强项。他们可能是动物世界最擅长吹牛的雄性，那是自我推销的重要手段。大学男生宿舍的卧谈会，就是在演习吹牛能力。许多男生都深陷其中不能自拔，因为那是男性的内在需要。有些男生在心仪的女生面前可以滔滔不绝地说上半天也不会口干舌燥。只要你认真分析，就会发现他们说的所有内容几乎都是在自我拔高，事实上就是在向女性进行信息轰炸，以便建立一个高大的形象。而他们所付出的，只不过是一些唾沫而已。由此可见，吹牛实在是一种高效廉价的炫耀方式，工具随身携带，附近有两只耳朵就可以开展工作。

所以男人的世界就是吹牛的江湖，他们见面的时候就是他们吹牛的时候，他们仅靠嘴上功夫就可以掀起惊天巨浪，内容驳杂、包罗万象，上至天文，下至地理，大到国际战争，小到隔壁谋杀，无所不包、无所不知。有时吹牛大赛只在男人之间展开，他们用种种夸张的花招炫耀自己的知识面和理解能力。

与所有获利手段相同，正因为吹牛成本较低，所以收效也不稳定。经验老到的高手一眼就可以看穿其中的假象，并且把那作为鉴定男性品质的重要标准。所以男人在吹牛时又必须有所收敛，不能彻底失控，否则就可能被淘汰出局。

但很多事情都不是一成不变的，婚姻市场尤其如此。就算原本打算采用好品质策略的男人，如果遇到特殊的机遇，拥有了超过常人的资源，也可能会迅速改变择偶态度，从好品质策略切换到好资源策略，那时他们就有了真正值得吹嘘的资本。

大富翁的底气

男人在吹牛时尤其喜爱阴谋论，因为获取高质量资讯也是个人能力的体现。如果某位吹牛达人能针对时事新闻抛出惊人的幕后故事，面对无知的群众凭空说出某位重要人物的桃色绯闻，揭露骇人听闻的暗室机密，绝对能把听众唬得七荤八素，同时博得满堂喝彩，让人刮目相看、五体投地。而街头小贩则很难获得机密信息。可见吹牛内容和个人能力确实存在某种内在联系，因而成为展示个人资源的重要手段，那是男性热衷于吹牛的另一个原因。

当然好资源不能总靠吹牛，那只是最廉价的方式，真正的好资源包括金钱和财富、社会地位、受教育程度等身体以外的附加品质。好资源策略就是指运用这些资源作为炫耀手段，从而获得女性关注的策略。

动物也有资源，也有采用好资源策略的例子。只要雄性占据大量生活资源，就可以诱惑雌性前来交配，其中食物是最直接的诱惑。在自然状态下，雄性占有食物的能力与地盘大小有关，所以地盘也是重要的资源。而地盘也有好坏之分，雄性占据的地盘质量越高，闻讯而来的雌性就越多。就连蜥蜴都深谙其道，它们是冷血动物，经常需要晒太阳，一块能够晒太阳的理想山石就是很好的资源。晒太阳不但可以提高体温，而且可以促进性外激素挥发，促进发情和交配行为，为雄蜥蜴带来双重利好。因此拥有阳光晒台的雄性蜥蜴将成为雌性争抢的优质对象。

事实上好资源策略与花花公子策略有异曲同工之处，因为好资源等同于前期投资，可以吸引更多的雌性。两者的不同在于，好资源策略更具排他性，更容易导致一夫多妻制，而非多夫多妻制。逻辑很简单，既然雄性占有稀缺资源，在吸引雌性的同时必然排斥其他雄性，否则就是为他人作嫁衣裳。

人类对资源的理解与开发，远远超过了其他所有动物。顺理成章地，人类也将好资源策略玩出了新花样，我们将一切可以制造价值的内容都视为资源，并毫不犹豫地加以占有，无论是农田、矿产，还是森林、河流、草地、滩涂，甚至荒无人烟的沙漠、天寒地冻的冰原，都成为人类追逐的目标。由此而衍生出来的人工制品，包括粮食、房屋、衣服、锅碗瓢盆等与日常生活相关的一切用品，都被视为财产。后来人类又发明了交换与衡量财产的货币，成为资源的重要替代品。就算你没有农田或矿产，只要你拥有足够可供挥霍的钞票，就等同于坐拥海量的资源。

除了有形的资源，人类社会的聚居属性，还派生出了大量无形的资源，最重要的就是权力。权力本质上是决定他人命运的能力。掌控别人命运的同时，也就等于掌控了别人的资源。所以权力可以看作是资源的资源，理所当然地成为男性谋取的对象。

无论是有形的资源还是无形的资源，在婚姻市场上都可以折算成亲代投资额度。一个男人拥有了超过平均水平的资源，自然会吸引大量女性合伙人的关注，因此而成为婚姻市场的抢手货，所以好资源策略的成功率极高，有时甚至能够超越好基因策略和好品质策略。

既然资源如此重要，男性当然要对拥有资源的能力进行炫耀。炫耀的内容主要围绕三个重点展开，分别是权力、财富和智力，那正是构成社会地位的三大支架。

先说权力。

许多灵长类动物都有权力意识，因为权力意味着交配机会。人类继承了灵长类动物的一贯品行，对权力的渴望毋庸多言，花样繁杂的皇家仪仗是权力炫耀的极致。就算在文明社会，人们依然对权力趋之若鹜，甚至连带结交权贵都会成为一种重要的资本。有权力的男人和没有权力的男人，在婚姻市场里绝对拥有不同的议价能力。权力越大，也越容易成交。古代社会的皇帝权力最大，看看他们拥挤的后宫就知道那意味着什么。

再说财富。

相对而言，财富比权力更容易炫耀，也更方便炫耀。你不能在头脑上写着"领导"两个字来展示自己的权力，但可以在手腕上戴一块名表展示自己的财富。所以炫富已经成为一种常规的社会现象，哪怕是沿街乞讨的乞丐，也会炫耀手中的打狗棒是百年传承的古董。有钱人则热衷于炫耀名车、名表、名牌服装以及珠宝首饰等奢侈物品。名表的社会功能根本不是看时间，那是几元钱的电子表就足以完成的任务。名车的目的并不是跑路，名包的目的也不是装些乱七八糟的随身物品，珠宝首饰更不是为了看起来漂亮。无论哪种珠宝，它们无一例外都符合累赘原则的特征——非但毫无用处，甚至妨碍生活，但昂贵无比，不管是戒指还是耳环、项链，无不如此。尽管无用，人家照样买得起，因为人家有的是钱。可见各种珠宝都是彻头彻尾的累赘，主要用来表明主人的财富地位。既然如此，珠宝首饰都应该戴在最显眼的地方，而不是小心翼翼地收藏起来。许多人喜欢在手上戴戒指，而不是在脚上戴戒指，因为戴在手上的炫耀效果更好。项羽有句名言："富贵不归故乡，如衣锦夜行。"值得炫耀的事情总是要让更多的人看见，除非超凡入圣，真正低调收敛的男人极少。

第三种值得炫耀的资源是智力和受教育程度。

如果一个男人既没有权力，也没有财富，身体炫耀又已经过时，他最好去炫耀智力。智力炫耀是一种基本心理需求，只要看看街头棋摊前吵得面红耳赤的老大爷，就知道智力炫耀何等重要。

为了方便炫耀智力，人类开发了许多社会活动形式，比如艺术创造和科学研究，以及各种测试智力的游戏，等等，都是智力炫耀的便捷平台。我们学习音乐、美术、物理、化学等，都是前所未有的动物行为。学习成绩和创造能力已经成为择偶市场的重要加分项。你可以没有权，也可以没有钱，但你不能没有智力。因为智力可能在未来折算成财富或权力，属于重要的隐形资源，有时甚至会超越其他资源形式，那就是人才的价值所在。

无论是好基因策略，还是好品质或好资源策略，本质都是男性在自我展示和炫耀。古人对此早就有精辟的总结，《金瓶梅》中的王婆曾经对西门庆总结过五个字，"潘、驴、邓、小、闲"，是男人猎取女人芳心的必杀技，就是要有潘安的容貌、驴一样的性能力、邓通的财富，还要整天小心翼翼，有大把闲工夫陪着女人玩耍聊天。细究其内涵就会发现，潘安的容貌和驴大的行货，其实就是好基因。邓通的财富就是好资源。在女人面前赔着小心、花着闲工夫，不就是好品质嘛。当一个男人同时兼备了三大优势，又有哪个女性能抵挡得住呢？

所有男性择偶策略的对象都是女性，为此女性当然也应该发展自己的应对策略，那就是女性择偶策略的价值所在。

女性择偶策略

俗话说"男怕入错行，女怕嫁错郎"。为什么不是反过来呢？答案就在于男女择偶时的地位不同，承受的压力也不同。女人嫁错郎，将终身受到影响，精神损失和肉体损失都要比男性更为惨重，所以女性必须奉行谨慎的择偶策略。谨慎的本质，就是努力寻求投资平衡，重点在于选择正确的男性作为合作对象。为此女性需要对男性展开全面评估。至于具体如何评估，聪明的苏格拉底早就给出了睿智的建议。

传说有一次，苏格拉底把三名学生带到了麦地，让他们沿着麦田小道走到底，并从中摘下一枝最大的麦穗带回来。每人只有一次机会，中间不许回头。苏格拉底断言，他们能摘下什么样的麦穗，就能找到什么样的配偶。

第一个学生刚进麦地就发现了一枝又大又饱满的麦穗，他毫不犹豫地摘了下来，后来又发现了更大的麦穗，但他已经没有机会了，只能满腹懊恼地走到了尽头。

第二个学生吸取了第一个学生的教训，每当发现较大的麦穗时，都不断提醒自己，后面可能还有更大的麦穗，所以他不断放弃，直到终点时才发现，最好的机会已经全被错过了，只好心有不甘地摘了一枝普通的麦穗交差。

第三个学生走进麦地时，借鉴前两位的经历，心里已经有了比较稳妥的选择方案。为了避免再犯同样的错误，他先把麦田小道分为三截。走完第一截时，他迅速评估了所有麦穗，对麦穗长短和饱满程度做到心中有数。第二截用于验证评估方案是否正确。在最后一截才摘下他认为最好的麦穗。

经过谨慎的选择，第三名学生的收益最为理想。

这个故事提示了重要的三分之一原则：先评估三分之一样本，再用三分之一样本验证评估结果，在最后的三分之一才做出最终选择。按照这个方案,将得到相对理想的结果。至于绝对理想的结果,则根本不存在,就像童话故事根本不存在一样。

这个故事对于女性具有强烈的指导意义。毫无疑问,所有女性都应该向第三个学生学习。第一个学生属于早恋型,没有对男性展开全面的评估。她们很容易被一见钟情式的奇遇冲昏头脑,来不及获取足够的信息就决定以身相许,往往在清醒之后才悔之不及。第二个学生属于晚恋型,挑挑拣拣之后,剩下的机会已经不多了,许多大龄剩女就踩了这样的坑。只有第三个学生的策略,才是科学与谨慎的完美结合,也是苏格拉底心目中的完美选项。

女性评估男性远比评估麦穗困难得多。我们可以一眼看出什么样的麦穗才是好麦穗,但到底什么样的男人才是好男人呢?似乎并没有标准答案。尤其是男人并非像麦穗一样乖乖站在那儿等待选择,他们会给出各种干扰信息,以误导女性的评估结果,可见挑选合适的男性绝非易事。

要想全面公正客观地评价一个男人,我们需要把诸如相貌、身高、学识、品行、进取精神、家世、社会地位等指标无限细化,统筹考虑,得分越高的人,就越可能成为完美的对象。然而,我们很难收集完整的信息资料。男女之间必然存在信息不对称现象,我们想知道的信息未必能得到,我们能得到的信息却未必正确,最后很容易出现所谓配对错位。

女性评估面临的另一个麻烦是,她们不能像在店里挑衣服那样挑选男人。挑选衣服的逻辑是,只要时间许可,你可以把店里所有的衣服都试一遍。要是意犹未尽,还可以把试过的衣服捡回来连试几次,直到找到最合适的那一件为止。但挑男人却不能这么干,每个样本大致只能试一次,而且扔掉之后不方便捡回来再试。

更麻烦的是,选择只能依次进行,一旦遇到不错的对象,就必须停止对其他待选目标的检测,可你又不知道后面是不是还有更合适的人选,即便心有不甘,却也不能把手头的目标先晾在一边。备胎过多等于没有备胎,同时检验好几个男友虽然不违反刑法,却可能遭到舆论的强烈谴责,因为那会影响别人的选择进程。毕竟这个世界并非只有你一个人在挑选对象,其他适龄女性也在挑选对象,彼此之间必然存在激烈的竞争。

选择男友的另一个制约因素是,恋爱评估需要花费很长时间。试一件衣服只需要几分钟,但同样的时间谈一次恋爱肯定不够。有些人因为紧张,甚至连自己的姓名都来不及介绍清楚。毫无疑问,恋爱不宜速战速决,否则无法得出全面的评估结论。但在某个对象身上花费时间太多,就会浪费其他评估机会。等你觉得下一件衣服更合适时,那件衣服可能已经被别人洗掉色了。

所以信息评估是恋爱预期与时间平衡的结果。

理论上来说,根本不存在最合适的恋爱对象。对于女性而言,所有恋爱都是折中的结果,否则就应该花费数千年时间和全世界的所有男性都谈一次恋爱,最后再评选出一位真正的知心爱人。但事实上根本没有人能做到这一点,就算千年以后你依然春心荡漾、年华似水,却无法阻止别人早已名花有主或者化为尘土。时光易逝、青春易老,多数人只能在有限的时间内做出有限的选择。

正因为可供挑选的样本数量和时间都有限,我们永远也不可能挑选到最好的人选,而只能退而求其次,在有限的机会里选择相对较好的对象。所有恋爱都是一次"矮子里选将军"的游戏,明知没有选够，但却无法再选。

这就是择偶困境，是女性的困境，同时也是男性的困境，但主要是女性的困境。因为一旦出现配对错误，女性就将承受沉重的代价。尽管如此，配对错误仍然不可避免。结果就是，许多优秀的男性可能找不到理想的对象，而平庸的男性却可能左拥右抱。女性在其间成为真正的受害者。

在择偶市场，积极主动的男性成功率更高。那些躲在黑暗的角落里默不作声的家伙很难抱得美人归，尽管他们可能写得一手儿妙不可言的情诗，可惜没有读者。

为了尽早配对成功，普通男性往往会采取更加主动的姿态，花费更多精力搜寻可能的配偶，这极易形成劣质男性追求优质女性的局面。有时主动出击可能没有回报，但不主动出击则绝对没有回报。全面出击是劣质男性的必然选择。尽管成功概率不高，但毕竟存在机会。就算失败，他们也没有太多损失，毕竟男性不会怀孕，失去的只是时间、精力和脸面而已，何况脸面有时并不值钱。可一旦成功，则是意外的惊喜。

之所以劣质男性存在成功的可能，恰恰来自优质女性的谨慎态度。

当优质女性面对劣质男性的追求时，她们有两个基本的应对策略：一是拒绝，二是接受。具体采取何种策略，与信息评估结果有关。但在信息不对称的前提下，女性很难对追求者做出全方位评估。她们就像第一个选麦穗的同学那样，并不知道眼前的男人到底是什么档次。而劣质男性肯定会想方设法掩盖自己的种种缺陷，不断提供虚假信息，比如出手阔绰、大献殷勤，每天买一束鲜花，每周送一盒蛋糕，为迎合对方的喜好而委曲求全，表现出极强的主动积极性，他们就是俗语所谓的情场高手。

此时局面开始逆转。

为了降低搜寻成本，优质女性一般不会主动出击，越是优秀的女人越有可能耐心等待，就像百年老店不需要摆地摊大声吆喝一样，过于主动反而会影响要价。理论而言，她们只需要坐镇闺阁，像白天鹅一样优雅地蹲在温暖的巢中，依次检验送上门来的追求者就万事大吉。正因等待策略成本不高，因而收益也不稳定。她们可能会等来优质男性，也可能等来劣质男性，并且更可能等来劣质男性，因为他们愿意花费更多的精力主动搜寻，自然有更多的机会把自己呈现在优质女性面前。

既然如此，婚姻市场的交易结果就可能出现某种程度的扭曲，导致优质女人配对劣质男人，这就是"鲜花插在牛粪上"的主要原因。

为了避免错误配对的可能，女性必须强化信息评估工作，她们有理由要求男性拿出诚实的证据来证明自己的实力。可惜世上并没有官方认证的好男人证书，女人只能自己判断对方是否合格，鉴别男性炫耀的成色，分析其中到底有多少水分。为了完成这个复杂的任务，她们需要一段特殊的时间去观察男性的具体表现，这段观察时间就是恋爱。

恋爱表面上是两人结婚之前度过的一段无忧无虑的浪漫时光，其实担负着严肃的信息评估任务，所以女性对恋爱的重视程度要远远高于男性。男性可以略过恋爱直接上床，而女性一般不会如此莽撞，那与她们的择偶策略并不兼容。

兵来将挡，水来土掩。女性的择偶策略与男性的择偶策略存在明显的对应关系。有什么样的男性择偶策略，就有什么样的女性择偶策略加以应对。总体而言，女性更加注重男性的经济资源和社会地位，以及对自己投资的意愿。如果男性现在没有足够的资源和地位，至少也应该有某种进取的可能，因此女性还会重视对方的进取心、勤奋程度、运动技能、强健的体格，等等。女性关心的所有指标，都可以分别归纳到男性的好基因、好品质和好资源策略中去。就算对爱吹牛的男人，女人都有针锋相对的手段。她们会分别应对以泼辣策略、害羞策略、温柔策略和八卦策略。

下面就让我们先从泼辣策略说起。

泼辣的利弊

男性的好基因策略与花花公子策略一脉相承。雌性动物常用挑剔策略应对花花公子策略。不过在人类这里，女性已对挑剔策略进行了升级，成为令人闻之色变的泼辣策略。

除非特殊情况，我们在提起女性时，很少会先联想到"泼辣"这个词。但只要谈起泼辣，我们首先就会想到女性，可见泼辣其实是令人印象深刻的性格特征。我们很难在男性身上找到一个合适的词来对应女性的泼辣。我们通常不用泼辣来形容男人，而常用粗鲁、冒失、莽撞或者野蛮等词汇，但这些词都无法与泼辣形成对应关系。无论是粗鲁还是野蛮，都不是泼辣的对手。因为泼辣不仅是一种性格，而且是一条重要的女性择偶策略。女性常以泼辣策略应对男性的好基因策略，可称得上是天雷对地火，威力无穷，效果奇佳。

所谓泼辣，常指女性凶悍而蛮不讲理，很多时候含有贬低的意味，其实这种理解是一种误会，是混淆泼辣与泼妇的结果。真正的泼辣策略是指女性敢爱敢恨、敢作敢当、敢于发表自己的看法，并为了维护自己的观点而积极采取行动，同时敢于争取自己喜欢的男性，并宁愿为之付出巨大的代价。从女性利益的角度来看，这一选择并无不妥。之所以含有贬义，只是站在男性角度得出的结论，未必公允。这其实是两性冲突的一种表现形式，某种对女性有利的性格，未必对男性同样有利。因为女性需要用泼辣策略捍卫自己的生殖利益，而不是捍卫男性的生殖利益。

客观来看，泼辣女性往往相信一见钟情，并不顾一切阻力直接表白，为了爱情死心塌地、义无反顾，就算山崩地裂也在所不惜，有时也能博得旁观者满堂喝彩。尤其是先锋女性，往往以泼辣作为行动指南，时常做出令男性感到不爽的事情。

女性之所以采用泼辣策略应对好基因策略，原因很简单，当好基因的男性挂着一张帅气的面孔四处招摇时，他吸引到的女性无疑数量众多，就像桃树下站满了准备摘桃子的客人，此时如果不去积极争取，就没有机会摘下可口的桃子。正是出于对好基因男性的欣赏，以及时不我待的紧迫感，泼辣女性甚至会放弃评估环节，甘心委身于浪子，并和他们一起私奔、远走天涯，根本不在乎最终的结果。

古典名著中有许多令人印象深刻的泼辣女性形象，比如《水浒传》中的母夜叉孙二娘、《红楼梦》中的王熙凤等，其中王熙凤给人留下的印象甚至不弱于主角林黛玉和薛宝钗。她们之所以生动鲜活，就因为泼辣女性在现实生活中广泛存在，给作者的观察和描写提供了大量素材。历史上也有许多泼辣女性代表，比如常见于话本小说中的红拂，她本是隋朝权臣杨素的侍妓，只因一次偶然的机会得见"姿貌瑰伟"的青年李靖，便对其一见倾心，当天夜里就找到李靖住所以身相许，随后与李靖私奔。

红拂是泼辣策略的优秀践行者，其行为很好地诠释了泼辣策略的要义，她们只要看到心目中的白马王子，就会很快被其好基因特征征服，根本不需要进一步评估，可以直接进入最终合作环节。事实证明红拂并没有看错人，李靖不但成长为一代名将，而且与红拂白头偕老。

但并非所有泼辣女性都有如此完美的结局，另一位代表人物卓文君的遭遇就和红拂完全不同。

卓文君号称才女，本为蜀郡临邛（今四川邛崃市）巨商卓王孙之女，颇有姿色，兼通音律，可惜命运不济，十六岁嫁人，不久丈夫离世，卓文君不得不返回娘家。在一次家庭宴会上，她偶然得见才子司马相如，并于当天就和司马相如私奔。当时司马相如一无所有，家境赤贫，其能吸引卓文君的，只有随身携带的好基因。既然冲着好基因去，卓文君当然不得不忍受司马相如的贫穷，甚至不惜自降身价临街卖酒。而后司马相如因文才出众而身价倍增，居然冷落卓文君欲纳妾。这就是急于合作而没有经过审慎评估的结果，也是泼辣策略最常见的结局，算是为好基因付出的代价吧。尽管传说卓文君以一首《白头吟》赢得司马相如回心转意，更以一句"愿得一心人，白头不相离"感动了后世万千读者，但这个圆满的结局只是人们一厢情愿的祝福而已。在真实的世界里，采用好基因策略的男人，从来都没有那么容易回心转意，那和他们以数量取胜的原则格格不入。

那么，泼辣女性冒着巨大的风险放弃评估环节，究竟能得到什么样的收益呢？

从上面两个典故可以看出，能被泼辣女性一眼看中的情郎必有过人之处，他们至少能为后代提供优秀的基因，和他们生下的儿子同样可以迷倒很多女人。泼辣女性能够取得可观的生殖回报，就算被始乱终弃，也是值得的。这就是泼辣策略始终没有失传的原因。曾经爱过，是她们经常挂在嘴边的口号。当然，泼辣女性往往不甘心于被抛弃的命运，所以有时泼辣策略在婚后会转变为泼妇策略。

在择偶阶段采用泼辣策略的女性不等于泼妇，但泼妇与泼辣策略无疑有着千丝万缕的联系。至少泼辣女性具有成为泼妇的所有要素，她们只需要经过时间的磨炼，就可能在婚后摇身一变，用泼妇策略控制丈夫。所以泼辣与泼妇是两个不同阶段的不同表现形式。

但泼妇策略是有前提的，那就是要对男性形成实力碾压，可以是体力碾压，也可以是性格碾压，或者是娘家权势碾压。普通女性采用泼妇策略，与其试图约束花花公子有关，毕竟花花公子太容易四处播撒自己的基因，他们跃跃欲试的脚步如果得不到约束，就有失控的风险。靠教育肯定行不通，否则这个世界早就开设了大批好丈夫培训班。实践证明，敢打敢闹才是最简单的策略，她们对着花心的男人大吵大闹、大喊大叫，虽然有失优雅，却也能让花花公子颜面扫地、灰头土脸，体内雄激素水平严重受挫。他们就算不可能彻底悔改，至少也得要瞻前顾后、低调行事。哪怕这一招无法控制花花公子，泼辣女性也不会作茧自缚，在一棵树上吊死，她们仍然有继续开拓新生活的勇气。万一她们遇到一个好品质的男性呢？

泼辣女性可以轻而易举地将好品质男性拿捏得死死的，把他们变成"妻管严"，牢牢控制在家中做一个模范父亲。

但总的来说，针对好品质的男性，女性也会适时调整自己的应对模式，除了泼辣策略，还有一个重要的选项，那就是害羞策略。将男人笼络在身边，而不是将男人控制在身边，结果都是让他们轻易不得逃脱。

害羞的效果

采用好品质策略的男性通常看起来文质彬彬、温润如玉，举手投足之间尽显君子风度，在结婚之后基本都会和配偶一道尽心尽力地抚养后代，是名副其实的好父亲，在小型群体中很容易得到广泛的好评。对于在择偶市场上忙乱不堪，甚至有些焦头烂额的女性来说，如果得不到一个好基因的男性，得到一个好品质的男性也是不错的选择。

那么，女性该当如何应对男性的好品质策略呢？

这事不需要过多考虑，她们只需要参考其他雌性动物的表现就可以了。

男性的好品质策略对应的是雄性动物的好好先生策略，而雄性动物的好好先生策略对应的是雌性的害羞策略。女性对此完全可以照单全收，同样采用害羞策略。相关策略已经写进了女性的基因中，大致仍是低调内敛，以冷静的姿态旁观男性的表现，判断他到底是不是真正的好父亲。

站在女性的角度而言，对于好基因的男人慢不得，而对于好品质的男性则急不得。因为她们要从两类男性身上得到不同的东西。

好基因可以一眼鉴定，而好品质则需要耐心评估。

为了获得可靠的评估信息，鉴别真正的好父亲，不要上了登徒子的当，害羞的女性自会处处谨慎、事事小心。她们不会像泼辣女性那样，见了中意的男人就魂不守舍、勇往直前。害羞的女性需要更长时间的评估，才会做出最后的决定。她们会和对方逛街、聊天、卿卿我我、长时间厮守在一起，不断对一些鸡毛蒜皮的事情发表看法，事实上都在不断诱导男性展示自我，以便做出清晰的判断。

问题在于男性会不会配合女性的评估。

对于好基因的男性，他们未必愿意接受长时间的评估，毕竟他们的机会多的是，在同一个女性身上浪费太多时间未免得不偿失。但对于好品质的男性来说，情况则有所不同。好品质的男性可能在硬件方面无法与好基因的男性相提并论，只有通过软实力取胜，比如感情细腻、耐心周到，与女性共同操持家务、共同抚养后代等，可以有效减轻女性的生理压力和精神压力。但此类软实力不像帅气的面孔或高大的身材那样可以一眼看得出来，而是需要长时间的甄别，所以好品质男性会积极配合女性的评估，唯其如此，他们才有机会全面展示自己的优势。也就是说，凡是采用好品质策略的男性，也会欣赏害羞的女性，并且尽量回避泼辣女性。

女性面对好品质的男性，当然也可以采用泼辣策略，强行表白、大胆示爱，用强势的态度逼迫对方表态，但这一招在好品质男性面前却未必吃得开。他们之所以展示好品质，就是由于对基因不自信。既然对基因不自信，就很难与好基因男性展开直接的竞争。从长期择偶策略的角度考虑，好品质男性理应回避泼辣女性。他们在泼辣女性面前不但无法讨好，反倒有可能受尽窝囊罪。就算两者勉强凑合，泼辣女性也很容易再发现其他好基因男性而无法自拔，从而把婚姻生活弄得一地鸡毛。

既然泼辣策略在好品质男性那里不受欢迎，女性当然应该以害羞为首选策略，她们需要从长计议、渐入佳境，同时必须用某种清晰的信号告诉男性，自己非但不泼辣，反倒很容易害羞。

这事的困难在于，害羞与否不能靠说，否则所有女性都会毫不犹豫地声称自己容易害羞。但你直接对别人说自己容易害羞，效果可能会适得其反。要想证明自己容易害羞，只能以婉转的形式通知男性。女性为此专门发展出了许多害羞信号，诸如扭捏、紧张、词不达意等，都可以传递害羞的信息，但最为快捷可靠的害羞信号，却只有脸红。

纯粹从生物学角度解释害羞引起的脸红，原理很简单，当某人受到刺激时，大脑会指令肾上腺分泌肾上腺素。适当水平的肾上腺素会促使颈部和胸部的血管向脸部输送更多血液，迫使面部毛细血管扩张，导致面颊发热发烫，呈现动人的春色，这就是害羞的基本表现。

脸红最大的特点是很难掩饰，同时也很难作假。既然如此，脸红就可以看作是诚实的信号，容易获得原谅，平息敌对行为。毕竟，我们很难对一个害羞的人大打出手，所以害羞更容易维持群体团结。就像疼痛是为了防止身体受伤一样，害羞则是为了防止人际关系受到伤害，从而博取他人的好感。

男人也会脸红，但男人在脸红方面的表现完全无法和女性相比，因为女性比男人更容易脸红，而且脸红的程度更为明显，效果也更为突出。

女性在心仪的男性面前常常色如桃花、艳比落霞，这种粉面含羞的状态把害羞的效果推向了极致，并能得到很高的评价，容易博取男性的认可。因为容易脸红的女人，其实也是心血管系统健康的年轻的女人，能够生下健康的后代。几乎所有男性都喜欢娇羞满面的女人，而对大开大合的泼妇退避三舍。这种审美倾向进一步强化了女性的害羞行为，凡是不知道害羞的女性，都很难在婚姻市场上顺利成交。

害羞行为不但可以揭示女性的身体与年龄状况，还可以展示家庭出身和社会经历。举个例子，《红楼梦》中的林黛玉，就比王熙凤更容易害羞。而那个想吃贾宝玉豆腐的多姑娘则完全不知道害羞为何物。我们可以从她们各自的表现中看出林黛玉是什么样的女人，王熙凤是什么样的女人，多姑娘又是什么样的女人。也就是说，害羞水平可以在一定程度上提示女人的过去。

江湖路远、风波汹涌，经历过大风大浪的女人当然再难露出羞涩的桃红。男人对这样的女人当然要避而远之。只有那些未经世事不懂沧桑的年轻少女，才会成为男人欣赏的目标，因为她们经历的风雨很少，也就意味着见识的男人很少，明确父权的可能性也就越高。

由此可见，女人害羞其实是在提示男人：我害羞啦，说明我年轻健康，而且单纯幼稚，容易掌控，根本没有见识过什么男欢女爱的事情，请不要把我们当作荡妇处理。背后的关键信息则是一种简单许诺：你若是一个好父亲，我必是一个好母亲。

出于这样的动机，女人不是见谁都会害羞，而只会在自己喜欢的男人面前害羞。面对身边走过的乞丐，很少有女人会怦然心动，继而满面绯红，因为她们根本不在意那个人会对自己做出怎样的评价。

并不是说泼辣女性就不会害羞脸红，区别只在于脸红的频率和程度。泼辣的女人偶尔也会害羞，随着策略的变化，有时她们甚至还能学会温柔。

所谓温柔一刀，绝非浪得虚名。

温柔的绝杀

男性的好资源策略又称为大富翁策略，因为在人类社会，好资源在很大程度上约等于财富。至于权力和社会地位，都可以看作是财富的衍生品。当男性施展出大富翁策略时，他们几乎可以通杀各类女性。无论是大家闺秀，还是小家碧玉，都很难抵挡大富翁策略的攻势。

但女性该用何种策略应对大富翁策略呢？

毫无疑问，泼辣策略应该不是应对大富翁的首选策略，毕竟大富翁有权有势，见多识广，对于女性的泼辣攻势可能根本不放在眼里。他们之间的博弈属于不对称博弈。

泼辣策略之所以对好基因的男性有效，是因为泼辣女性稀罕的只是对方的精子，而获取精子的难度并不高，并且在必要时可以一次性获得，耗时相对较短，双方很容易成交。也就是说，好基因的男性拿出的博弈资本是肉体，泼辣女性拿出的博弈资本同样是肉体，两者相对平等。而这种均衡博弈在大富翁面前彻底失效，泼辣策略也就随之失去了市场。

大富翁的精子未必优秀，他们用来吸引女性的是资源而非基因。而获取资源需要细水长流，心急吃不得热豆腐，可泼辣女性偏偏就容易心急，所以泼辣女性和大富翁很难站上同一舞台，博弈的机会相对较少。大富翁身边几乎没有泼辣的女人，正是反向选择的结果。

就算女性收敛泼辣性格，拿出害羞策略应对大富翁策略，也很难取得理想效果，因为两者存在主动与被动的问题。害羞策略的要点是低调内敛，很少主动出击，静待好品质的男性主动表白。但在大富翁面前，这一策略很难奏效。大富翁拥有超越生物学限制的资源，当然需要女性以超越生物学限制的回报，害羞并不能够达到对等回报的效果。何况在大富翁周围可能早就挤满了各种女性，真正害羞的女性很难有机会出现在大富翁的视野中。特别是大富翁往往和害羞的女性之间存在一定的年龄差异，再加上特定的生活环境的差异，除非有人特意撮合，两者很少产生交集。害羞女性甚至都没有机会让大富翁了解自己的优势，合作的机会当然少之又少。

可见瞬间的泼辣和低调的害羞皆非应对大富翁的最佳策略，舒缓而漫长的温柔策略可能才是上策。

温柔策略并非女性首创，许多雌性动物都有温柔的举止，但主要局限于需要与雄性共同抚养后代的雌性动物身上。古人早就有"双双燕子语梁间"的描写，听其音观其形，就知道雌性燕子与雄性燕子之间的关系并不紧张。人们甚至创造了"呢喃"一词来形容燕子夫妻之间的"对话"，很容易让我们联想到温柔的意象。因为燕子夫妻需要通力合作抚育后代，雌性对雄性的态度相当友好。而母鸡就不会这一招，它们虽然也是鸟类，但母鸡对公鸡置之不理，甚至在遇到食物时，还会和公鸡抢个鸡飞狗跳。因为母鸡完全不指望公鸡和自己共同抚养后代，那又何必温柔以待呢？

所以温柔是一种交换策略，我对你好一点，你也要对我好一点。人类对此策略的理解非常到位，女性是所有温柔的雌性动物中最温柔的一种，因为有了文化的加持，温柔的表现更容易让人心动。

女性可以用自己的温柔换取对方的温柔，以此缓和两性冲突。清代文人沈复在《浮生六记》中就成功记录了一位温柔女性的形象，也就是他的妻子芸娘，两人相敬如宾、举案齐眉，一直是后世文人羡慕的对象。究其根本，就是芸娘的温柔形象极其生动，因而引起了许多男女的共情。

但温柔策略最基本的价值并不在于换取男性的温柔，而是在于换取男性的资源，因此而成为应对大富翁的首选策略。温柔如芸娘，也是因为沈复家境优渥，才能享受悠闲的人生。而芸娘出身于一个没落士族家庭，四岁丧父，剩下弱母幼弟，一家三口"仰其十指供给"，靠着芸娘做针线活儿维持生活。可见她与沈复之间并无交换的资本，除却温柔，还能怎样呢？不仅如此，芸娘还主动张罗着为丈夫纳妾。如果有平等交换的资本，又何至于此？

有人容易将害羞和温柔混为一谈，其实不然，那是两种独立的女性策略。害羞重在内敛，是自我个性的被动展示。温柔则重在轻声细语、温婉宜人，是个性的主动展示，目的是给他人留下良好的印象。只不过许多女性会同时采用温柔和害羞策略，才容易造成某种错觉，误以为害羞就是温柔。只有仔细观察才会发现，害羞的人未必温柔，温柔的人也未必害羞。但无论如何，害羞策略和温柔策略具有良好的兼容性。

女性想要成功施展温柔策略，只有一厢情愿肯定不行，还要得到男性的配合，才有喜结良缘的机会。事实上男人确实在配合，温柔的女人永远是男人的首选目标。女性的美貌固然重要，但美貌并非策略，而只是固有属性。在美貌之外，再施以温柔一刀，才是绝杀男人的妙招。

男人喜欢温柔的女性，倒不是因为担心打不过她们，而是温柔的女性可以带来更多的生殖回报。

女性温柔的生化原因是，她们体内的皮质醇和睾酮水平偏低，血清素水平较高，容易使人身心愉悦，较少出现激烈的行为反应，容易接近、讨人喜爱。如果情况相反，女性体内血清素水平不足，则容易出现抑郁或者暴力倾向。这不是最麻烦的，毕竟女人打架没有绝对优势，就算想要施展暴力，威胁程度也有限。真正麻烦的是，低血清素会抑制性欲，继而出现性冷淡，并导致配偶睾酮水平同步下降，结果双方性欲都受到了抑制，大家的生殖回报都很难得到有效保障。

也就是说，性情温柔的女性不只是看起来可爱，也表明她们内分泌正常，可以生下健康的后代，并有能力把后代抚养成为优秀的接班人。如此一来，男性当然应该喜欢温柔的女性。

对于男性而言，安静温柔的女人，总比"男人婆"更有合作价值，对此好资源的男性必然深有同感。他们见多识广，遍阅天下英豪，对于女性的表现自然心知肚明。他们在温柔的女性面前，更愿意付出相应的投资，给后代提供优秀的教育机会和成长环境。所以用温柔策略应对好资源策略才是相互匹配的优选局面。

除了这几种基本的应对策略,女性还需要对抗男性的吹牛策略。男人吹牛时,多多少少带有一点雄性欺骗的意味,有意无意间制造了各种不确定信息,给女性评估造成了巨大的困扰。针对吹牛策略,女性的反击之道是以暴制暴、以嘴还嘴。

以嘴还嘴的意思并不是咬回去,而是同样运用语言能力应对吹牛行为,具体实施的办法就是八卦。

当吹牛的男人遇上八卦的女人时,一场令人心情激荡的信息战争就打响了发令枪。

八卦的学问

八卦原本是古代哲学术语,《周易·系辞》中有"易有太极,是生两仪,两仪生四象,四象生八卦"的说法。但八卦具体是什么,从来没有明确的定义,只不过因为源自阴阳相交,很容易让人联想起男男女女,进而又想到搂搂抱抱,所以八卦或可指代男女苟且之事。据说香港某娱乐杂志最早受此启发,常常刊出露点照片,就用八卦图案在关键部位遮羞,久而久之,这样的新闻就被称为八卦。八卦的内涵由此渐渐转型,与当初的哲学概念早已风马牛不相及。

从远古时期的茹毛饮血到资讯发达的网络时代,八卦的形式发生了巨大变化。在网络时代,各大知名论坛都专门设有八卦板块,并常年占据人气榜第一的位置。许多网友用各种形式表达着自己的八卦见闻,并引发其他网友的跟帖留言,使论坛俨然成为一个社会性的八卦传播与分享阵地。后来网络传播的形式一直在变,八卦的载体也从网络论坛向智能手机转变,然而八卦的内容却从没改变,大部分仍然肤浅幼稚、毫无价值，却同样可以引发数以万计的网民踊跃发言。他们无端争风吃醋，随意指责谩骂，有时甚至到了集体狂欢的程度。仔细分析其中的内容，会发现许多与男女博弈相关的信息。

喜欢八卦的女人往往被称为八婆，从中可以一窥八卦的重要特点。因为只有八婆而没有八爷或者八哥，说明女人在八卦领域占据绝对优势。她们以八卦为武器，凭三寸不烂之舌传六根不净之言，已经成为一种不可忽视的社会现象。

为什么女性更热衷于八卦呢？

有证据显示，八卦有助于缓解心理压力，减少内心的焦虑，对身心健康有一定的好处。生化机理与黄体酮水平升高有关，并由此引发一系列的语言反应。

黄体酮又叫孕酮，主要作用是维持妊娠，也可用于人工调整月经周期。最近的研究发现，黄体酮在女性人际关系方面起到重要作用，适度水平的黄体酮能降低压力、缓解焦虑，使女性更愿意帮助别人，表现出无私的利他行为，这就是所谓的母爱情怀。所以八卦的女人更可爱，也更健康，同时更爱说话，而且说话频率更高，内容更为琐碎，各方面都比阴沉着脸的冰美人更有人缘。

许多外国语院系都有一个雷同的现象——女生数量明显多于男生，甚至有些班级几乎全是女生。而换个院系再看，比如高等数学或者机电专业，则情况完全颠倒，男生一进校门就做好了打光棍的心理准备，三十五人的教室，有时会站着三十六条光棍，因为老师可能也是光棍。

为什么会出现这种奇特的性别分布呢？

因为女性的语言能力天生就比男性强。

相对而言，男性的大脑语言中枢在发育过程中会受到睾酮的抑制，导致男性的情感交流能力相对较低，普遍不如女性健谈，也不容易动感情，常给人以很酷的感觉。如果说女性通过高速公路表达情感，那么男人表达情感的通道就像是坑坑洼洼年久失修的乡间小路。

正常情况下，女性每天平均说话的数量是男性的三倍。这种语言能力差异在青春期之前就已出现，小女孩说话普遍比男孩早，语言表达能力也更流畅。十岁左右时，女孩的语言能力已全面超越男孩，无论是口头表达，还是书写能力，女孩都明显比男孩优秀。她们很少出现阅读障碍，口吃的比例也大大低于男孩，所以在电影和文学作品中很少看到口吃的女性角色，因为她们事实上很少口吃。

对成年女性的追踪调查也表明，在月经周期中，每当雌激素水平达到高峰时，她们的表达能力就会更加流畅，复述绕口令的成功率达到最高水平。而一旦雌激素水平下降，表达能力也随之下降。但就算水平下降，也仍然强于男性，因为她们体内的雌激素水平一直高于男性。

也就是说，一般情况下，雌激素水平越高，语言能力也就越强，相关性非常明显。

女性之所以强化语言能力，就是因为她们更需要通过八卦获取额外的资讯，以此屏蔽男性的信息轰炸，并从中筛选一个优秀的丈夫，好基因也行，好品质也行，好资源也行，总之要有可以兑现的投资，绝不能被男性的一面之词骗倒，那才是八卦的终极价值。

女人知道男人的话就像沙漠上空飘过的乌云，真真假假、变化莫测。她们常说男人没有一个好东西，就是因为对于男性提供的信息已经失去信心。男性吹牛时精心编织的谎言，需要经过八卦的验证，才能成为有效的资讯。不懂得信息收集的女人将很快成为吹牛策略的牺牲品，所以女人必须发展成本极低的侦测手段，八卦就是最为简洁有效的途径。

也就是说，女性已经把八卦当作对抗男性欺骗的重要工具。女性的八卦能力可以与男性的吹牛能力一较高下，嘴巴成为左右博弈胜负的关键战场。在琐碎的八卦讨论中，细心的女人可以悄然寻找有效的蛛丝马迹，探知某个男人可能是负心汉，不足以成为好父亲，自己就不会错上同样的贼船。某个男人可能家境不错，可以适当留心，有可能套取一点好资源。至于某个单身的大帅哥，则更是她们八卦的主要对象，万一有机会搞到一点好基因呢？

女性还可以通过八卦实现一个极端隐蔽的目标，她们热衷于讨论竞争对手的私生活，并用轻描淡写的语言把情敌描绘成无耻的荡妇，最常用的手法是称对方为婊子。这个奇怪的名词世界通用，正好挠到了男人的痒处——如果指责某个漂亮女人轻浮，则毫无疑问，对方的竞争力就会大为削弱，等于变相提高自身的竞争力。然后她们还会毫不掩饰地自我表扬，有意无意地宣传自己的道德观，严正声明自己绝不会那么下流无耻，以此体现虚空的道德优越感，从而开创更多的情感出路。

当然，在另一个场合，另一批女人也在做着同样的声明。她们的语言同样刻薄、词锋同样犀利，这就是毒舌盛行的主要原因。

没有一个女人的毒舌是为了攻击自己，打压对手才是八卦的基本功能。

苍茫天地之间，每个人都怀揣着深深的孤独。我们惧怕孤独，是因为我们需要关爱。交流是获取关爱的基本手段。男人吹牛、女人八卦，是交流的基本形式，也是人类发展语言能力的重要动力。

设想一个没有吹牛和八卦的世界，该是多么的死寂可怕，到处阴沉一片，没有高谈阔论，也没有窃窃私语。大家擦肩而过、漠然对视，对别人的世界毫不关心，整个社会都像蚁穴一样毫无情趣可言。

所以感谢吹牛的男人，感谢八卦的女人。他们在不见硝烟的信息博弈中无意构建了社会生活的基本内容和主体框架，使我们更加充实和快乐。

八卦的女性遇到吹牛的男性，只要通过基本的信息评估，双方的关系就可能进一步发展，那时他们将会展开积极的互动，通过各种形式将对方牢牢锁定。

两性互动

男女博弈不是单机游戏，而是互动游戏。如何互动也是学问，否则此前付出的所有努力都是白费心机。为了保卫择偶成果，大家都需要努力讨好对方，有些女生会尽显幼稚情调，喜爱各种琐碎但无用的东西——小花小草、小鱼小鸟、小猫小狗，甚至对一个小小的生日卡片都能兴奋半天。这种简单幼稚的情怀为男生提供了可行的讨好窗口。不停地送上小礼品的男生，其实就是不停地维持互动的男生。他们在用廉价的形式不断提醒女生：我在这里，请不要再去评估其他男生。女生略带惊喜的反馈也在表达自己的意思：我知道了啦！

如此肉麻的互动过程，就叫恋爱。

良好的互动当然需要讲究实效，目的是不断测试对方的情商和智商，顺便探测对方的性格特征和处事能力。如果双方性格不搭，智商与情商不同步，就很难维持恋爱关系。

在互动过程中，男女的角色并不相同。女生更多的是想要发现问题，男生更多的是想要掩盖问题。为此恋人体内的激素水平都做出了相应改变。坠入爱河的女性体内睾酮含量会持续上升，呈现一定程度的男性化倾向。而随着月经周期的变化，激素波动极易导致植物神经功能紊乱，使女生暴躁易怒、爱耍小脾气，不断无事生非、变化莫测，常令男生无所适从。看起来是女生在无理取闹，其实她们是在刺激男生做出各种反应，探测男生的底线，从而认清他们的真面目。

两人既然准备在一起生活，就必须能够承担随之到来的风风雨雨。如果男生没有足够的耐心，就算勉强结合，结果也是不可预测，提前把对方的脾气探测清楚才是当务之急。此外，她们还可以顺便通过小打小闹来驱赶情敌、捍卫恋爱果实。一味顺从的女孩只会助长男生的坏脾气，让男生恃宠而骄，结果反倒难如人意。

面对善变的女友，男生当然不能动不动就生气。两个生气包碰在一起迟早会一拍两散。为了应对女生的探测，男生不得不委曲求全，收起青春期养成的坏脾气，体内睾酮水平反倒会有所下降，和女性的激素变化互补。这时男生会呈现出某种女性化趋势，表现出宽广的胸怀和强烈的责任心,更加善解人意,对女生百般应承、小心伺候。唯有如此,才能建立持久的恋爱关系。稍不顺心就大打出手的男生,恐怕只能与母夜叉谈情说爱。

为了进一步探测男生的诚意,对抗雄性欺骗,女生还会在互动过程中故意提高交往成本。

雄性欺骗的手段大多廉价,否则收益不足以抵销行骗成本。如果行骗成本高于收益,就谈不上欺骗,而是在做公益。只有廉价的行为才能构成欺骗,所以提高恋爱成本是防范雄性欺骗的重要手段,也是恋爱阶段的重要任务。

其实恋爱阶段的交往成本并不高,看一场电影、喝一杯奶茶,就可以制造巨大的惊喜,恋人愿意称之为浪漫。最浪漫的事情其实不是花钱,而是花时间,那是屏蔽雄性欺骗的必杀技,属于隐性的恋爱成本。

恋人之间卿卿我我是营造浪漫氛围的必备前提,比如在点着蜡烛的房间慢慢吃饭,在不花钱的月光下漫无目的地散步,在免费开放的情人湖边有一搭没一搭地谈心,所有活动都没有直接的目标,大家完全可以慢慢来。之所以慢慢来,是因为需要消耗时间。钱可以省,但时间不能省,这就是恋爱的时间成本。

时间成本是对雄性欺骗的严峻考验。骗子在陪伴一个女生的同时,必然很难再陪伴另一个女生。所以男生约会迟到会令女生非常不满,没时间聊天也是罪无可赦,因为那表明男生没有付出时间成本的意愿,谁知道他的时间都用在谁的身上了?

在时间成本制约下,恋爱时间越长,反欺骗效果越好,因为成本远超骗子的心理承受预期。如果不是真心相爱,迟迟不能得手的骗子只能选择离去。如果能骗一辈子，其实就是真心相爱。

除了时间，唠叨是另一种恋爱成本。

许多女性都乐于以唠叨的形式测试男性的耐心，那也是八卦能力的副作用。耐心之所以重要，是因为抚育后代需要耐心。那么女生该如何考验男生的耐心呢？你不能拿出一张试卷来考试，如果有这样的考试，男生早就把所有答案全都背下来了，就算女生亲自监考都没有用。真正有效的办法只有一个，那就是模拟幼儿的心理状态，看看男人会如何反应。唠叨就是对婴儿状态的模拟，她们说着一些看似毫无意义的话，一直说个不停。无法忍受女性唠叨的男性，都是耐心不足的男性，就算拥有好基因或者好资源，恐怕也很难在婚姻市场里所向无敌。

尽管女性防范雄性欺骗的工作已经相当完善，但媒体仍然时常会曝出一些匪夷所思的诈骗案例。客观来看，骗子的手法并不高明，大多是些惯用的江湖伎俩，却总有女人会成为牺牲品，表明有些女人很容易受骗。那她们为什么没能保护好自己呢？

因为被骗也是一种特殊的互动形式。

作为一个极端，绝不相信男人的女人也绝不会留下后代。水至清则无鱼，女性在小心防骗的同时，还要保持相对单纯的心理状态，否则就会看破红尘，洞察所有男人的心机，以至于没有任何男人会入她们的法眼。如此一来，她那冰清玉洁的基因也就无从遗传下去。

作为另一个极端，过度相信男人的女人又太容易成为雄性欺骗的猎物。大部分女性都处于两极之间，有的冷艳清高，一副御姐风范，有的随和善良，宛如邻家女孩。真正得到遗传的，是那些适度愚蠢、对男人相对包容的女性。她们可能会对男人小心防范，但还不至于将所有男人拒于千里之外，有时失足被骗，也是可以理解的事情。毕竟防范欺骗也需要付出成本，整天处于高度戒备状态的女人必将心力交瘁、容颜易老。尽管如此，她们还是没有能力将身边每个男人都调查得清清楚楚。有时她们只能听信谎言，容忍有限程度的欺骗。

由此造成的结果就是，许多女人都容易听信甜言蜜语，一句白头偕老就足以感动落泪，甚至以身相许。岂不知美好的誓言大都不会兑现。所谓海枯石烂天长地久，都是骗人的经典。

理性来看，从来没有天长地久的爱情。但恋人可以对此视而不见，适度的轻信让她们愿意接受肤浅的诺言，就连显而易见的胡说八道也可以让她们百听不厌芳心乱动。词人柳永的作品之所以能得到广泛流传，正是契合了女性容忍欺骗的心理需求。如果听到天荒地老永不分离的表白，就立即冷静地指出这在时间跨度上是不可能的事情，估计所有男人都会被排除在闺门之外，最终恼羞成怒，再也不愿露面。

所以女性在恋爱中不能总想着防骗，她们必须善于发现男性的优点。有时发现优点更为重要，只有和自己喜欢的男性在一起，才能建立快乐的恋爱关系，否则就只能算作逢场作戏。当然，认真地逢场作戏，未必不是一种智慧。

当两人通过简单的互动建立起基本的信任之后，他们就可以不断强化互动级别，向着深度互动的方向发展。对视可能是最具可操作性的启动仪式。

对视的内涵

只要你回想一下,就会发现我们在日常生活中很少与别人对视,好像大家眼里都能发射可怕的激光,彼此眼神稍一接触就会立刻闪开,同时还会略显惊惶,似乎担心被对方射伤。

为什么会出现如此奇怪的情况呢?

有学者认为,我们之所以避免对视,是因为我们的面部堆满了大量信息,一撇嘴一皱眉都能表达特定的心理活动,这些细节都需要大脑做出综合处理。如果紧盯着对方,眼睛就会收集过多的信息交给大脑,超额占用大脑资源,导致大脑运行速度减慢,外在表现就是迟钝。避免对视就是为了免于让大脑陷于迟钝。

然而这种解释并不让人满意,因为我们在对视时,主要观察的是对方的眼睛,而非所有脸部信息。我们不是因为看到对方的脸部而尴尬,而是因为碰到对方的视线而尴尬,所以我们还需要一个新的解释。

许多动物园都会提醒游客,不要与野生动物对视,否则很容易出现意外。对于野生动物来说,盯着它看会被视为挑衅行为,那意味着你在评估它的实力,准备捕猎或者大打一场,甚至想要把对方吃掉。所以和动物对视就是在自找麻烦。这种进化惯性不会被轻易抹去,人类依然对眼睛高度敏感。

英国心理学家曾做过一个有趣的实验,他们在大学校园放了一台自助饮料机,让学生自取饮料、自觉付款。饮料机上交替挂着一幅彩色图片,图案有两种,要么是一双眼睛,要么是一朵鲜花。结果非常有趣,当挂出人眼时,自觉付费的比例就显著上升。挂出花朵时,付费的比例立即下降。一张印在纸上的眼睛都有如此强大的威慑作用，可以想见，真正的人眼会带来什么样的感受。

人类也曾面对被捕猎的危险，只是现在我们主要的敌人已经不再是狮子或老虎，而是身边的其他人。特别是男性，对于对视更加敏感。他们的目光常常流露杀机，在搏斗之前会死死盯住对手，凶狠的眼神也是一种武器，会让对手极不舒服。在逼视之下，对方只有两个选择，要么逃之夭夭，要么准备还击。

文明社会已经不把对视看作搏杀的前奏，而是看作意志的较量。人们可以从眼神中判断对方社会地位的高低，进而形成自己的心理等级。当没有必要时，我们应当尽量避免此类较量，所以尽量不要盯着别人傻看。

但有些人并不在乎与别人对视，因为他们社会地位较高，并不惧怕较量，反倒会在说话时用咄咄逼人的眼神干扰对手。这就是所谓的视觉支配，可以让他们占据主动地位，掌握更多的话语权，在谈判时使用效果尤其明显。

而心理地位较低的人在说话时，一般不敢看着别人的眼睛。他们的眼神躲闪、游移不定，其实是在下意识地自我保护，以免被对手读取内心的想法。这就是害羞的人要避开别人目光的原因，无论男女皆是如此，因为害羞者已经不自觉地把自己摆在了较低的社会地位层次。

正因为在目光中包含着如此复杂的信息，所以我们都会对目光交流感到极不自然。好在我们已经学会了应对秘诀：当两个不熟悉的人偶尔对视时，一般都会轻轻一笑，以此摆脱对视的尴尬，将潜在的危机彻底消除。如果你总盯着别人看，然后又没有任何笑意，结果可想而知。

奇妙的是，恋人却喜欢长时间的对视，他们凝视对方的眼神温润如玉、平静如水，已经成为保留的互动节目。他们可以深情款款，也可以暗送秋波，就算久久对视也不知疲倦，更不会感受到丝毫敌意。这种现象表明，恋人对视的目光其实在传递与普通人完全不同的信息。

为什么恋人的对视效果会出现反转呢？

因为在恋人那里，对视已经成为维持亲密关系的法宝。

恋人与普通人的区别在于，他们不必担心对方怀有杀机，也不需要通过对视来确定彼此的社会地位。他们的目光交流在传达不同的信息。恋人喜欢被对方注视，是因为喜欢被对方评估。只有对喜欢的人，才有评估的必要。所以接受评估也是一种荣幸。

正因为如此，恋人之间的对视一般不会笑场，两人都知道对方不会攻击自己，彼此都很放心。但如果刚刚吵完架，两人还没有准备和好，在重新对视时仍然可能笑场。因为吵架影响了各自的心态，彼此不再把对方当作最亲密的爱人，无意之间提高了心理警戒级别，这才需要像普通朋友那样用微笑处理对视的威胁，并借机一笑泯恩仇。

当普通的异性朋友在交谈时，彼此都会无意识地移动目光，在心理学上叫作注视回避，他们在以此降低谈话的亲密性，防止陷入情感陷阱。女性害羞时时常回避别人的目光，正是出于这种心理动机。

现在的问题是，如果仅仅出于评估的需要，恋人之间似乎没有必要对视那么长时间，因为有事没事就玩深情对视，毕竟有点浪费时间，所以背后肯定还有更为隐蔽的原因。

已有研究表明，恋人之间的对视可以提高催产素水平，带来愉悦的快感。但这并不是最终答案，我们还需要知道，为什么大脑会用催产素奖励对视行为，这样做还有什么其他好处吗？

答案很简单，对视可以识别并且记住对方，让原本两个互不相干的人能够长期生活在一起。而这一切，都要感谢人类光洁的脸部。

每个人的容貌都不相同，人与人之间的容貌差异明显而稳定，就算两个朋友分别十年，依然能在人群中一眼认出对方。这一切都得益于人类脱去了毛发，面孔变成了像素清晰的二维码，给我们提供了正确识别对方的机会。

面孔记忆能力由基因决定，如果发生了相关的基因突变，病人将记不住任何面孔。这听起来匪夷所思，但却真实存在，医学上叫作面孔失认症。可以想象，如果一个人记不住任何朋友，还有可能组建稳定的家庭吗？民间俗称的脸盲，其实是面孔失忆症的轻度表现，他们看电视时记不住任何角色，好在对身边的朋友仍有识别能力。

如果我们经常看到某张脸，就会对这张脸更加熟悉，这就是屡见效应。我们容易喜爱熟悉的东西，接触的时间越长，喜欢的程度就越深。经常看到恋人的面孔，也就会越来越喜欢这张面孔，所谓情人眼里出西施，是因为情人接触同一张面孔的时间比别人更多。对方凝视着你的面孔，表明对方正在欣赏你，并努力记住你的脸。凝视越久，爱意越浓，这就是日久生情。如果两个生活在一起的人从来不看对方，很难想象会有什么深厚的感情。

这个理论并不是凭空猜测，而是得到了实验的支持。

实验很简单,就是在大学校园里找几个相貌差不多的女生,让她们去教室里静静地坐着,每次上课就来,下课就走,不需要说话,也不和其他同学交流。过了一学期后,研究人员开始统计班里学生对这几个女生的印象。结果很有意思,尽管她们相貌差不多,在班里的表现也完全相同,和其他同学都没有私下友谊,得到的评价却完全不同。去班里次数最多的学生,得到了最高的评价。次数最少的女孩,得到的评价也相对较低。评价结果与相貌无关,也与学习成绩无关,只与她们去教室的次数有关。原因很简单,去教室的次数越多,大家就越熟悉,因而也就越喜欢,哪怕她们全部都没有说过一句话。

现在研究人员已经可以从情侣对视的时间长短预测两人未来关系的走向。对视的时间越长,彼此的确认效果越好,未来关系也就越稳定。如果两人能够轻松对视五秒钟,差不多就已经是非常牢固的关系了。如果目光只是一闪而过,与普通人没有区别,终有一天也会形同路人。

可见对视是一把双刃剑,既可能引发战争,也可能加深感情。

当男女双方跨越了隔空对视的界限之后,他们就可以循序渐进地发展更加紧密的互动关系了,这时他们开始尝试肢体接触,最简单的开端就是牵手。

牵手的奥妙

让我们先假设一个场景,你独自坐在空旷的公园长椅上,正悠闲自得地欣赏着远方天空中随意飘浮的白云和白云之下翻飞的雨燕。突然有个陌生人径直走了过来,到了近前不打招呼,紧挨着你一屁股坐下，但没有和你说话，而是同样抬头看天，试问你会做何感想？就算你脾气温顺，不准备和对方争执或打一架，我猜你还是会愤然起身，换到其他座位上去生闷气。如果陌生人对你依依不舍，仍然跟在你身边，甚至要与你牵手同看白云，无论你是男是女，恐怕都会产生报警的念头。

但如果在电影院中，有个陌生人在邻座挨着你坐下，却并不会影响你看电影的兴致。在拥挤的地铁上也一样，就算有人紧紧贴着你站在你身后，你也大致能忍着。这说明附近出现一个陌生人似乎并不是什么致命的事情，那为什么我们还是会排斥陌生人靠近呢？

那与个人心理安全距离有关。

我们毕竟是一种源自荒野的动物，天生就有强烈的安全意识，轻易不会让自己陷入危险的境地。为了保障基本的人身安全，我们会为自己划出一片安全的空间，空间之内不容侵犯，否则就会引发应激反应。安全空间的半径，就是心理安全距离。

心理安全距离只是一种虚拟护栏，可视环境风险系数而做适当调整，调整幅度与对方的身份有关。我们会下意识地根据亲密程度给他人划分安全等级，并赋予不同的安全距离。越是亲密的人安全距离越短，否则就尽量敬而远之。

最亲密的安全距离只有十厘米左右，主要出现在亲人之间。在此距离之内，彼此都能感受到对方的体温和气息，双方完全不设防。而正常的私人社交距离则在一米左右，伸手可以握到对方的手，但不会大面积接触对方的身体，可以表示亲切而非亲密。如果两人再站远一些，则表明有疏远倾向。

普通的社交距离在一米以外，两三米左右，大家算不上朋友，也谈不上是敌人，只是保持一种礼貌的距离，秉持公事公办的态度，不冷不热、不亲不疏。

在公园长椅上挨着陌生人坐下，就违反了普通社交距离原则，会让人感到压迫和危险，因而容易引发敌意反应。在影院和地铁等公共场所则不然，因为我们已经通过评估调低了心理安全预期，知道突破安全距离并不意味着潜在的危险。

安全距离原则在男女互动时同样适用。

有些女生只是被男生碰一下就会浑身起鸡皮疙瘩，更不要说深度肢体接触了。之所以出现这种情况，根本原因就在于安全距离遭到了破坏，引发了相应的自卫反应。但恋人之间却热衷于牵手互动，表明他们在努力突破安全距离，让两人的关系更进一步。因为牵手是最简单的肢体接触，那是一个重要的信号，表明两人关系有升级的可能，所以会让大脑感到高度的愉悦。

哺乳动物大脑中有一个触摸愉悦中枢。在安全环境下，它们大多能够享受触摸带来的快感，那正是猫和狗等宠物乐于接受主人爱抚的原因，那时它们的身体会产生一大类触摸激素，引发全身愉悦的感觉。但在无法保障安全的情况下，它们则会抵制触摸，比如流浪猫就轻易不会接受陌生人的触摸，否则会引起警戒反应。

人类对愉悦触摸进行了全面升级，因为人类皮肤裸露，由触摸引发的愉悦感空前提高，有人甚至愿意花大价钱去做全身精油按摩，为的就是全面享受愉悦触摸。牵手只是启动愉悦触摸程序的一小步。

人类的进化解锁了双手，其灵活程度没有任何其他动物可以超越。如此精美的一双手，当然需要密集的神经支持，由此造成的结果就是，人类的双手高度敏感，具有超强的感知能力，可以向大脑传输丰富的外界信息。我们的大脑相信双手，有时甚至超过对双眼的信任。你到服装超市挑选衣服时，当你的眼睛看中了一件衣服，就会不自觉地伸手去感受一下布料质地，这个验证程序甚至不需要大脑的审批。从手上传回的信息会得到大脑的高度认可。所以用手摸过的衣服，更能激起购买的欲望，比只看图片的效果要好很多。

为了鼓励双手收集更多的信息，大脑会对双手进行奖励。奖励力度较大时，可以惠及全身，让人身心愉悦、轻松祥和。牵手自然也不例外。

牵手是一种本能需求，出生不久的婴儿就已是牵手小能人，他们会紧紧抓住大人的手寻求安全感。尽管随着年龄的增长，孩子和父母牵手的次数越来越少，但对肢体接触的渴望却从未消失。等到他们发现了另一个可以突破安全距离的人时，就会重新激起牵手的渴望，将牵手变成内在的享受，以至于心理学家为此专门编出了一个术语，叫作牵手安慰。

牵手可以让人减轻压力，缓解疼痛感，甚至可以降低血压、平缓心率，使人安宁平静。假如你正在紧张地等待一个重要消息，以至于双手都在不停地颤抖，此时假如你的爱人能牵住你的手，甚至无须做更多的事情，你都会感到内在的温暖，那正是牵手安慰在起作用。简单的牵手动作可以向大脑传达一个清晰的信息——我的爱人在我身边陪我共渡难关。

除此之外，恋人之所以热衷于牵手，还因为牵手是一种廉价高效的宣扬恋爱关系的广告。

恋人有一个看似简单其实艰巨的任务，就是公开表明彼此的关系，以此减少意外的雄性竞争，让其他有志青年主动退却，预防不必要的情感纠纷。但如何宣传也是一种学问，你不能见到谁都大声宣布你们在谈恋爱，也不方便在脑袋上贴一张小纸条，上面写着我是谁谁谁的男朋友。倒不是此举有违法嫌疑，而是宣传效率太低，影响了广告效果。仔细筛选下来你会发现，牵手是一种简单高效的宣传手段，不必消耗唾沫也不必浪费纸张，只要男女两人牵手从街上走一圈，无论相识与否，大家都会默认他们的恋爱关系。小男女用这种相对松散而又不失亲昵的举动在向身边的人宣告，我们已经名花有主啦，请尽管眼馋但别来烦我。正因为如此，还没打算明确关系的两个人，是轻易不会牵着手招摇过市的，那绝对会引起别人的猜忌。

牵手还有一个意外的价值，就是突破恋人之间的安全距离，为进一步的肢体接触创造条件。

按照正常程序发展下去，恋人之间总是需要在适当的时候开启全面的肢体接触，那是一个从无到有的过程，就像吃饭一样，要一口一口地吃。从哪里迈开肢体接触的第一步，是他们必须考虑的问题，牵手无疑是最佳选项。此事几乎不必做烦琐的准备，也不需要找个幽静的地方，更不必为对方脱衣解带，只要轻轻伸出手来，就可大功告成。

所以牵手最大的价值并不在于制造生理上的愉悦感，也不在于宣传两人的恋爱关系，而是通过一个小小的举动突破对方的安全距离。同意牵手就等于打破了两人肢体接触的屏障，包括物理屏障和心理屏障。以后才有进一步升级关系的可能。至于其他效果，都是附带产生的副作用而已。

当然此事也不可操之过急，而应顺势而为，在评估两人关系进程之后，再做牵手计划，否则极有可能遭到迎头痛击。

机会成熟之后，牵手的进程往往由男性主导，他们可以直接大胆牵手，也可以假装不经意间接触对方，比如在某次跨越障碍时，趁机牵住对方的手拉一把，可以表示关照，也可以表示亲密。如果在跨越障碍之后，女性没有特别摆脱牵手的动作，那么后续的程序就顺理成章了。如果被拒绝，问题也不大，并不算是太丢脸的事情。

任何事情都应按照从易到难的次序进行，两性互动同样如此，挽胳膊就比牵手进了一步，搂腰则更进一步，接下来就可以尝试紧密的拥抱了。总而言之，牵手之后再拥抱，是合情合理的程序。如果颠倒过来，就可能产生相反的效果，有被当作流氓处理的风险。

当两人关系进入拥抱环节时，这就意味着择偶工作大体到了收官阶段。随着互动进程的深入，有些事情开始出现失控的可能。

拥抱的玄机

从两性关系的角度来看，拥抱无疑是牵手的升级版，也是广大恋爱男女喜闻乐见的互动环节。综观世界所有部落，恋人无不热衷于彼此拥抱，似乎拥抱是非常有趣的事情，暗示其中肯定有着鲜为人知的吸引力。影视作品中一个久别重逢的拥抱镜头，都足以让观众热泪盈眶。拥抱不但浪费时间和体力，而且严重影响行走速度，人类却乐在其中，到底是何原因呢？

动物也有拥抱行为，但对于四足动物而言，每次拥抱都是一次杂耍游戏，比如小狗要在主人面前表演拥抱时，首先得努力用后腿站立，尽量维持身体平衡，争取在拥抱时不要摔倒，整个过程都要小心翼翼、胆战心惊。尽管如此，小狗还是经常出现拥抱行为，特别是在与主人亲昵时，它们也会用细细的狗腿钩住主人的脖子，将脸贴在主人脸上，极尽暧昧之能事。从它们那一刻的神情来看，小狗确实也能从拥抱中获得某种快乐。

能够人形站立的熊科动物，比如北极熊，也偶尔出现拥抱行为，有时像是摔跤，但更多的时候则是亲昵。而其他哺乳动物，比如马和羊等，特别是长颈鹿和大象之类的大型动物，几乎不可能互相拥抱，它们很难依靠后腿稳稳站立，拥抱可谓高难度动作，但它们也经常在一起摩擦脖颈表示亲昵。

如果排除站立的麻烦，其实动物的拥抱行为还是很常见的，比如灵长类动物，就常表现出明显的拥抱行为，因为它们上肢比较灵活，拥抱起来并不费力，特别是黑猩猩和倭黑猩猩等大型灵长类动物，拥抱的频率非常高。尽管如此，它们拥抱的效果难免不尽如人意，很多时候也只是比画一下，草草了事。它们的上肢虽然灵活，毕竟还没有灵活到人类的程度。

只有人类，把拥抱发展成了普遍的亲密行为，因为人类进化出了强大的直立行走能力，上肢得到了彻底解放，可以做出许多高难动作，至于拥抱，只是小事一桩、举手之劳。

饶是这样，我们还是很少拥抱，暗示拥抱绝非小事，而是极具仪式感的重要举动，其意义远远超出了我们的想象。我们只有在准备展示某种值得展示的亲密关系时，才会紧紧拥抱在一起，比如好朋友久别重逢，无论男女，都可以给对方一个大大的拥抱，以此表示一下内心的喜悦，同时强调彼此的关系与众不同。可见拥抱对于亲密关系具有强烈的象征意义，因为人类刚出生时，就时常被母亲抱在怀中，那是人类最值得铭记的亲密关系。成年以后的拥抱常让我们回忆起这种亲密关系，并因此而放下心中的敌意，拉近两人之间的距离。这种象征意义后来被推广到社交甚至政治活动中。尽管大度的政治家在私下可能根本不喜欢对方，却仍能在重大外交场合拥抱对方以展示合作的诚意，并表明自己毫无戒备之心。那时拥抱已经变成了一种政治语言，成为化解彼此政治恩怨的身体声明。当你拥抱别人时，别人也在拥抱你。所以拥抱还可以让政治家相信，双方已经实现了平等互动。

真正能够展示拥抱的内在价值的，不是普通人之间的拥抱，也不是政治家之间的拥抱，而是恋人之间的拥抱。对于恋人而言，拥抱全面超越了对视和牵手，是突破两人安全距离的最直观表现，意味着两人的关系已经非常紧密，几乎到了难分难解的程度。恋人非常清楚，他们的拥抱不是礼仪性的，也没有隐藏的社交意义，而是全面肢体接触的证明，他们可以在拥抱过程中体验更加深刻的愉悦感。

拥抱让人快乐的生化根源，在于能够成片激活皮下压力感受器，促进身体释放所谓的拥抱激素，比如催产素与多巴胺等，进而引发一系列的生理反应，与牵手一样可以减缓心跳、降低血压、消除恐惧感，让人敞开心怀，促进彼此信任，直至愿意以身相许。

作为最重要的拥抱激素，催产素可以刺激骨骼肌强度，加速肌肉损伤的愈合，医学上甚至用催产素治疗肌肉萎缩。所以拥抱可以促进骨骼健康，让整个人看起来格外精神，处处充满朝气和活力。此外，拥抱还能强化心血管系统，减少皮质醇分泌，避免负面的生理反应。这就是城市街头曾经一度兴起抱抱团的原因。就算陌生人之间的拥抱，也可以有效减轻内心的焦虑。独居的人之所以容易抑郁，原因之一就是他们缺少可以拥抱的对象。

有趣的是，调查发现，女人比男人更喜欢拥抱，她们可以静静享受拥抱的美好，似乎拥抱就已能带来巨大的满足，她们甚至可以幻想和心爱的人拥抱到天荒地老。而男人则不然，他们对拥抱的兴趣远低于女人。在拥抱的时候，男性似乎更容易动手动脚。男女之间为什么会出现这种互动差异呢？

答案仍然是催产素。

恋人体内的催产素水平在拥抱时会大幅提升，对女性的作用尤其明显，因为催产素的主要任务是增强母子之间的亲情。在雌激素的作用下，催产素的效果会被成倍放大。同样剂量的催产素，对女性的作用比对男性强烈数倍，使她们更能体验到催产素制造的愉悦，因而更喜欢拥抱。有时哪怕只是拥抱毛绒玩具，也能达到同样的效果，这就是女孩更喜欢抱抱熊的原因。

与女性相比，催产素对男性的作用更为复杂，因为催产素可以促进睾酮分泌，增强性欲，使他们倾向于对女性上下其手。与此同时，催产素还有一种阴暗的效果，就是强化男性的暴力倾向，可能起到对抗情敌的作用，同时用暴力手段把伴侣控制在自己身边。但此举会招致女性的激烈反抗，进而破坏两人的关系。基于这个逻辑，导致男性对拥抱的热情远不如女性，他们其实是在回避对催产素的依赖。

催产素在很多时候都是一柄双刃剑，适度水平的催产素可以强化男性的忠诚度，暴力倾向其实是忠诚过度的表现。一旦催产素水平下降，男性就可能移情别恋。所以女性热衷于拥抱，事实上是热衷于不断地为男友补充催产素，提高对方的忠诚度，愿意花更多的时间留在自己身边。有时就算导致暴力倾向，也只能默默忍受，毕竟任何事情都可能出现副作用，拥抱自然也不例外。

也就是说，男性对拥抱的态度更为现实。最现实的表现是，他们在拥抱时往往需要接吻。接吻无疑是两性互动的高级阶段。从接吻开始，他们开始交换体液，同时大量交换激素，为更加深入的互动行为奠定基础。接吻的恋人和不接吻的恋人，感情事实上处于两个不同的层级。所谓一吻定情，表明接吻不但是恋爱的成果，也是锁定恋爱关系的工具。

尽管有些先锋女性和男性第一次约会就会送出自己的香吻，但那肯定不是标准策略。因为在甜蜜的接吻背后，其实隐藏着许多黑暗的博弈策略，尤其是埋伏着男性的诱惑陷阱。他们需要通过接吻深度诱惑女性，使她们再难全身而退。

无论如何，恋人从接吻开始，就已准备做爱了，那才是所有男女互动行为的最终目标。

接吻的黑幕

爱因斯坦说过，如果在开车时与美女接吻还能不出车祸，那你肯定是在敷衍对方。可见接吻需要注意力高度集中，智慧如爱因斯坦都无法从容应对。因为在接吻时，嘴唇会产生大量神经信号涌向大脑，经大脑处理后再变成巨大的享受。而大脑很难同时处理奔腾而来的各种信息，所以有必要实行信号管制，强行关闭一些信息通道，其中就包括视觉信号通道。正常情况下，视觉信号处于强势地位，需要大脑优先处理，如果不闭眼，就会干扰接吻的效果。只有闭上眼睛，才可以全心全意享受接吻的快乐。而闭上眼睛开车无疑是危险的事情，所以爱因斯坦说的没错，那可能是他亲身经历得出的结论。

由此看来，接吻表面上是一种简单的行为，背后的逻辑却一点都不简单。

如果把鸟类用嘴巴摩来擦去也算作接吻，那么有许多动物都会接吻，比如松鼠和海豚，包括黑猩猩。黑猩猩接吻时虽然没有人类这样敬业，却也可算是一本正经，只是频率比人类少很多，毕竟它们牙齿太大，而且从不刷牙。

也不是所有人都会接吻。在欧洲人到达之前，非洲的俾格米人和新几内亚的巴布亚人都不会接吻。如果试图和他们接吻，会把他们吓死，他们认为那是吃人的前奏。此外还有一些热带丛林中的原始部落也不知道接吻为何物。在他们看来，用自己的嘴咬别人的嘴是很古怪的事情。

所以问题就来了，绝大多数男人和女人为什么会热衷于接吻呢？

简单的猜测是，当两人用力拥抱深情对视时，如果不接吻，嘴巴就会闲着没事干。这当然不是充分的理由，耳朵也没什么事做，照样不影响听力，嘴巴有什么道理搞特殊化？

所以我们还需要深挖接吻的根本动力。

有一种观点认为，接吻有助于情侣分享口腔细菌，两人接吻越多，彼此菌群就越相似。而适度接触不同的细菌，有助于强化免疫系统，从而更好地抵抗疾病，减少过敏和哮喘等症状。

后来又有学者发现，共享菌群其实并不是关键，相比于细菌威胁，病毒的危害可能更大。许多病毒都可以感染胎儿，而女性恰好可以通过接吻获得一些常见病毒的免疫能力，减少胎儿患病的风险。比如有一种巨细胞病毒，平时就潜伏在唾液中，对成年人没有什么严重的危害，却可能对胎儿产生不利的影响，造成新生儿耳聋或脑瘫等先天性缺陷，甚至出现死胎。

那么，女性该如何预防巨细胞病毒的危害呢？

最有效的方法就是接吻。

男女在接吻交换唾液的同时，也在相互交换免疫能力。女性与同一男性接吻六个月，可以对其口腔内的巨细胞病毒产生最佳免疫效果。这六个月的时间绝非巧合，因为那是保证胎儿安全的最佳时间。如果两人在结婚两年之后才获得最佳免疫力，胎儿可能早已患病流产。

现在我们可以理解另一个有趣的现象，男女之间的初吻往往如蜻蜓点水般点到为止，很少上来就是翻江倒海的深吻，否则大量病毒瞬间涌入女性体内，可能会加重免疫负担。点到即止的初吻就像慢慢接种疫苗，微量巨细胞病毒会不断激发女性的免疫系统，持续产生对抗病毒的抗体。这是一个逐渐积累的过程，随着两人关系越来越亲密，接吻的尺度越来越大，传递的病毒数量也越来越多，却已不会对女性造成严重的威胁。等到女方怀孕时，体内抗体数量已经足以保护腹中的胎儿。所以爱接吻的夫妻将生下更健康的后代。

古人并不知道这些科学道理，就算在现代社会，也很少有人会先去学习接吻的免疫学原理，然后再去尝试接吻实验。我们大多不是为了获取免疫力而去接吻，驱动接吻的直接动力只能是感官享受。

然而新的问题又来了,接吻这种事情,说白了就是几片肌肉互相摩擦而已,可是男男女女却对接吻趋之若鹜,其中难道有什么隐蔽的逻辑吗?

直白点说,就是为什么接吻会是一种享受?

答案可能和多巴胺有关。

这种小分子化学物质可使人感觉美妙而轻松,对恋人充满爱意。多巴胺水平越高,爱意越浓。动物实验表明,如果用药物抑制多巴胺,小鼠的爱意就会随之下降。如果再注射多巴胺,感觉又会回升,而且是不加选择地喜爱任何新来的异性,尽管它们可能此前从没见过面。

据此可以推测,多巴胺在人类的爱情中可能也扮演着重要角色,所以多巴胺又被称为爱情激素。爱情激素是一大类与爱情有关的激素的总称,多巴胺只是其中的代表。坠入爱河的恋人体内多巴胺水平会显著提高,使人处于高亢的幸福状态,勾魂摄魄、意乱情迷,甚至让人神不守舍、食欲大减,这就是恋爱综合征。

多巴胺泛滥,就会稀释血清素。我们已经知道,血清素主要用来控制情绪反应。一旦血清素水平下降,就会令人焦虑不安。因此热恋中的情人往往处于冰火两重天的心理状态,他们一边享受多巴胺上升带来的快乐与迷幻,一边要忍受血清素下降造成的焦虑与不安,迫使他们想要一直待在情人身边,否则就会出现失去伴侣的恐惧。正因为如此,分开的情人往往会若有所失、彷徨无助,甚至胃痛失眠、坐立不安。所谓"一日不见,如隔三秋",其实就是血清素被稀释的结果。

而多巴胺水平下降，又会产生另一个恼人的后果，即让人产生巨大的失落与痛苦，有人甚至因此而痛不欲生，那就是失恋。

不妙的是，多巴胺不会一直维持在较高水平，恋人之间的激情终会退潮，多巴胺也会随之降到正常水平。他们再也感受不到之前的美妙，审美疲劳随之浮现。以前总觉得对方妙不可言，后来却又觉得不过如此。之所以出现这种态度变化，不是对方的形象变了，而是大脑内部的多巴胺水平变了。按照这个趋势发展，很少有恋人能够维持长久的恋爱关系，因为他们很难维持较高的多巴胺水平。

为了弥补多巴胺下降带来的副作用，有人需要不断寻找新的配偶，以便重新点燃内心的激情，同时造成了严重的情感困境。如果我们任由多巴胺翻云覆雨，随意操纵人类情感，那么男人和女人都将像公鸡和母鸡那样陷入随时交配、随即散伙的困境。

幸好我们有一种阻止多巴胺水平下降的重要策略，那就是接吻。

接吻看似简单，但嘴唇轻轻一碰，却在身体内引发了一场多巴胺大爆炸，牵动身体做出各种后续生理变化，甚至出现欲生欲死的迷幻感觉。这就是大脑对接吻活动的奖励，也是人们享受接吻的根源所在。情人相见时，脸上便会浮现动人的微笑，那正是多巴胺及相关激素共同作用的结果，他们都在期待一次激情之吻。所谓"金风玉露一相逢，便胜却人间无数"，正是此意。

每次接吻都可以看作是一次多巴胺补料过程，一次次拉高处在下降边缘的多巴胺水平，避免了新奇感消失的危机，对维持长久的配偶关系起到至关重要的作用。

与此同时，接吻还有另一种重要的作用。

男人以拥抱为前奏，以接吻为序曲，正在悄无声息地向女人展开密集的化学攻击。接吻的快感只是诱使女性走向陷阱的钓饵，男人真正的目的是激发女性的性欲。

有人认为接吻和做爱没有因果关系。特别是女人，往往认为接吻是相对纯洁的行为，她们可以长时间接吻而根本不考虑上床。但男人并不这么认为，他们接吻的主要目的就是上床。为了达到目的，男人在接吻时会通过唾液向女人输送大量不可思议的化学物质，其中最重要的激素就是睾酮。

睾酮在男女体内都有，只是成年男性体内的睾酮水平明显高于女性，大约是女性的20倍。睾酮的作用机理非常复杂，最关键的作用就是影响性欲。可以这么简单地认为，睾酮是天然的催情药，水平越高则性欲越强，且对女性同样有效。正好男人的唾液中含有大量睾酮，可以在接吻时趁机传递给女人，以此激发女人的性欲。等到女人的性欲一上来，很多事情就好办了。而且睾酮存在一定的累积效应，接吻次数越多，激素刺激就越强。为了强化女人的欲望，男人必须不断发起接吻邀请，以便将更多的性激素传递过去。

这时我们可以理解，为什么男人更喜欢舌吻，因为那是传递性激素的高效手段。女性轻易不会接受舌吻，因为那意味着将被很快攻克第一道防线。女人喜欢阳刚的男人，也就是喜欢睾酮水平更高的男人，因此也更容易在接吻时城防失守。这是一个连锁反应，一旦启动，就很难刹车。

那下一步该干吗呢？

当然是结婚了,那是终极的男女互动形式。

男大当婚,女大当嫁,南北西东,鲜有例外,清新脱俗的恋爱往事只是美妙的前奏。你侬我侬之后,婚姻才是关键环节,那是两性关系的高潮,是择偶的结果,也是恋爱的归宿,同时也是一种有趣的生物学现象。

第 4 章 人类婚配制度

> 人生自是有情痴，此恨不关风与月。
> ——欧阳修《玉楼春·尊前拟把归期说》

如果从一头驴的视角观察，人类婚姻是很奇怪的事情，它们很难理解这种画地为牢的策略。交配之后大家明明可以各奔东西，各自照顾自己，自由自在、逍遥洒脱。踏一叶扁舟，在江湖上肆意纵横；乘万里长风，于天地间随心飘荡。看尽人间繁华，阅遍世间沧桑，然后归老田园、悠然南山，这样难道不好吗？

　　可我们却偏要结婚，甚至把婚姻比喻为爱情的归宿、幸福的殿堂，大有不到长城非好汉的气概。可真相却是，婚姻中充满了无尽的细节，远不像恋爱那样满是简单的花前月下和甜言蜜语，也不总是夜夜春宵然后相约白头。原本毫不相关的两个人被压缩到了一个相对狭小的生态空间，生活中总免不了有意无意的竞争情绪，充斥着半真半假的恶意攻击和嬉皮笑脸的无情打压，并被各种人间琐事弄到烦不胜烦，诸如七大姑八大姨、岳父岳母、公公婆婆、小姨子小舅子，外加侄女外甥一大堆，复杂的人际关系足以令人晕头转向、筋疲力尽。此外就是各种各样的家务琐事，柴米油盐酱醋茶、刷锅洗碗拖地板、洗衣晒被冲马桶，外加生孩子养孩子、给孩子喂奶擦屁股这些脏活儿累活儿，都得要有人来做。以人类的本性，我们总希望自己少干点活儿，让对方多干点活儿。对方可能也这么想，矛盾自然而然就会产生。

在两个人的世界里很难转移矛盾，你很难让第三个人来背锅。当大家习惯于推卸责任时，无非是你埋怨我或我埋怨你，于是争吵不可避免。那时有人就会怀疑当初的海誓山盟是不是一场骗局。好消息是，故意行骗的比例并不高。坏消息是，就算没有受骗，结局也好不了哪儿去。

平平淡淡的婚姻已经可以算是幸福的婚姻了，许多婚姻都和幸福没有半点关系。他们自我安慰说那是相爱相杀，其实相杀的成分更多一点。就连一些成就非凡的大师，都对婚姻充满了疑惑。爱因斯坦认为婚姻是人类最愚蠢的行为之一，他曾经被婚姻搅得头昏脑涨，直至以诺贝尔奖为代价换取了自由之身。大文豪托尔斯泰也经历了与爱因斯坦相似的婚姻困境，他对女人似乎满怀敌意，尽管他在作品中对爱情充满了美好的向往，但同时又宣称最痛苦的悲剧永远在婚姻的卧室中上演。他甚至假借小说主人公之口，声明婚姻只是一种骗局。他的妻子对此无比愤怒，同时又积极配合丈夫的看法，把两个人的生活搅得乱七八糟，为俄罗斯人平添了许多八卦话题。后来托尔斯泰决定放弃所有作品著作权，就是为了剥夺妻子的财产继承权，并于垂老之年离家出走，离开共同生活了近五十年的老伴，最终病死在一座冰冷的车站。在弥留之际，这个智者必定对婚姻生活充满了绝望。

俗语所谓"不是冤家不聚头"，证明男女长期相处确实麻烦。但他们却要成天在同一张床上睡觉、在同一张桌上吃饭、在同一间屋里吵架。所有这一切，到底图的是什么？

直白点就是：人类为什么要结婚？我们为什么非要甘受婚姻绳索的约束，长时间忍受另一个人待在自己身边呢？

古人早就明白"孤阴不生，独阳不长"的道理。只有结婚，才能生儿育女，是自然而然的道理。至于其他结果，无论好坏，都只是副产品，这些副产品包含着人们对婚姻的种种不切实际的预期。

没有几个人在结婚之前就认定那会是场悲剧，所有携手而行的男女都对未来充满了向往，向往的内容大多琐碎而天真，大致都逃不过以下四大预期。

一是心理预期。在电闪雷鸣、月黑风高的夜晚，独守空房总是容易令人胆战心惊，此时如果身边有人相伴，总比一个人瑟瑟发抖要好一些。长期的孤独会带来巨大的精神压力，对外界刺激格外敏感，让人浑身处于警戒状态，随时准备应对突发事件。久而久之，极易造成心血管和精神方面的病变，抑郁症的比例也显著高于普通人群，迟暮之年更容易得阿尔茨海默病。所以除了绝望的诗人，大家都会努力避免孤独，结婚就是最简单的解决方案。有时就算对方不在眼前，一个让人牵肠挂肚的伴侣也是心灵的重要填料。中国古诗半数以上都在怀念远人，如"海上生明月，天涯共此时"之类的词句令人口齿生香，可见人们对思念心理的重视与依赖。

二是生理预期。在性激素的驱动下，成年男女常常想念对方的肉体，情到深处未免抓耳挠腮无计排解，两个人的世界则可以有效疏解此种烦恼。

三是经济预期。两个人的生活可能要比一个人节约一些，比如两个人原本需要两张板床、两条被子，结婚以后在一张床上盖一条被子就够了，看起来确实节省一点。

从经济学角度观察，婚姻其实是可以满足生理需求的最佳交易体系。就像购买食物是为了解决生理饥渴一样，购买婚姻是为了解决性饥渴，在购买过程中也要产生交易费用，并成为制约婚姻规模的重要因素。如果反复购买，就要反复付出交易成本，这时最佳策略是一次性解决问题，把婚姻成本转变成家庭内部问题。就像大型企业在采购配件时一样，如果配件需求量大而稳定，每次都需要寻求新的供货商、展开新的谈判、签订新的供货合同，当然就需要付出额外的交易成本。正确的措施不是反复购买，而是并购供货商。结婚就是这样一个并购的过程，把对方整合到家庭内部，就可以不间断地以最低价格提供生理产品。这就是婚姻背后隐含的经济意义，可以使得做爱成本最低化。如果一年只做爱一次，婚姻就显得不那么重要，因为做爱成本原本就不高。如果每晚都需要做爱，那还是结婚更为节约。

但婚姻最重要的意义在于生殖预期，那是其他预期的归宿，也是婚姻的归宿。生下几个孩子，把自己的基因传递下去，才是正儿八经的婚姻的任务。

以上种种预期都表明，婚姻是男女双方的共同愿望，没有哪种预期不需要对方的配合。如果婚姻只是出于女人的意愿，男人当然不会屈服；只有男人的意愿肯定也不行，否则他们将不得不在每天晚上都要面临违法的风险。他们之所以同意结婚，是因为他们想要通过婚姻满足种种预期，特别是确保生殖回报，这与其他动物没有任何区别。可见人类的婚姻只是动物行为的延续，并没有超越自然选择的约束。

其他动物不结婚，不是因为它们道德沦丧不讲天伦，而是因为它们无法完成如此烦琐的结婚程序，无法以文字和法律的形式确定结婚的责任和义务，无法搞出结婚证书和结婚典礼之类表面化与形式化的东西，否则许多动物也会结婚。因为人类的婚配制度与动物婚配制度一脉相承，几乎没有实质性的创新，同样受到各种复杂因素的制约，诸如择偶策略、受精模式和亲代抚育，以及由此衍生的亲代投资、后代制约、明确父权等，无一缺席。

所以人类和其他动物一样，也存在一夫一妻制、一夫多妻制，甚至是一妻多夫制等婚配形式。与其他动物不同在于，我们有着强大的抽象思维能力，博弈水平复杂而深刻。我们对环境有着非凡的适应能力，生存能力远超其他动物。所以人类的婚配制度也灵活多变、不拘一格。具体实行何种婚配制度，与所处的生活环境有关，也与社会制度有关。也就是说，人类并没有明确采用某种特定的婚配制度，而是在不同的婚配制度之间来回变换。具体结果，取决于男女博弈的水平与力度。

要想见证其中的奇妙逻辑，不妨让我们先从一夫多妻制谈起。

动物学家都清楚，人类从本质上是一种一夫多妻制动物，或者说是典型的多配制动物，支持这一观点的基本证据就是人类的生育困境。

一夫多妻制的证据

人类属于大猿，也就是体型较大的猿。大猿通常采用以质量取胜的生育策略，体型较大、寿命较长，后代数量较少，但成活率较高。人类继承了大猿的生物学特征，基本实行单胎生育。大致在每89位孕妇中，只有一位能生出双胞胎，其余都是单胎。由于胎儿数量较少，只需两个乳房轮流工作就可以完成哺乳任务。对比一下，人类的体重和猪相近，看看猪有多少个乳房，就知道单胎策略对人体结构的影响有多大了。

奇怪的是，人类在采用单胎策略的同时，还采用晚成鸟策略。

我们已经知道，晚成鸟动物一般都是多胎动物，比如燕子一窝可以孵化五六只，草原鼠一次甚至可以产下十几只幼崽。反正它们都由父母共同抚育后代，多几个孩子少几个孩子问题并不大。而单胎动物则大多采用早成鸟策略，比如牛这样的大型哺乳动物，雌性怀孕的时间和人类差不多长，每次都只能生下一胎，后代出生不久就可以跟随母亲自由行动，有时吃草，有时吃奶。至于它们的父亲，早已不知去向了。有些大型灵长类动物和牛一样，在实行单胎制的同时也采用早成鸟策略，比如黑猩猩，后代生下来就可以随着母亲一道活动，只要母亲稍加照看就可以了。

大型单胎哺乳动物采用早成鸟策略是可以理解的现象，当雌性无法约束雄性和自己共同抚养后代时，它们还是只生育一个后代比较安全。较长的怀孕期事实上是一种无奈的选择，本质上是让后代在子宫中基本发育完成，否则它们可没有本事抱着后代到处乱跑。除此之外，大型哺乳动物实在没有更好的办法来应对各种不可预期的风险，所以比如长颈鹿、大象、河马、犀牛等，基本都是单胎动物，而且都采用早成鸟策略，它们的后代出生后不久，就可以随母亲四处活动了。

但人类却是个例外，我们一边实行单胎制，一边采用晚成鸟策略。刚出生的后代毫无自主生活能力,以至于对雄性形成了强烈的后代制约。

人类为什么会出现这种与众不同的情形呢?

人类的晚成鸟策略,与人类独特的进化程序有关。对此我在《疯狂人体进化史》一书中已做了详细讨论,此处不再重复。这里只想强调几个重点,那是理解人类婚配制度的基础。

人类祖先是一种树猿,习惯于攀缘生活。后来随着地球气候变迁,非洲森林退化,人类祖先被迫来到稀树草原上生活,并形成了双腿直立行走的身体结构,导致双腿之间的生殖道不断变窄。与此同时,单胎婴儿的脑袋却越来越大。变大的脑袋和变窄的生殖道之间形成了激烈的冲突,导致人类的难产死亡率非常高。这就是人类的生育困境。

为了避免难产,人类母亲不得不提前把孩子生下来,把更多的发育任务转移到体外进行。所以人类都是早产儿,呈现典型的晚成鸟特征。

晚成鸟策略的代价就是,人类婴儿出生之后非常柔弱,除了强大的肺功能可以制造巨大的哭声以外,其他方面都很无助,根本无法独立生活,必须得到细心周到的关照。母亲的力量远远不够,她们还需要一个人提供全方位的帮助,天然的人选就是那个在她们体内射精的男人。他们必须像晚成鸟的父母那样通力合作,把后代共同抚养成人。

在抚育后代的过程中,女性付出的劳动远远超过男性。因为女性是逃逸竞赛的失败者,必须负起抚育后代的责任。孩子都在妈妈肚子里长大,装满奶水的乳房也挂在母亲胸前,抚养孩子简直就是女人的天职。连不懂事的孩子都同意这个观点，他们从出生的那一天起，就吃定了母亲。他们学会的第一个词汇就是"妈妈"。母亲根本无法逃脱，她们已经被彻底套牢，必须花费巨大的时间和精力把孩子喂饱，这就是女性面临的哺乳困境。

生育困境与哺乳困境组合起来，决定了女性在逃逸竞赛中处于绝对下风，但也没有到一败涂地的程度，毕竟那个无助的婴儿还在她们怀里，那个孩子必定是母亲的亲生骨肉，那是鼓励母亲将婴儿抚养成人的基本动力。然后母亲努力将这个动力传递给了孩子的父亲，设法让他和自己共同抚养后代。

对于女性的要求，男性必须做出回应。他们的表现与雄鸟相当，知道如果自己扬长而去，生殖回报就有清零的可能，所以他们必须参与后代抚育工作，参与的程度直接决定了后代存活率，同时也决定了人类的婚配制度。

当男性能够同时照顾多个配偶、养活多个后代时，他们就会采用一夫多妻制。当他们只能照顾一个配偶、养活少量后代时，就采用一夫一妻制。但究其本质，人类毫无疑问属于一夫多妻制动物。毕竟在一夫一妻制家庭也掺杂着大量假性一夫一妻制现象，而且无法杜绝各种偷情行为。所以人类学家基本承认，人类确实是一夫多妻制动物。

这一判断可能会让部分读者感到困惑甚至愤慨。当今文明社会触目所见，到处都是恩爱男女出双入对，哪里有一夫多妻制的影子嘛。我国《婚姻法》明令禁止重婚等行为，社会舆论也强烈排斥婚外情等现象。有什么理由非要说人类是一夫多妻制动物呢？

不过历史学家对此绝不会感到奇怪，他们知道古代中国长期而系统地实行一夫多妻制，或者叫一夫一妻多妾制，用动物学术语表示都一样，就是一雄配多雌。自有文字记载以来，各朝各代无一例外。周朝的皇帝可以合法拥有一百二十一个女人。随着社会经济的发展，皇帝的女人也越来越多，秦始皇的女人达到了一万多，以至于有的宫女一辈子都见不到皇帝一面。汉武帝的女人更多，接近两万。唐玄宗的女人则多达四万。据《晋书》记载，后赵皇帝石虎的妻妾达十万之数，"夺人妻女，十万盈宫"。那是一个可怕的数字，如果这些女人合伙同心，几乎可以组成一支强大的军队。太平天国就有客家女子组成的军队，战斗力不逊男兵，被曾国藩称为"大脚蛮婆"。这种潜在的破坏力大概是制约皇帝不敢无节制扩大后宫的因素之一。

宋明以降，皇家女人都被控制在一定的规模。到了袁世凯时期，仅有九个合法的姨太太。直到中华人民共和国成立以后，一夫多妻制才从法律意义上被废除。但在其他国家和地区，一夫多妻制依然广泛存在。说人类是一夫多妻制动物，是一点问题都没有的，毕竟人类只是一种吵闹的大猿而已，婚配制度并没有超出科学理解的范围。

动物学家有许多证据可以证明人类属于一夫多妻制动物，在此很难一一列举。只需其中几个关键证据，就足以说服怀疑论者。这些证据都与文明形态或者社会观念无关，而只与客观存在的男女差异有关。它们分别是年龄差异、身高差异和寿命差异。

那么，这些差异将如何展示人类婚配制度的真相呢？

下面让我们从最普遍的男女结婚时的年龄差异谈起，那是考察男女博弈策略最直观的窗口。

丈夫为什么比妻子大几岁

全世界的婚姻都有一个共同现象，无论是亚马孙丛林中不穿衣服的原始部落，还是华尔街高楼大厦内西装革履的白领，在配偶关系中都大体遵守相似的年龄规律——丈夫往往要比妻子大几岁。这是客观存在的社会现象，无论是个人观察经验还是大型社会调查，都能证明这一现象普遍存在。影视作品也在积极迎合这一社会习俗，著名男影星都会与年轻的女影星搭档，而很少出现相反的情况。大家对此见怪不怪，很少对此感到不舒服。

进一步的研究还发现，人类似乎已经适应了丈夫比妻子大几岁的格局。比如夫妻年龄差距直接影响两人的预期寿命，即便年龄只差一到两岁，影响也很清晰。如果丈夫年龄稍大，就可能延长预期寿命。如果妻子年龄稍大，反倒可能缩短预期寿命。差距越大，影响越明显。这个结果表明，男性已经习惯于比女性年龄大一些，而妻子则不太适应比丈夫年龄大的情况。并且丈夫比妻子年长，可以提高夫妻的生活满意度，减少抑郁情绪。该效应随夫妻双方年龄差距的增加而增大。换句话说，男大女小是最佳年龄搭配。

我们对老夫少妻习以为常，却很少听说过老妻少夫的趣闻，最多偶尔听人提起姐弟恋，因为姐弟恋确实存在。青春期的男性往往偏好年纪稍长的女性，那是对母爱依赖的结果，所以姐弟恋并不少见。但随着年龄的增长，男性越来越成熟，眼界越来越开阔，见识了越来越多的女性，对年轻女性的兴趣则日趋浓厚，渐渐呈现出明显的年龄差异。这种差异不会随着男性年龄的增加而缩小，而是逐渐拉大。也就是说，越是成熟或者事业成功的男性，期待的配偶年龄就越小。三十多岁的男性偏爱二十多岁的女性，五十几岁的男性则偏爱三十多岁的女性。这种婚配格局在大都市的富豪区随处可见，你以为是女儿在陪父亲散步，其实是妻子在陪丈夫。

在男比女大的婚姻格局中，隐含着两个根本性的问题。第一个问题是：男人为什么喜欢年轻的女人？第二个问题是：女人为什么喜欢成熟的男人？这两个问题如果不同时成立，他们就无法结为夫妻。现在看来，两者配合得几乎天衣无缝。假如女人偏要喜欢比自己小的男人，而男人也偏要喜欢比自己小的女人，两性之间就会产生不可调和的矛盾，甚至直接导致婚配制度的崩溃。

这两个不同的问题，可能有着相同的答案：生殖回报。

既然婚姻的核心任务是生儿育女，当事人当然应该优先考虑对方的生育能力。显而易见，女性承担的生育任务更为繁重，怀孕、生育、抚养，无不需要女性全程参与，参与度越高越容易出问题。这和职场的道理相同，员工承担的工作越多，就越容易出错。与职场不同在于，女性年龄越大，生育出错的概率就越高，而不是随经验的积累而降低。可以合理推测，老年女性的生育能力无限接近于零。

为了确保生殖回报，理论上没有男人愿意娶生育力为零的女人。简单的结论是，男人更愿意娶生育能力强的女人。但生育能力不像温度计，可以直接读取相关数据，而必须经过肉体实践才能得出可靠的结论。可等到婚后才知道结果往往又太迟。所以男人最好在婚前就大致推测出女人的生育能力，才能确保婚后不会后悔。为此他们已经摸索出了比较有效的检测标准，首选指标就是年龄，首选策略就是与年轻的女人结婚。

女性的年龄是肉体质量的防伪标签，也是生殖回报的保证书。

用科学语言表达就是，年轻女性的剩余生育价值相对较高。

所谓剩余生育价值，直观的意思就是在未来可以生多少孩子。生孩子的潜力越大，剩余生育价值越高。显而易见，十五岁的少女和五十岁的妇女相比，前者无疑更具生殖优势。她们身体健康，卵子数量可观、质量优秀，可生育的时间更长。而大龄妇女则相反，她们的身体已经开始走下坡路，卵子数量与质量同步下降，内分泌能力也明显削弱，流产率与畸胎率倒是大幅上升，每一项指标都能让男人头疼不已。

这就是男人多为萝莉控的根本原因。所谓萝莉，意指年龄较小的女性。年龄较小，意味着健康的卵子和稳定的生殖回报。我们很少看到大妈控，原理很简单，大妈的剩余生育价值太低，而且大妈也很难控制。

男人喜欢年轻的女人尚可理解，但女人是否甘愿配合呢？

事实就是答案，她们确实在配合。配合的结果就是，世界各地的男女结婚年龄普遍相差两到五岁。

女性未必不喜欢年轻的男性，她们之所以和年龄偏大的男性结婚，是因为大龄女性根本不在年轻男性的猎取计划之内，加上她们的青春稍纵即逝，选择权在不断削弱，如果不能在芳华正好的时候从男人那里榨取更多的生殖回报，未来的道路将变得艰苦而曲折。她们除了感叹时光易逝、青春易老，不断用化妆品挽留岁月匆忙的脚步，还能有什么更好的办法呢。

所以女性必须放弃某些原则，向男性做出一定程度的妥协，承认并接受年龄差异的存在。如果妥协策略失控，就会进一步演变为大叔控——喜欢年龄更大的男人。

大叔纵然油腻，社会经验和财富积累却在同步增加，在抚养后代方面有着不可忽视的优势，何况大龄男性的生育潜力并不像女性那样随年龄增长而直线下滑，在生殖回报方面完全可以满足女性的要求，因此对女性颇有吸引力。

但女性的妥协也是有原则的，毕竟她们也需要获取合理的生殖回报。所以夫妻年龄相差太大时，就会影响婚姻的稳定。有调查表明，夫妻年龄差距越大，离婚率也越高。如果夫妻年龄相差20岁以上，离婚的概率高达95%。因为那时女性对生殖回报的预期值已经大为降低。老男人能吸引女性的，恐怕更多的是资源，而非基因。

那么，两性结婚年龄差异和一夫多妻制有什么关系呢？

年龄差异是一夫多妻制的结果，是女性博弈失败的证据，而非原因。就像组队玩游戏，一个强势玩家可以带几个弱势玩家，而很少出现一个弱势玩家带几个强势玩家的场面。在婚姻博弈游戏中，男性就是强势玩家，女性只能用年龄优势弥补博弈的弱势地位。这一结论已在一夫多妻制社会得到了证明，凡是一夫多妻制程度越明显的地区或家庭，夫妻年龄差距就越大。

至于男女年龄差异背后的进化逻辑，需要结合男女身高差异来理解。男女身高差恰好是年龄差异的副产品，两者构成了奇妙的证据链条。

男人为什么比女人高一点

动物界有一条普遍规律，老练的动物学家可以从雌雄二态性的程度判断动物的婚配制度，最为直观的指标是体型大小。凡是一夫多妻制动物，雄性个头儿都要比雌性大很多，哺乳动物尤其如此，有时雄性体型可达雌性的数倍。比如成年雄海象重约数吨，超过雌性四倍还多。一头雄海象有能力霸占大批雌性，实行极端的一夫多妻制。尽管它们无法左拥右抱，却照样妻妾成群。而一夫一妻制动物的雌雄两性身材大小基本没有差异，从哺乳动物到鸟类，大体如此。比如企鹅，是典型的一夫一妻制动物，它们齐刷刷地站在冰天雪地里，几乎看不出高矮之分。

按照这个规律判断，就会发现人类确实是一夫多妻制动物。

男女身高差几乎不需要论证，你可以从父母身上、邻居身上、同学身上，甚至是街头的路人身上看到这种差异。而且这种差异不受地理和文化等因素的影响，无论是非洲还是美洲，大抵如此。就算身材较高的北欧女性，也要比自己的男朋友略矮。可以断言，成年男女的身高差异是普遍存在的客观事实，平均相差10%左右。

那么，为什么会出现这种普遍现象呢？

有许多理论试图解释男女身高差异，值得一提的是"基因假说"和"激素假说"。

基因假说认为，男女身高差异与各自的性染色体有关。

我们知道，男性性染色体为XY，其中只有一条X染色体。女性性染色体为XX，有两条X染色体。研究人员发现，X染色体上有一个与身高相关的基因，在正常情况下，它会控制身高增加幅度，不让机体长得太高，以此节约能量，姑且称之为小巧基因。但当小巧基因表达不充分时，或者遭到了一定程度的破坏，也就是发生突变时，对身高的控制力度下降，反倒会导致身高增加。

这时我们就能明白问题出在哪里。

女性体细胞中有两条X染色体，就算其中一条出现了问题，另外一条仍然可以将身高控制住。而男性体细胞中只有一条X染色体，一旦小巧基因发生突变，就无法控制身高。结果就是，男性身高失控的概率要远高于女性，导致男性平均身高明显高于女性。

而小巧基因往往通过对激素的响应来影响身高，那正是激素假说强调的重点。

激素假说认为，两性身高差异固然与基因有关，同时也与雌激素有关。雌激素对骨骼生长具有强烈的抑制作用。所以在青春期之前，当雌激素分泌尚不充分之时，女性身高增加的速度并不比男性慢，有时甚至更快一些，导致中学生很少出现两性身高差，表明X染色体上的小巧基因并非决定因素。可一旦女性进入性成熟期，雌激素大量分泌，需要调用营养物质用于第二性征发育时，骨骼生长几乎随之停止。而男性受到雌激素的影响较小，骨骼发育并没有和女性同步刹车，这才出现了身高差现象。

但这两个理论都只是近因，而非终极因，也就是进化方面的原因。男女之间之所以出现此种基因差异或激素差异，应该与不同的选择压力有关。

假设有一个理想社会，实行严格的一夫一妻制，只要有一个男人单身，就必然有一个女人在为他而单身，就像每个马桶都会有一个马桶盖一样，最终每个男人都能找到自己的另一半。雄性竞争将会因此而大幅削弱，男人完全不必维持高大的身材，因为那会浪费很多能量，所以他们的身高会越来越矮。

女人的情况正相反，她们不必急着成熟，因为成年男性大多已经结婚，而且无法再娶第二个妻子。未成年男性又没有结婚的需要。所以女性没有必要提前成熟，那并不会帮助她们嫁给一个合适的男人，她们身边都是发育不成熟的小男人和已经结婚的老男人。她们真正需要的是正常发育，以期嫁给发育同步的同龄男人。由于发育时间延长，女人的身体因此得以高大起来，直到与男人的身高不相上下。

如果我们看到了一个男女身高相同的社会，那我们就知道，他们就像企鹅一样，实行严格的一夫一妻制，那是一个不靠谎言粉饰的男女平等的理想社会。可惜这样的社会至今还没有出现。

残酷的现实是，当前人类的两性身高差异完全符合一夫多妻制动物的所有特征。其中的逻辑与理想社会密切相关，只不过颠倒了方向。

在一夫多妻制社会，少数优秀男性占用了大量女性，有些普通男性因此一生都没有碰过女人，死时仍然是完美的处男，他们的基因会从此失传。当然，他们不甘心成为终身处男，所以会奋起抗争，积极投入到残酷的雄性竞争中去。而在远古时期，竞争的主要方法就是增加身高，这种进化机制简单而有效——身材矮小的男人在竞争时毫无优势，有时不注意甚至会被对手踩死，矮小基因将不断遭到淘汰。而高个子男人则有能力抢到更多的食物、占领更多的资源，并因此而拥有更多的女人，生下更多的后代，所以高个子基因会不断得到扩散。总体结果就是：在一夫多妻制社会，矮个子男人越来越少，高个子男人越来越多。

与男人相反，女人不需要参与雄性竞争，她们需要的是及早成熟，找机会嫁给优秀的男人。尽管优秀的男人数量很少，但他们可以娶很多女人。女人成熟越早，选择的机会就越多。就像去菜市场买菜，只有提前走进菜市场，才有机会挑到最新鲜的蔬菜。直到三十岁才成熟的高龄处女可能还没准备好开始恋爱就已经成了剩女。所以及早成熟尽早选择，才是女性应有的策略。这一策略与男女年龄差异完全一致。女性之所以在结婚时会比男性小几岁，就是因为她们采取了提前成熟策略。

然而，女人一旦性成熟，就会马上停止身体生长，她们没有足够的时间长到男人那么高，结果就是我们所看到的样子，女性普遍比配偶矮一点。

这就是进化论的解释，内核与激素假说基本一致，只是推理更为深刻而已。

这一解释方案还顺便回答了另一个有趣的问题，即女性性成熟时间普遍要比男性早两到三年，而男性往往也比女性配偶大两到三岁。这是有趣的巧合还是另有玄机呢？

这不是巧合，而是女性提前成熟的结果。提前成熟的目的是提前结婚，否则成熟就没有意义。既然男性成熟要晚于女性，适合结婚的年龄当然也要大于女性。当他们都进入性成熟状态时，已经出现了天然的年龄差异。

所以男女年龄差异和身高差异殊途同归，都可以证明人类是一夫多妻制动物，而且得到了女性的积极配合。

在年龄差异和身高差异背后，男女之间还潜伏着另一个不显眼的差异，那就是寿命差异。在有些学者眼里，寿命差异也是一夫多妻制的证据。那是最古怪的证据，也是最客观的证据。

男人为什么不如女人长寿

当我们每天醒来都发现自己没有死去,就会对生命充满感激。我们只有活得更久,才能留下更多的后代。但男女的寿命却存在明显的差异,暗示两性可能对后代的贡献程度并不相同。

世界卫生组织发布的《2014年世界卫生统计》报告指出,基于全球平均数据,2012年出生的女性预期寿命约为73岁,男性预期寿命为68岁,男女之间存在明显的寿命差异。

人类预期寿命近年来一直在稳步提高,但男女寿命差异依然稳定存在。无论哪个国家和地区,女性预期寿命都高于男性。就算男人不在战争中死去,也很难在寿命上超过女人。两者平均差距三到六年,再加上男性结婚年龄比女性大两到五岁,到男人死去时,他们的妻子仍将在孤寂中独自生活五到十年。

这是一个诡异的现象,其中必定隐含复杂的进化逻辑。

不仅仅是人类,哺乳动物普遍存在雌雄寿命差异。一项涵盖了100多种哺乳动物的大型调查显示,超过一半的野生雌性哺乳动物的平均寿命高于雄性,表明雌雄寿命差异可能和决定性别的基因有关。但基因肯定不是唯一的因素,寿命差异应该是受到众多因素综合作用的结果,比如食物是不是丰富、玩得是不是开心、穿得是不是暖和,等等,都对寿命有或多或少的影响。在所有相关因素中,雄性竞争可能起到了突出的作用。

首先,雄性竞争会驱动雄性动物花费巨大的能量用于维持性信号。比如雄性马鹿,每年都要更换新的鹿角,大者可以占到体重的三分之一,严重拖累了雄性的身体。雄狮的鬃毛虽然威风凛凛,但每一根鬃毛都是由氨基酸等营养物质组成。男人在这方面也不遑多让,为了拥有健壮的肌肉和拉碴的胡子,他们要付出额外的物质代价。

其次,雄性竞争对雄性施加了强大的生存压力。雄性参与竞争的对手数量越多,压力越大;对手能力越强,压力也越大,直至造成生存危机。比如雄狮,很少有机会病死,多数都是在与其他雄性的搏杀中死去。

再次,为了应对激烈的雄性竞争,雄性必须依靠高浓度的睾酮维持强壮的身体,同时产生必要的性欲。但持续的高浓度睾酮又会严重威胁雄性的机体健康,直接导致雌雄寿命的差异。雄性激素的另一个副作用是强化雄性的交配兴趣,它们在发情期间会追求高频率的交配活动,对机体造成严重的损耗。红松鼠就是活生生的例子,它们生育的时间越早,死亡也就越早。交配活动越频繁,雄性死亡率就越高。

最后,雄性炫耀也是重要的死亡诱因,除了炫耀行为需要消耗额外的能量,还有可能造成意外的身体伤害。在野外环境下,雄性炫耀还会吸引捕食者的注意,它们可能在交配之前就从动物变成了食物。

以上种种因素,在恶劣的自然环境中都会被无穷放大,导致雄性动物的生理健康水平大大低于雌性动物,并直接影响了基因对雄性肉体的预期。

基因的任务是衡量当下和未来两个方面的生育前景,评估其中的成本和收益,并以此平衡寿命的长短。这是一个极度复杂的过程,总的原则与基因的自私策略有关,广泛存在的两性寿命差异正是基因算度的结果。

众所周知，基因会不断向下传递，肉体只是基因路过的临时通道。为了确保信息传递效率，基因必须不断放弃旧的肉体、启用新的肉体，其间伴随着不断的新生与死亡。人类也摆脱不掉这个生死的轮回，无论是英雄还是窃贼，他们的肉体都必将被自己的基因抛弃。问题只在于何时抛弃，那正是寿命长短的关键。

肉体常被看作是一种机器，损伤程度越低，或者修复效率越高，则衰老速度也就越慢。衰老与修复是不断发生的动态过程，也是决定寿命长短的重要因素。理论而言，如果所有器官都具有高效的修复能力，将有助于机体不断延长寿命，直到长生不老。但所有古人都能证明这种情况并没有出现，无论是得道高人还是凡夫俗子，他们都循规蹈矩，按时死亡，没有一个人破例永生。原因就在于，机体修复需要消耗能量，所以必须计算成本。对于容易损伤的东西，完全没有必要维持高效的修复能力。如果汽车天天爆胎，就应该换一个车胎而不是反复补胎。只有修复的预期回报超过预付成本，修复才有意义。就像修房子，前提是房子修好以后不会立即倒掉。肉体也一样，如果根本没有活下去的机会，修复工作就不会启动。极端的损伤是砍头，那时任何机体修复工作都会顿然停止。

由于机体缺乏永久的修复能力，死亡不可避免。我们所能做的，只是尽量减缓死亡的脚步，努力维持身体的修复能力。但与此同时，为了完成基因的传递任务，我们又必须为争夺食物和配偶而战斗，意外损伤和机体消耗不可避免，衰老与死亡终将如约而至，从不缺席。

根据基因的算度，意外损伤越多的动物，修复的价值越低。而雄性动物的意外损伤程度无疑高于雌性动物。可雄性动物由于受到雄性激素的影响，在免疫力方面又相对较弱，更容易出现各种感染。所谓"屋漏偏逢连夜雨"，正是对雄性动物的真实写照。天长日久，雄性动物终将伤病满身，导致修复跟不上损伤的速度，最后只能停止修复，那时肉体就到了可以抛弃的时候。死神悄然而至，与肉体如影随形，直至相拥相依、携手踏云而去，从此再无肉体的伤痛与心灵的烦恼。

这是所有雄性动物面临的困境，人类男性只是其中的代表。所以男性的肉体也很容易遭到基因的抛弃。

回头再看女性，她们的肉体有着完全不同的表现。

与男性相比，女性受到的意外伤害相对较少，她们很少打架，也很少飙车，肉体受到的损害程度较弱，因此值得修复。另外，为了完成生育任务，女性正好拥有强大的机体修复能力。

自从受精以后，胚胎的系列发育工作都在女性体内完成。女性必须为胚胎提供良好的生理环境，否则就不足以生下健康的后代。只有处于最佳状态的肉体才能满足生育的需要，而肉体不可能一直处于最佳状态。要想连续不断地生孩子，只能靠连续不断地修复，所以女性更需要提高修复能力。雌激素在其中起到了重要作用，这类激素可以促进内皮血管扩张，保障氧气供应，对心血管系统具有明显的保护作用。

但女性身体最重要的变化出现在怀孕期间，随着怀孕进程的推进，她们的身体会经历一场剧烈的激素总动员，各种激素如同汹涌的波涛，不断冲刷着血管所及的各个角落，给身体带来了全新的环境。为了给胎儿供血，血液循环阻力空前降低，心血管功能得以大幅提升；为了给胎儿提供营养，她们的分解代谢和吸收能力也同步改善。女性的身体几乎可因怀孕而得到彻底更新，并因此活得更久。

大规模的调查已经证实了这一结论，怀孕不但不会拖垮女人，反而会在某种程度上有所强化。在一些致命性的疾病方面，女性发病时间比男性更晚，例如冠心病的发病时间，几乎晚了十年。塞翁失马，焉知非福。女性正是从看似危机重重的生育过程中，收获了意外的回报。

反观男性，他们不会怀孕，根本无法享受与怀孕相关的任何福利。他们对生育工作的贡献更像是社会闲散人员，射精任务瞬间就可以完成，身体好坏对于胎儿发育并没有明显影响，所以没有必要维持健康的肉体环境，而劣质的肉体必然造成较短的寿命，导致男性的寿命往往比女性短几年。

归根结底，正是雄性竞争导致的基因对于两性肉体的修复策略差异，造成了两性寿命差异。

那么，两性寿命差异，又与一夫多妻制有什么关系呢?

调查发现，不同物种之间，随着一夫多妻制程度的不同，雌雄寿命差异也不同。总体而言，雄性拥有的配偶数量越多，面对的雄性竞争就越激烈，相对于雌性的寿命也就越短。无论是鸟类还是哺乳动物，大体如此。而且寿命越长，寿命差异越大，那是雄性竞争与损伤积累的必然结果。

而一夫一妻制动物则不然，由于雌雄比例相当，雄性竞争相对较弱，对机体的损耗明显降低，所以很少出现夸张的两性寿命差异。

简而言之，雌雄寿命差异与体型差异及年龄差异一样，都是一夫多妻制的证据。如果有一天人类实行严格的一夫一妻制，男人不必展开激烈的雄性竞争，他们将和女性一样温柔平和，寿命也就将与女性相差无几。

两性寿命差异不但证明人类是典型的一夫多妻制动物，还证明男性需要为一夫多妻制付出沉重的代价。男人并不能想要几个配偶就可以找几个配偶，这种想法不但会遭到其他男性的抑制，还会遭到各种社会因素的制约。

男人为什么要学会克制

男人之所以对一夫多妻制充满兴趣，是因为一夫多妻制有着强大的吸引力。试想这样一种假设：理想情况下，一个男人一年可以和十个女人生下十个后代，而一个女人一年纵然和十个男人在一起，却也只能生下一个子女。这一简单的事实深刻揭示了男女关系的本质。男性能从一夫多妻制中获得更多的生殖回报，那是他们追求一夫多妻制最深刻的动力。

另外，从生物学角度来看，男性也有追求一夫多妻制的本钱。理论而言，一个成年男性提供的精子足以让全世界的所有女性受精。所以，一夫多妻制并非天然错误，在受到文化力量干涉之前，一直是人类社会最自然的婚配形式。如果仅以数字衡量，当前奉行一夫多妻制的国家仍然多于一夫一妻制国家。西亚和非洲整体实行一夫多妻制。就算法律明文规定一夫一妻制的社会，也同样存在一夫多妻现象，比如印度、菲律宾、泰国、印度尼西亚等，甚至标榜文明的美国也不能免俗。美国的一些地区仍然流行一夫多妻制，并且成为男性对外炫耀的资本。他们之所以炫耀此事，是因为一夫多妻确实是众多男性的梦想。

重要的不是男性的态度，而是女性的态度。她们并不能从一夫多妻制中获取更多的生殖回报，为什么要配合一夫多妻制呢？

出人意料的是，女性接受一夫多妻制，并非男权压迫的结果，而是女性主动迎合的结果。换一种说法就是，女性要比男性更支持一夫多妻制。

简单的推论是，如果女人不支持一夫多妻制，这一制度就将无法顺利实施。纵然男人可以制定相关法律，但很少有社会公开支持强奸行为——富有的男人基本不是靠强奸来征服他的众多妻妾。理由很明白，尽管超级富翁会有很多女人，但每个女人平均分配得到的财富仍然足以高过嫁给一文不名的乞丐。女人可以通过这种形式过上更加富裕的生活，后代的生活也更有保障，那是女性支持一夫多妻制的现实原因，是对男性大富翁策略的积极回应，也是反复衡量利益得失与不断博弈的结果。

但另一方面，一夫多妻制也没有全面铺开，就算在允许一夫多妻制的地区，真正有机会拥有多个配偶的男性比例也并不高。绝大多数男性和女性，仍然采用一夫一妻制。一夫一妻制才是无可争议的主流婚配制度，一夫多妻制最多只能算是补充。

为什么一夫多妻制没有成为主流的婚配制度呢？

因为一夫多妻并非多多益善，而是受到了诸多因素的制约，特别是男人，需要为此付出相应的代价，以至于压倒了他们追求一夫多妻的欲望。

所有男人都应该明白，通过一夫多妻制获取的生殖回报与代价成正比。他们无法每夜都与所有女人同床，这给她们制造了出轨的借口与机会。为此男人不得不花费巨大的精力防范被戴"绿帽子"的风险，相关成本要比一夫一妻制高出很多。这是准备尝试一夫多妻制的男人不得不考虑的现实问题。

美国的一项社会调查表明，无论哪个地区，除了个别家里有矿的富豪，大多数一夫多妻制的家庭都很贫困，根本无力供养过多的妻子和孩子，不得不依靠社会福利或者乞讨为生，印度的情况尤其严重。多一个人就多一张嘴，多一个女人就等于多几张嘴，因为女人会生孩子。一般情况下，一个男人的劳碌不足以养活更多的女人和孩子，这是简单的数学问题，也是制约一夫多妻制扩张的重要因素。

名满天下的海瑞海青天，一向标榜仁义孝顺，可到头来连给母亲做寿的钱都没有，只买了二斤肉略表心意。事实上他并不是真穷，明代高薪养廉，海瑞每年大约有三十几两银子的工资，养活十几个人不成问题。当时平民只需三两银子就可以保障一年的生活。何况海瑞名下还有几十亩官田，每年也有不少租金进账，他本来不应该那么穷。但等他七十五岁死去时，连口像样的棺材都置办不起，还有"二媵四仆"——好几个年轻的女人没有着落。

他为什么那么穷呢？

海瑞的钱大概都用在了女人身上。可能就是因为纳妾过多，本来的小康生活被他搞得七零八落。根据亲友笔记，他至少娶过三次正妻，纳过三个小妾，有学者甚至考证出他有过"九娶"的往事，大概也不是空穴来风。按当时价格，一个小妾至少要花去七品县令数年工资，这还是普通姿色的报价，绝色女子恐怕要银价上千。海瑞在南京任职时，有一妻一妾因为吵架而相继自缢，也耗费了不少的丧葬费用。此外他还要买房子，雇仆人，置办衣服、花轿、化妆用品，等等，这样一通折腾下来，海大人穷一点也是可以理解的。

不要说海瑞这种芝麻大点的地方小官，连南唐名臣韩熙载都因为小妾太多而破产。这位风流相公曾以《韩熙载夜宴图》而为后世所熟知，那豪华奢侈、极具情色格调的生活氛围令人极度艳羡。但很少有人知道，他几乎散尽家财才购买了百十名姬妾，结果却因开销太大，连日常生活也无以为继。

除了经济原因，生殖回报是一夫多妻制的另一个制约因素。以雄性长尾叶猴为例，它们过着典型的一夫多妻生活，优势雄性深陷妻妾成群的混乱局面，它们必须时刻警惕随时准备大打出手的雌性，并严厉惩罚带头闹事的雌性，以暴力手段控制着家庭内部的和谐。但百密一疏，只在眨眼之间，一个孩子就可能死于非命，那不是被捕猎者吃掉的，而是被吃醋的雌性玩弄致死。所以一夫多妻制动物的后代成长速度都很快，它们必须在尽可能短的时间内独立生活。

这种悲剧在人类社会有过之而无不及。

可以理解，如果男人的床上躺着两个女人，绝不只是增加一倍的浪漫，而是增加一倍的挑战，精子数量将出现供不应求的局面。自然状态下，健康男人的精子储存量只够一个半女人使用。当精子产量低于临界水平时，女人就很难怀孕。康熙皇帝一生总共生下35个儿子和20个女儿，活到成年的只有32个，其他均未活过14岁而早殇。乾隆皇帝养生有方，一直活到89岁，却也只留下了17个儿子和10个女儿。考虑到他们身边有着数以千计的女人，这点生育效率确实低得吓人。可见一夫多妻制并不能将生殖回报无限放大，生育瓶颈确实存在，那是遏制一夫多妻制无限扩张的重要阻力。

这时一夫一妻制反而会悄然展示出强大的优势，成为普通人的福音。

一夫一妻制的逻辑

我们已经知道，一夫多妻制既是男性的梦想，也是男性的梦魇。激烈的雄性竞争将成为强大的压迫力量，这种力量客观存在，以至于事关生死。按照普通比例，在不受法律约束的情况下，约有十分之一的成年男性可以采用一夫多妻制。就算他们每人平均只娶三个妻子，考虑到男性性别平衡，假设在一个由一百对成年男女组成的群体中，十个有钱的男人消耗了三十个女人，剩下的九十个男人就只能与七十个女人配对。就算其中七十个男人有机会采用一夫一妻制，也仍然会有二十个男人成为光棍。这些光棍将在雄性竞争意识的激励下成为可怕的破坏力量，直到威胁群体中每个人的生命安全。

自古统治者就知道，一夫多妻制是社会动荡的原因之一。从小处说，将会引发性犯罪率上升。从大处说，还可能成为社会暴乱的导火索。古代的历次农民起义，多数参与者都是光棍，他们已经没有什么可以失去的了，对社会秩序也就没有什么可在乎的。任何一场大规模动乱都可能导致无数人死于非命，其中自然包括那些一夫多妻者的后代，而且他们的损失可能更为惨重，因为他们将成为暴力攻击的首要目标。

所以聪明的统治者都会设法限制一夫多妻的程度，比如东魏统治者直接鼓励一夫一妻制，全国上下曾经出现过"举朝略是无妾，天下殆皆一妻"的大好局面。此后历朝历代的统治者虽然向贵族阶层妥协，允许他们在正妻之外另纳小妾，但资格审查也相当严厉，小妾绝不可以随便乱纳。有这个想法的男人要么有政治实力，比如各级官员领导，要么有经济实力，比如各方富豪地主。不顾一切乱纳小妾的行为，将受到政府的严厉打击。多数朝代都推行"庶人一夫一妇"政策，平民百姓只能守着一个女人过一辈子。直到元代有个小官谭澄愤然上书指出，"不孝有三，无后为大"，应该允许年过四十还没有儿子的老百姓纳妾。当时忽必烈正醉心向佛，有意以理服人，于是大笔一挥，从此天下普通男人才有了纳妾的权利。但私自纳妾仍将受到严厉惩罚，不但要罚钱打屁股，还要把女人送回娘家去。

普通人的优选策略是降低理想高度，转而寻求基本的婚姻方案，那就是一夫一妻制。那是受到经济规律制约的结果，同时也是自然选择的结果。

当雄心万丈的男人无力找到更多的妻子时，保底策略当然是先娶一个妻子再说。在两性平衡的大框架下，仅从数学上考虑，一夫一妻制也是相对现实的模式，是能满足两性需求的最低配置，也是缓解雄性竞争的最佳策略，可以最大限度保证普通男女都能找到自己的另一半，成本最低、可行性最强，因而最容易普及。

但性别比例并非一夫一妻制的决定性因素，其他动物的雌雄比例也大多维持在一比一左右，却并没有出现明显的一夫一妻制。多夫多妻制或一夫多妻制才是动物界常见的模式。在诸多影响动物婚配制度的因素中，直接指向一夫一妻制的并不多。仅有的一夫一妻制动物中，又以鸟类占比最高，雌鸟采用经典的晚成鸟策略困住雄鸟，逼迫它们不得不老老实实做个好丈夫。有些哺乳动物也学习了晚成鸟策略，并通过后代制约成功控制住了雄性。

恰好人类女性就是学习晚成鸟策略的典范。

假设人类奉行早成鸟策略，后代出生以后就可以自由活动，只靠母亲就可以存活下来，女性无法困住男性，男性当然就可以腾出手来到处寻花问柳，所以早成鸟动物必然远离一夫一妻制。

妙在人类都是早产儿，刚刚出生的婴儿就像不带壳的鸟蛋，没有任何自主活动能力，需要父母共同照料才能勉强存活，否则孩子就会变成捕猎者的一顿便捷快餐。为了保护后代，父母必须长期生活在一起，共同承担抚养重任，使一夫一妻制成为可能。

早产儿策略并没有完全排除一夫多妻制，但前提是男性有能力养活多个配偶及其后代，这给男性施加了巨大的压力，因此而成为制约男性一夫多妻制野心的关键因素。普通男性只能转而追求一夫一妻制，通过好父亲策略博取女性的配合，为自己生下父权明确的后代。

问题不在于男性，而在于女性。

女性和男性的情况有所不同，女性不存在母权明确的困惑，她们和任何男性生下的后代，都是自己的亲生骨肉。既然如此，女性为何要与特定的男性合作，而不是每晚与不同的男性合作呢？所谓狡兔三窟，只爱上确定的某人，等于画地为牢。她们为何不向其他哺乳动物学习，就算需要形成固定的配偶关系，也会在每个繁殖季节都更换一个配偶，实行假性一夫一妻制。因为只有和不同的配偶合作，才能得到不同的基因组合，完全符合有性生殖的内涵。有性生殖本来就是无序的基因搅拌场，那为什么不搅拌得彻底一点呢？只有两个角色的演出，最终呈现的效果未免相对单调，多人轮流演出的效果不是更让人目不暇接吗？

总而言之一句话：女性何必追求一夫一妻制呢？

从动物界的情况来看，要想在每个生殖季节换一个配偶，前提是后代必须在单个生殖季节内迅速成长，很快就可以独立生活，从而摆脱对父母的依赖。多数采用一夫一妻制的小型鸟类都采用这种策略，比如家燕，它们体型较小，后代可以在短时间内成长成熟，家燕夫妻在下一个生殖季节没有必要继续维持此前的关系，所以叫作季节性一夫一妻制。

而那些大型鸟类，比如丹顶鹤，由于体型较大，产的卵也较大，后代具有早成鸟的特征，孵化后不久就可以随父母行动。但雄性却并没有像其他早成鸟父亲那样弃家出走，而是继续陪在雌鸟身边，与雌鸟共同照顾后代。原因就在于，大型鸟类的后代体型往往也比较大，所以它们需要较长的发育时间，一般要两到三年时间才能真正独立生活。由于后代发育时间跨越了生殖季节，父母必须持续待在一起，才能每年都为新生的后代提供帮助。丹顶鹤因此而摆脱了季节性的束缚，成为真正的一夫一妻制动物。

人类的情况和丹顶鹤有点相似，由于受到体型等因素的制约，人类早产儿在体外发育的时间特别长，呈现了典型的跨生育季节的特点，对父母的依赖尤其强烈，有的甚至要在父母身边待上十几年。所以女性不能像小型雌鸟那样，在每个生殖季节都换一个配偶，而只能像丹顶鹤那样，尽量在更长的时间内陪在固定的配偶身边。这是促使女性追求一夫一妻制的根本因素，她们可以从中获得稳定的生殖回报。

另外，女性频繁更换配偶并不能带来更多的生殖回报，反倒可能使后代面临灭顶之灾。出现这种危机的根源，在于所有男性都是潜在的冷血杀手，这就是让人后背直冒凉气的"杀婴假说"，与"早产儿假说"互为因果，毕竟早产儿更容易被杀死。由于凶手主要是雄性，又称为雄性杀婴行为。

雄性杀婴行为可能是推动人类实行一夫一妻制的另一个重要动力。

危险的男人

为了节省奶水养活后代，雌性哺乳动物在哺乳期间往往无法发情，否则就可能因为生下太多后代而照顾不过来。这对雄性来说原本不算什么，正常的生殖间隔并不会大幅削弱生殖回报，相反，却有可能给雌性留有喘息的机会，进而提高生育质量。但在这一看似合理的生育策略中，却潜伏着可怕的杀婴危机。

雄性要想确保自己的生殖回报，就必须确保雌性生下自己的孩子，而不能生下别人的孩子。当它们发现雌性身边来路不明的后代时，就会顿起杀心。只有将父权模糊的后代杀掉，才能促使雌性再次进入发情状态，为自己生下父权明确的孩子，这就是雄性热衷于杀婴的生物学动机。

杀婴行为是雄性哺乳动物的常见现象，从热带草原到冷杉雪岭，从戈壁沙漠到流雾的湿地，到处都可以发现早夭的动物幼崽。它们大多并非死于天敌的捕杀，而是死于父亲的情敌，因为天敌捕猎后不会留下尸体。

在少数雄性控制多数雌性的动物群体中，杀婴行为最为严重。雄性之间时常出现霸权争夺战，轮番上演武斗大戏，胜利者仍会遭到新的挑战。它们必须抓紧时间留下后代，为此只能杀死前任的子女。而且雌性生育期越短，交配行为越复杂，杀婴行为也就越频繁。毕竟所有雌性都不断面临新的诱惑，甚至连自己都无法判定孩子的父亲是谁，雄性就更不清楚了。为了保险起见，雄性本着宁可错杀一千不可放过一个的原则，持续不断地对前任的后代痛下杀手，导致群体中出现波浪式的杀婴狂潮。野外调查表明，叶猴有近三分之二的后代都被怀有敌意的雄性杀掉了。

在所有杀婴动物中，狮子是最著名的例子。

普通狮群往往由一头雄狮控制，只有少数超级狮群可能由几头雄狮共同管理，它们一般都是兄弟，以血缘关系结成联盟，合伙控制多头雌性作为配偶。在雄狮的保护下，狮群中的雌性及其后代可以顺利成长。但好景不长，当后代长大以后，雌性可以继续留在狮群中，而雄性则必须离开狮群到外面的世界去打拼。它们唯一的希望是找到另一个狮群，依靠强壮的体魄挑战狮王，通过暴力手段抢夺老狮王的地盘，同时占有它的所有配偶。如果挑战成功，它们将把老狮王留下的后代全部杀死，迫使雌性重新发情，为新的狮王生下新的后代。这种模式在哺乳动物世界被不断复制，不管是肉食动物还是草食动物，都会采用相同的策略。

以普氏野马为例，它们属于典型的一雄多雌家庭。优势雄性称为头马，与狮王一样，以暴力控制着整体群体中的雌性。下一代年轻的公马在两到三岁时成熟，就会遭到头马暴力驱赶，被迫离开家庭到外面闯荡。尽管雌马会对儿子依依不舍，但在头马的强力干预下，仍然不得不与儿子忍痛分离。

接下来的故事和狮子基本雷同。众多年轻的公马会组成流浪黑帮，寻找机会挑战其他马群的头马。只要挑战成功，年轻的公马就会晋升为头马，享有群体内部所有雌性的交配权。而落败的头马只能黯然离场，再也没有翻盘的可能。根据野外调查，头马每三年左右就会被淘汰一波，与年轻公马的成长节奏大致差不多。

改朝换代之后，新的头马就会杀掉老头马的后代，就连刚刚出生的后代也不放过，因为那肯定不是新头马的后代。头马杀死后代的方法与狮子不同，它们很少直接用牙咬，而是用蹄子踩踏。其间雌马会奋力保护自己的幼崽，但常常力不从心，甚至连累自己受伤，最终还是很难将幼崽保全下来。

有时雌性会联合起来保护幼崽，这种情况在狮群和野马群中都时有发生。但雌性的保护很难做到滴水不漏，雄性只需要一个合适的时机，就可以瞬间完成杀婴工作，导致雌性联盟功败垂成。在多数情况下，雌性的保护行动都只是聊尽人意而已，更多的时候，它们都只能眼看着自己的后代被杀死，然后重新发情，再为仇人生下新的后代。

这就是雄性杀婴行为的典型模式。

粗略估计，约有一半种类的哺乳动物都存在杀婴行为。就连可爱的猫咪，在面对情敌的后代时也毫不手软。只是在家养条件下，这种可怕的野性很难被主人观察到罢了。

有时雄性杀婴行为甚至达到了杀人于无形的境界，以至于怀孕的母鼠遇到新的雄性后会自动流产，这就是布鲁斯效应。那并非雌性刻意为之，而是受到雄性激素刺激的结果。雌性在雄性动手之前就主动流产，付出的代价反而最小。面对新的伴侣，它们就算勉强把幼崽生下来也没有意义，幼崽仍然会死于新欢的暴力之下。

缺失杀婴行为的动物，情况都比较特殊，比如有的雌性动物发情期相对固定，且一年只能生育一次，雄性就很少出现杀婴冲动，因为没有实际意义。就算把幼崽杀掉，雌性也不会重新发情，它们的年度生育任务已经结束，杀手并不会因此获得额外的生殖回报，反而会结下一个仇人，雄性乐得手下留情。

问题是许多哺乳动物都可以多次发情，为雄性杀婴埋下了可怕的伏笔。杀婴行为只对雄性有利，而对雌性不利。无论父亲是谁，遭殃的都是母亲的后代。因此雌性必须设法阻止杀婴行为，但它们破解雄性杀婴行为的办法并不多，大致只有以下几种简单的手段。

第一招，就是采用多夫多妻制，以此强化精子竞争，诱使雄性不再依靠暴力取胜。比如恒河猴就会用随机交配来缓冲雄性的怒火，为后代争取活命的机会。当雌性和所有雄性都有一腿时，雄性就不会再轻易痛下杀手。

第二招是独居，比如老虎就是独居动物，雌性独自将幼崽养大，远离雄性的威胁，自然可以解决杀婴问题。

第三招就是实行一夫一妻制，那正是人类尝试的方案。

在所有哺乳动物中，以灵长类动物的杀婴行为比例最高。与此同时，灵长类动物采用一夫一妻制的比例也高于其他哺乳动物。两者隐约存在某种内在的关联，暗示一夫一妻制可能是阻止杀婴行为的有效策略。由于灵长类动物存在较高的杀婴风险，这才需要用一夫一妻制加以压制。如果它们完全没有杀婴冲动，也就根本没有必要采用一夫一妻制。

以人类为例，女性平均一年只能生育一次，理论上男性应该没有杀婴的冲动，但事实上女性在每个季节都可以生育，每年存在多次怀孕的潜力，又为雄性杀婴提供了强大的动机，导致男性也会出现杀婴行为。

远古时期，男人往往会抛弃第一个孩子，因为他们无法确认那是不是自己的亲生骨肉，这种习惯其实是杀婴行为的延续。直到如今，杀婴行为仍然时常露出带血的狞笑。欧洲刑事杀人案件分析表明，被养父母杀害的婴儿是被亲生父母杀害的数十倍。就算他们不是直接死于谋杀，也可能是因为缺乏精心的照料而意外死亡。

这是一个令人魂魄俱寒的博弈逻辑，也是一个可怕的事实。

杀婴假说认为，人类为了避免可怕的杀婴威胁，这才倾向于采用一夫一妻制，以此明确父权，让男人不必再起杀心。为了实现这一目标，女性甚至进化出了一种重要的生理特征，以此对抗男性杀婴的冲动，那就是隐蔽排卵。

懵懂的女人

哺乳动物的排卵模式有好几种类型，大致可以归纳为两大类别，即自发排卵型和诱发排卵型。自发排卵是指卵细胞成熟后就会自主排出，不需要特别的刺激。牛就是自发排卵动物，它们每到排卵期就会自动排卵，至于能否受精，似乎并不重要。

诱发排卵是指需要某种刺激才会排卵，最重要的刺激手段就是交配。猫就是典型的诱发排卵动物，兔子亦然，特别是兔子，诱发排卵的条件相当简单，有时雌性只要看到雄性就可能排卵，更不要说交配了。

相对而言，交配后再排卵更为合理，毕竟排卵的目的是受精，如果没有交配，排卵似乎没有意义。

多数灵长类动物都属于自发排卵类型，雌性可自发排卵，既不需要环境刺激，也不需要雄性帮忙。但自发排卵动物有一个难题需要解决，为了不浪费卵子，它们必须设法通知雄性自己正在排卵，否则雄性仍像平时一样埋头寻找食物，对雌性的情况不闻不问，雌性排出的卵子就有浪费的可能。所以大多数雌性哺乳动物都会大张旗鼓地宣扬自己的排卵期，这就是公开排卵。

可以看出，公开排卵时，雌性的主要任务是向雄性索取精子，为此它们需要向雄性展示明确的排卵信号。比如雌性狒狒在排卵时，会散发特殊的气味，同时阴部鲜红肿胀，就像高高挂起的灯笼，等于向雄性发出了明确的交配邀请函。此时它们毫无节操可言，甚至直接蹲伏在雄性面前搔首弄姿，目的只有一个，希望雄性抓紧时间进入主题，过期不候。

此时雄性不必拥有深奥的科学知识，它们只要明白一点，雌性一旦排卵，就应该少说废话抓紧交配。排卵期之外，它们就像稳重端庄的正人君子，对"情欲"二字根本不感兴趣。

所以自发排卵的雌性通常也是公开排卵的雌性，人类女性却是例外。

女性基本无法感知自己的排卵期，既然如此，当然也就无法大力开展宣传工作。她们在排卵期的举止和其他时间几乎没有区别，该上班上班，该做饭做饭，看起来并没有什么特别表现，这就是所谓的隐蔽排卵。也就是说，女性不知道自己何时能够怀孕，男人同样也看不出来她们何时容易怀孕。从这种意义上说，女人是哺乳动物中最懵懂的雌性。

那么，女性为什么要隐蔽排卵呢？

有学者相信，那与人类直立行走有关。

人类直立行走以后，女性生殖器的位置随之发生了位移，从身体后部移到了身体下部，变得更加隐蔽，很难再像以前那样让男性一眼看见。肿胀发红等公开排卵的信号变得毫无意义，反倒会影响行走效率，所以女性丢掉了公开排卵的信号。

这个观点有一定的道理，至少人类与黑猩猩之间，确实存在直立行走和隐蔽排卵的双重差异，暗示直立行走和隐蔽排卵似乎存在某种关联。但有一种叶猴也是隐蔽排卵，可它们却不会直立行走。也就是说，两者似乎又并不存在必然的因果关系。

另一种比较清纯的观点叫作"恋爱理论"，认为女性隐蔽排卵是为了更好地谈恋爱，以便找一个性格相投的伴侣。而性格并不像肌肉强弱那样容易辨别，两人要在一起度过一段浪漫时光，通过长时间的观察和分析，才能全面了解对方。这段时间当然不能随意发生关系，所以女性必须隐蔽排卵，否则就很难把握自己的欲望，容易让劣质男性轻松得手。也就是说，隐蔽排卵是筛选劣质男性的重要屏障。

与这个观点一脉相承的是"好父亲理论"，意指女人隐蔽排卵为的是留住男人，让他乖乖地待在家里做个共同抚养后代的好父亲。无论多么优秀的男人，如果不能留在家里陪伴妻女，再优秀都没有意义。

绝大多数雄性动物几乎没有任何用处，它们只在发情期出现，然后想方设法完成射精动作，交配之后除了要把自己肚子填饱，根本无所事事。雄狮甚至连自己肚子都不想填，自有母狮子打猎来喂饱它们。这些家伙丝毫不把工作放在心上，基本就是纯天然、全自动的射精机器而已。

万一男人也是如此不负责任的射精机器，女人的生育任务就不可能完成，她们会被生育困境彻底压垮。

"好父亲理论"认为，隐蔽排卵是女性留住男性的有效手段。由于隐蔽排卵，男性搞不清她们什么时候才会受精，所以只能守株待兔——如果不知道兔子何时出现，最好的方法是打连发枪，用连续发射保证一定的命中率。为此他们不得不留在家里，被迫花更多的时间与隐蔽排卵的女人做爱。而男人陪伴女人的时间越长，就越能明确父权，因此越有信心将后代抚养成人。这样的父亲当然就是好父亲，他们莫名其妙地掉进了隐蔽排卵的陷阱。

可以想象，假如女性像其他雌性动物那样公开排卵，每到排卵期就大犯花痴，招来大群如狼似虎的男人，在发情的居所举行盛大的交配狂欢。可是疯狂过后，排卵期结束，随后的交配都是浪费时间，而且由于父权高度模糊，没有哪个男人愿意留下来与她同甘共苦，于是大家哄然而去，只剩下孤独的女人黯然神伤，她的后代也因无人抚养而面临饿死的风险。

人类的晚成鸟策略和生育困境，以及由此造成的早产儿性状，都不允许女性做如此大胆的尝试。最佳策略是通过隐蔽排卵留住男人，双方组成简单而稳定的家庭，让男人心生感动、恋恋不舍，老老实实待在家里做个好父亲。

与此相反的观点叫作"坏父亲理论"，认为女人隐蔽排卵不是为了留住男人，而是为了蒙骗男人。

原始时期的男人都很残忍，他们会毫不犹豫地杀死情敌的后代。女人保护孩子的方法只有一个，就是让男人误以为那是他的后代，而让男人误认的方法也只有一个，就是和他做爱。为此她们只有隐蔽排卵，让每一天看上去都能怀孕，甚至不惜进化出了永久乳房，用坚挺的乳房暗示自己正处于排卵期。男人对此尽管半信半疑，不能确定对方怀上的就是自己的孩子，但也不能确定就不是自己的孩子，动手杀人时就会考虑一下，后代的生存概率就此大为提高。

既然大家都是坏蛋，隐蔽排卵还可能带来意外的好处——在某种程度上缓解部落内部的雄性竞争。如果女性公开排卵，所有雄性都知道授精机会稍纵即逝，都想在最佳时间霸王硬上弓，可是正在排卵的雌性数量有限，雄性为争夺花红，很容易大打出手，直接导致部落内部极不稳定。但当女性隐蔽排卵时，男人之间虽仍存在竞争，却不必那样急迫与势不两立，毕竟时间很多，大可从容应对，反倒很少出现火拼的局面，这在一定程度上有利于群体团结。这就是隐蔽排卵的社会意义，也是坏父亲造成的意外结果。

那么，"好父亲理论"和"坏父亲理论"哪个更正确呢？

这不是一个简单的选择题，我们无法长期圈养几个社会群体加以对比验证。动物学研究得出的结论也相互矛盾，比如有些公开排卵的物种更易乱交，而一夫一妻制动物则常见隐蔽排卵，这大致和"好父亲理论"的逻辑一致。与此同时，有些隐蔽排卵的哺乳动物，比如海豚和灰叶猴，都有乱交的特征，这又符合"坏父亲理论"的逻辑。所以目前科学家还很难得出确切的结论。很有可能，好父亲因素和坏父亲因素都对女性的隐蔽排卵有一定的贡献，所以有人放荡而有人贞洁，那可能是女性应对不同男性而采用的不同策略。

可以肯定的是，人类进一步发展了隐蔽排卵策略，并衍生出了持续发情的生理特征，对隐蔽排卵起到了强化作用。

大约正是持续发情的能力，将人类与其他动物的婚配制度不断区分了开来。

持续发情

排卵和发情是两码事，只是存在一定的因果关系，经常同时发生，有时被误认为是一回事，其实不然，排卵是排出卵子的过程，而发情是服务于排卵的全身性生理反应，可以看作是排卵的广告。

排卵是雌性的任务，而发情则是雌雄两性共同的任务，它们的目标都是让卵子受精。既然如此，雌性首先就要放出明确的信号，正式通知雄性：我发情了，最近就要排卵。如果你想让卵子受精，就要抓紧时间行动。

针对雌性的通告，雄性必须做出回应。尽管雄性动物没有排卵，也会有相同的发情反应。所以多数哺乳动物都有清晰的发情期，也只有在此时，它们才会激情四射、动若脱兔。据说山羊发情时一天可以连续交配九十多次，以至于有人对山羊产生了暧昧的崇拜情结，相信羊肉羊鞭羊球都可以大补。有的猴子也可以一天交配五六十次。但在发情期之外，它们则静如处子、淡泊娴雅，根本不再去想交配的事情，直到重新发情，才会再次放飞自我。这种周期性的发情表现，就是所谓的发情周期。

雌性哺乳动物的发情周期比较复杂，有的一年只有一次发情期，比如大熊猫。有的一年有好几次发情期，比如狗，每年有两个发情期，猫通常有三到四个发情期，具体情况与营养及怀孕情况有关。还有些动物没有固定的发情时间，只要食物供应充足，而且身体允许，就可能进入发情期，比如狮子和奶牛。特别是奶牛，在家养条件下，发情的比例非常高，导致奶牛场不得不采取化学措施加以处理，以免影响生产效率。

发情需要消耗大量营养和能量，明显受到食物供应水平的制约。古人早有"贫贱夫妻百事哀"的说法，其中就包括性事在内，那就是受到食物限制的必然结果，也是许多动物都在春天发情的原因。每到春天，阳光明媚，食物充足，到处生机盎然，雌性动物可以摄取足够的能量，所以《动物世界》才总是说："春天来了，万物复苏，又到了动物交配的季节。"

排卵的是雌性动物，而不是雄性动物，所以雄性动物只能根据雌性的表现采用相应的措施。如果雌性没有发情，雄性发情没有意义。同样的道理，如果雄性没有发情，雌性发情也没有意义。因此哺乳动物大都会同步发情，它们在性激素的刺激下，对异性产生强烈的渴望，并表现出高昂的交配兴致，可以极大提高交配效率，而无须苦苦等待对方进入状态再行好事。这对独居动物尤其重要，因为独居动物平时雌雄分隔，很难共同相处，只有在发情季节，它们才会短暂聚集，享受同步发情的美妙时刻。

毫无疑问，固定的发情周期极大限制了交配频率，其中的逻辑很简单：此事不宜多做，因为多做无益，只要在发情期略做几次就可以完成任务，做多了反而会影响生存。所以明确发情期才是优选策略，是平衡生殖和生存需求的结果，因而成为动物界的普遍现象。

可人类却放弃了这个优选策略，丢弃了明确的发情期，缺少明显的发情表现，就像隐蔽排卵一样，出现了隐蔽发情的症状。不过有些学者倾向于另一种表达，认为人类并非放弃了发情期，而是一直处于发情状态，非但没有隐蔽发情，反倒发展出了持续发情的能力。成年男女每日每夜都可以做爱，就是持续发情的最好证据。

真正奇怪的是，女性在隐蔽排卵的同时，却发展出了持续发情能力，她们可能不知道自己何时排卵，却知道自己何时发情。内心的欲望尽管难以言说，风情万种的仪态却泄露了天机。既然如此，男人当然要积极配合，当仁不让地同步进化出持续发情能力。不能积极配合的男性，都很难让持续发情的女性满意，因此也很难留下自己的后代，最后都被淘汰了。

既然有了持续发情，频繁做爱也就是水到渠成的事情，人类就这样成为自然界最色情的动物。

问题是频繁做爱有什么意义呢？很多完事后的男人都会发出这样的灵魂拷问：这种事情不但耗费能量，而且耗费时间。明明可以像其他动物那样，一年只要做一两次就够了，人类却每天都想做，岂不怪哉？

有一个听起来比较奇特的"卖淫理论"，就试图解释这一现象。该理论暗指：原始女性可以通过频繁做爱，从男人那里换取更多的食物。这种行为一直延续到现在，妓女就是往事的遗迹。在其他灵长类动物身上，比如叶猴和川金丝猴，都有以交配换食物的做法。与雄性保持良好的交配关系还可以得到安全保护，免受其他雄性的骚扰，从而有更多的精力抚养幼崽。人类并没有彻底摆脱这种模式，所以女人总是倾向委身于强大的男人。

女性之所以能够不断地用交配换食物，是因为她们已经具备了隐蔽排卵和持续发情的能力，会让男性误以为她们每天都可以受孕，这才愿意为了肉体而献出食物。如果女性公开排卵，排卵期以外的交配价格就会大打折扣，进而影响男性的交换欲望，持续发情也就失去了意义。由此可见，隐蔽排卵、持续发情和频繁做爱这三大特征，在"卖淫理论"的框架内都能得到合理的解释。

既然交配的根本任务是让卵子受精，男性就可能会对女性的隐蔽排卵展开反击。事实正是如此，研究人员已经在人类精液中发现了高浓度的复合性激素，诸如卵泡刺激素、促黄体生成素和雌二醇等，这些激素对男性本身意义不大，却可以促进女性排卵，以此破坏隐蔽排卵的阴谋。而人类的近亲黑猩猩还没有发展出这种能力，因为黑猩猩有明确的排卵和发情周期，雄性无须在暗中对雌性发起激素攻势。

但是"卖淫理论"无法解释倭黑猩猩的行为。倭黑猩猩也有持续发情、频繁交配现象，可它们并没有以此作为交换食物的筹码，而似乎只是纯粹的娱乐。

与"卖淫理论"相反的观点认为，持续发情并非出于"卖淫"的需要，反倒是出于维持家庭稳定的需要，是推动一夫一妻制的重要动力。

人类是唯一拥有用火能力和开发工具能力的动物，这些技术大大提高了食物供应水平，完全可以满足持续发情的需要。以此为契机，女性开始挖掘持续发情能力，她们用隐蔽排卵诱惑男人，再用持续发情留住男人，将隐蔽排卵和持续发情组合的威力发挥到了极致，使男人掉在温柔陷阱中无力自拔，稳定的一夫一妻制家庭才成为可能。而稳定的一夫一妻制家庭明显有利于提高后代成活率，持续发情的基因将因此而得到迅速扩散，很快成为人类社会的主流模式。

如果这个假说成立，那么女性生育之后，就会表现出更强的性欲，对男性形成更大的交配压力，以便继续维持配偶关系。正如我们所知，民间早就总结出了"三十如狼，四十如虎"的谚语，证明女性确实在按照这一策略行事。女性甚至在怀孕期间也能照样做爱，这种强烈的持续发情行为当然不是为了生育，而是为了消耗男性的精子，从而降低其他女人受精的机会。

男人精子虽多，但也架不住持续不断的消耗。精子在家里消耗得越多，让外面的竞争对手怀孕的概率也就越低，这似乎是简单的数豆子的问题。女性因而可以通过持续发情最大限度地维持家庭稳定，为普及一夫一妻制做出了重要贡献。

持续发情是隐蔽排卵的结果，而频繁做爱则是持续发情的结果，总体目标都是维持稳定的配偶关系。正是为了完成这一艰巨的任务，人类还进化出了强大的性高潮能力，成为动物界最令人叹为观止的奇观。

那么，性高潮又和一夫一妻制有什么关系呢？

刺激的乐趣

长期以来，动物学家一直无法确定其他动物在交配过程中是否有性高潮，毕竟他们无法亲切地询问动物的切身感受，也无法让动物生动准确地描述自己的体验。但据猜测，有些动物似乎有性高潮，此事符合达尔文提倡的连续进化原则，人类的性高潮应该与动物的性高潮一脉相承，都只是交配系统中的一种元素而已。

逻辑很简单，只有享受交配过程，才能完成传宗接代的任务。只是受到种种因素的制约，动物享受交配的程度肯定不能和人类相比。毕竟它们居住在野外，四下都充满了危险，而交配时难免分散注意力，很容易遭到猎杀，而且一次就容易被干掉一对。哪怕狮子这样的顶级杀手，也不会在交配活动中浪费大量时间，尽管它们没有被猎杀的风险，但会浪费太多的营养与能量，特别是浪费了本来可以用于捕猎的时间，所以交配活动必须有所节制。

为了节省时间，大部分动物的交配行为和它们的身手一样快。麻雀的交配如同击剑，在擦身而过的一刹那已经打完收工。我们经常看见麻雀，但很少看到它们在交配，就因为它们的动作实在太快，快到我们根本不认为它们在交配。公鸡常常为我们展示可怜的性生活流程：追逐、上去、压倒母鸡、交配，然后下来，动作如行云流水，瞬间完成。被强奸的母鸡甚至都不必放弃对前面一条虫子的追杀。黑猩猩虽然可以在发情期随意交配，但交配时间一般不超过一分钟，也是快进快出，绝不磕磕绊绊。而外形强悍的狒狒更是只有七八秒，运动次数不超过二十下，雌性在这过程中基本没有反应，最多稍做配合而已。

部分灵长类动物可能确实存在性高潮，它们在交配时的表情泄露了内心的秘密，有一种表情似乎是性高潮的标志，以至于被动物学家命名为高潮表情，大约可以持续十秒。雌性倭黑猩猩在交配时甚至会露出满意的笑容，有的还会惊声尖叫。长臂猿在交配时，雌性会紧紧抱住雄性双腿，一边大声呻吟，一边深情地扭头望着它的配偶。但它们的交配时间无一例外都很短暂，一分钟已经是个奇迹。可以想象，它们纵然有性高潮，也如电光石火般一闪而过。对人类而言，如此神速的交配，纵然妻妾成群，又何欢之有？

动物学家普遍相信，人类的性高潮峰值之高、持续时间之长，都足以令其他动物仰天兴叹。

问题是人类为何需要如此强烈的性高潮呢？

这个问题其实可以分为两个小问题，一是男人为何需要性高潮，二是女人为何需要性高潮。

一般来说，男人有理由享受做爱，毕竟他们不会出血，也不会怀孕，不承担任何肉体风险，损失的只是几滴无关紧要的精液。就算他们不主动交出存货，也会在夜深人静时手动清仓。从物质损失的角度来看，射在墙上与射在身上并没有本质区别——他们根本就没拿那东西当作紧俏商品。如果在处理存货的过程中还能产生一点快感，又何乐而不为呢？

但女人不同，她们在激情过后需要承担极大的风险：做爱可能致病，也可能因机械损伤而出血；如果见过产妇撕心裂肺的惨状，她们就会知道"生育困境"这个学术名词到底意味着什么；就算一切顺利，也会生下一堆不断索取食物的孩子来，继而需要没日没夜辛勤的劳作才能喂饱那些嗷嗷待哺的孩子。所以头脑清醒的女人都应该努力避免怀孕，进而避免做爱。可是她们却完全不考虑这些，她们似乎同样乐在其中。暗示高潮背后，必有非凡的驱动力量，否则女性很难趋之若鹜。

平心而论，人类做爱过程看起来相当乏味，不但动作单调，而且情节粗糙，从开头就可以预知结尾，不需要导演，不需要道具，甚至连服装都不需要，远没有其他娱乐项目复杂有趣。但男男女女却常常沉浸其中不能自拔，女人的表现有时甚至超过了男人，她们的性高潮症状也远比男性复杂。

当高潮来临时，女性身体内部的血液会迅速向体表输送，皮肤温度随之升高，民间形象地称为欲火焚身。有些女性会同时出现性红晕，即在腹部和乳房一带呈现明显的红斑，并不断向四周扩散，有时直达脖子和面部，连带嘴唇更加饱满性感，乳房膨大且富有弹性。与此同时，由于大量血液涌向体表，她们的大脑会出现短暂的缺氧反应，从而涌现各种幻觉和错觉，似乎能感受到春花次第绽放、窸窣动人，每一朵都是那么美丽而绚烂。身体如烟火在星空喷薄而起，如烟如雾、如诗如幻。有人甚至能听到鼓乐齐鸣，声音曼妙而空灵。有人则觉得自己正御风飞行，在透明的宇宙中任意翱翔。当然，她们的肉体仍然停留在床上，正在尽情享受浑然忘我的销魂体验。一切都是那么美妙无比、不可思议，有时甚至会因眩晕而失控，或者出现意识崩溃，身体呈现僵直状态，出现阵阵肌肉收缩，间或莫名其妙地大叫出来，那就是叫床。最后则是无比的放松和极度的疲惫，全身酸软不愿动弹。所谓"侍儿扶起娇无力，始是新承恩泽时"，正是此意。

尽管不是每个女性都能体验如此强烈的性高潮，但性高潮无疑是确定的生理现象，问题只在于，如此复杂的高潮，能给女性带来什么好处呢？

有人认为，女性性高潮是自主排卵的副产品，剧烈的高潮反应可以诱发排卵。女性只有和心爱的男人在一起才容易出现性高潮，此时主动排卵就可以为心爱的男人留下后代,对于双方都是最高的奖励。

这个观点可以解释为何女性性高潮相对较少,而男性却很容易达到性高潮。既然性高潮的主要任务是排卵,而卵子数量并不充足,当然对性高潮的要求也没那么频繁。但男人不然,他们每次做爱都以射精为目标,所以每次都需要性高潮的刺激才能得到满足,否则就是白忙一场。

但这一解释只是近因,而非终极因,女性通过性高潮刺激排卵,能给自己带来什么进化优势呢?

答案可能与强化男性的忠诚度有关。

人类的持续做爱行为已经超越了生殖需求,升级到了维持伴侣关系的层面。他们不但可以通过语言、肢体和表情来强化亲密关系,更可以通过频繁的做爱来强化亲密关系。做爱是一种超级互动形式,其强度全面覆盖拥抱和接吻,可以不断刺激身体产生足量的多巴胺,进而提升配偶的忠诚度。

要想实现这个目标,做爱就必须有趣,否则无论男女,都可能会对这种简单枯燥的行为感到厌倦。不只是男人要觉得有趣,女人也要发展享受性爱的能力,不然没有提供服务的动力。所以男女双方都应该喜爱这种单调的运动。其他情况下他们很少喜欢同一种运动,只有这个项目可以对两性同时产生足够的吸引力,让他们无视枯燥的程序而乐此不疲。为了让男人更加沉迷于做爱,女人的身体被打造成了诱惑的陷阱:她们姣好红润的面容、光洁细腻的皮肤、善解人意的笑脸、敏感的双手和轻柔的抚摸,加上舌吻之类的甜品佐料,都会激发男人如水般的高潮体验,不会再轻易抛弃这种难得的福利。

总而言之，性高潮就是为了鼓励男人和女人频繁做爱的诱饵，引诱他们对每一次做爱都充满向往，最终成为自然界最能享受两性乐趣的动物。

事已至此，水到渠成，男人和女人都有结成稳定配偶关系的内在需求，以便每晚免费享用对方的肉体。女人独占男人的精子，男人独占女人的子宫。后代父权明确，如假包换。男人无可推脱，他们非但不会杀掉孩子，还必须努力工作将他们养大成人。

这就是人类采用一夫一妻制的前因后果。

如果男人能力超强，有能力养活更多的孩子，就可以晋级一夫多妻制。问题是这么想的男人不是一两个，而是几乎人人如此。可惜受制于激烈的雄性竞争，他们很少有人能够如愿以偿，奉行一夫一妻制守住一个女人，就已经万事大吉了。所以一夫一妻制很快成为人类社会的主流婚配模式，至于一夫多妻制，只是令大多数男人艳羡的海市蜃楼而已。

组建一夫一妻制家庭的好处多多，比如男人不必为了寻找新的配偶而四处游荡，得以躲在温暖的小天地里安享简单幸福的平凡生活。可以想象，常年在外流浪的男人连温饱都难以解决，当然很难组成幸福的家庭。就算偶尔勉强骗得极具文艺情调的女人的芳心，也只是匆匆聚散、转眼成空。真正可以长久维持的是一夫一妻制婚姻，他们的关系更为持久，稳定的生活避免了不断竞争造成的巨大伤亡，双方的寿命因此而得到有效延长。一夫一妻制的鹦鹉甚至可以活到八九十岁，而乱交的麻雀却只能活几年。活得越长，当然留下的后代也就越多，对男女双方都是双赢局面。

可见一夫一妻制尽管配置略低，但性价比极高，可以保证最多数男人的交配需求。普通男人是一夫一妻制的直接受益者，他们有充足的理由拥护一夫一妻制。正因为如此，一夫一妻制一旦成形，就会立即呈现出强大的适应能力，忠诚的基因由此得到了有效扩散，最终在全社会形成一夫一妻制风潮，并得到了舆论的积极评价，继而产生明显的榜样效应，建立起了忠于配偶、勇于奉献等社会道德，引领了人类文明的有序发展。

所以一夫一妻制不是宗教教化的结果，也不是法律强迫的结果，而是生物进化和男女博弈的结果。宗教与法律只是顺应了社会的需要，舆论与道德也只是在男女博弈基础上建立起来的行为指南。人类不是因为道德而采取一夫一妻制，而是因为一夫一妻制形成了相关的道德。

与此同时，一夫一妻制还用另一种方式推动了人类文明的进程，那就是激发了女人之间的竞争，形成与雄性竞争相对应的雌性竞争，同样成为塑造社会道德的重要力量。

女人之间的竞争

脊椎动物有一个普遍现象，雄性的外表往往远比雌性华丽醒目，这是雌雄二态性的主要内容，就连雄性蜥蜴的体色都比雌性更加鲜艳。雄性变色龙的变色技巧也令雌性望尘莫及。雄性青蛙更是五彩斑斓，排在池塘边上拼命鸣叫以宣示自己的实力。鸟类在这方面的表现更胜一筹，华丽的公鸡与灰扑扑的母鸡相比，永远是那么光彩照人。更不要说艳惊四座的雄孔雀了，而雌孔雀的色泽却和母鸡差不多，落在枯草丛中就难觅身影。雄性天堂鸟的华丽外表更是突破了动物学家的想象，其花纹、色泽、羽毛装饰的方式，都已达到了超乎想象的程度，以至于有大批鸟类爱好者不惜冒着生命危险深入东南亚丛林中拍摄天堂鸟。他们组建了专业的天堂鸟拍摄协会，并以出售天堂鸟图片为生，就因为天堂鸟的外表在人类世界有着广阔的市场。而能卖出好价钱的图片，主角基本都是雄性天堂鸟。雌性的表现与其他鸟类相似，朴素而平实。

雄性哺乳动物主要以身材和力量取胜，很少在体色方面花费较多能量，比如雄狮就要比雌性高大威武许多，毕竟它们需要和其他雄狮竞争交配权。尽管如此，雄性哺乳动物的毛发也要比雌性更加明亮整齐，比如雄狮的鬃毛就非常蓬松醒目，色泽也比雌性更加鲜亮。有些雄性哺乳动物拥有标志性的体色，比如雄性狒狒的面部如同京剧脸谱般，呈现鲜艳的红色或蓝色，雌性的面部则一如既往地平淡单调。

雄性动物的表现之所以如此招摇，是出于接受雌性选择的需要、不得不展开雄性竞争的结果。它们需要以各种方式博取雌性的信任，因而有着强烈的追求美观的动机。而雌性只需要灰扑扑地站在一边静静观察就可以了，毕竟雌性承受的性选择压力相对较小，可以保持简洁低调的生活方式。如果雌性色泽过于明艳，反倒可能招来不必要的风险，甚至可能殃及后代。

但人类却是例外。

排除性别审美偏差的因素。一般来说，我们大体都会承认，男性更显阳刚帅气，而女性更加漂亮美丽，一举超越了其他雌性哺乳动物，昂首登上顶峰，成为一道亮丽的风景。文人骚客往往不吝笔墨，对女性大加赞颂，诸如"翩若惊鸿，婉若游龙""眉似远山不描而黛，唇若涂砂不点而朱""娉娉袅袅十三余，豆蔻梢头二月初"云云，此类词句层出不穷，背后固然有无聊文人拍马屁的因素在推波助澜，但在一定程度上也反映了某种客观事实：相比于男性而言，女性确实以美貌见长。一个间接的证据是，网上美女图片的浏览量要远高于帅哥图片的浏览量，美女图片的丰富程度也要高于男性图片。这一统计结果至少表明了两种可能性：一是人们对美丽女性的图片内容更感兴趣；二是女性更热衷于展示自己的容貌，有时纯粹是出于自我满足，并没有明显的功利色彩。

人类女性的表现为什么会如此惊艳呢？

根本原因在于，人类普遍采用一夫一妻制，而一夫一妻制必然引发激烈的雌性竞争，堪与雄性竞争相抗衡。女性的容颜就是雌性竞争的结果。

显而易见，一夫一妻制仍然存在雄性竞争。不过雄性在接受雌性选择的同时，也在对雌性进行选择。因为在性别平衡的前提下，一夫一妻制大大压缩了女性的选择空间，同时也提高了男性的选择意识。既然男性只能选择一个配偶，他当然有必要像女性那样谨慎选择，进而推动女性展开前所未有的雌性竞争。

雌性竞争的隐秘含义是：如果你无法吸引优秀的男人，他们就会睡到别的女人身边。

不只是人类，所有采用一夫一妻制的动物都存在雌性竞争。比如鹦鹉和蝴蝶鱼等，常常采用一夫一妻制，雌性也需要吸引雄性的关注，它们的体色都和雄性同样炫目。领狐猴是一夫一妻制的灵长类动物，雌雄的体型与外貌也都差不多，它们分享基本相同的花纹和毛色，雌性甚至比雄性还要亮丽一些。可见，一夫一妻制是驱动雌性发展外貌的主要动力，女性只是其中的一员罢了。

雌性竞争对于人类进化有着广泛的意义，不但塑造了女性的容貌，而且塑造了女性的行为。经过漫长的淘汰，终于逆转了动物界通行的规律。最终的结果就是，女性看起来比男性还要漂亮。

女性追求美貌的动机在于，男性喜欢漂亮的女性。双手好看可以加分，两腿好看也可以加分，但如果脸丑，总分就会大打折扣，可见相貌因素具有一票否决作用。漂亮的女人才有资格撒娇，并令男性神魂颠倒。丑女人就只能撒野，并令男人魂飞魄散。

美丽本身不是目的，在空无一人的世界，女性必定缺少追求美丽的动机。此事不需要复杂的论证，只要看看白领女性在家和在工作单位是何等不同的状态就能知道，美丽的任务是展示自我，以此吸引他人的关注，尤其是吸引男性的关注。尽管有些先锋女性强调她们只为自己而美丽，但那只是牵强的说辞而已。如果身边没有男性，她们根本就不会想到为自己而美丽这种古怪的念头。

既然是为了博取男性的关注，女性当然会向着男性偏爱的方向发展，以男性的审美观为指导，对自己进行适度改造。如果男性喜欢这样，女性却偏要那样，他们就很难合作，过于特立独行的女性很难留下自己的后代。也就是说，正确的女性相貌，必定与男性审美挂钩。或者说，女性应该配合男性审美，那与男性配合女性审美是同样的道理。因为在一夫一妻制的世界，男女面临着对等的双向选择。

那么，男性偏爱女性的哪些特征呢？

答案很清楚，我们每天都在见证男性的选择。

人们常说男性喜欢性感的女性，"性感"就是标准。尽管每个男人对性感的认知并不相同，但从生物学角度理解，其本质基本一致，就是泛指女性展示的性信号强度。

女性要想得到优秀的男性，就必须设法告诉男性，自己身体健康、激素稳定，可以正常怀孕、顺利生育，还能成功将孩子抚养成人。可这些事情不能直接说出来，就算说了也没人相信，她们必须通过实实在在的性信号展示出来，展示的途径可以是头发、面孔、嘴唇、乳房、肤色、身材等，诸如此类，都可以让男性一目了然，继而才能怦然心动。因为其中的每一项指标，都预示着女性在未来生育工作中能够取得多少成绩。

如果一个女人具备了诸如此类的要素特征，就会被称为性感，成为吸引男性的尤物，同时也是美丽的代言人，她们将在婚姻市场上顺风顺水，很容易取得满意的生殖回报。

为了引起男性的关注，女性需要像男人那样积极展示性信号，以至于形成千姿百态的雌性炫耀行为，足以与雄性炫耀并驾齐驱，共同构建了人类社会行为的基石。

炫耀的女人

雌性炫耀的目的与雄性相同，都是为了吸引异性的关注。比如大鸨这种有趣的鸟类，因为经常出现性别失衡，雌性的数量有时是雄性的两倍以上，而且雌鸟性成熟较早，导致成熟的雌性缺少足够的交配对象，它们不得不反过来去追求雄性，表现出明显的雌性炫耀行为——用华丽的羽毛和复杂的舞蹈来展示自己的生育能力，以此激发雄性的交配兴趣。

而将雌性炫耀行为发挥到极致的，其实是女性，因为她们全身裸露，光洁无毛，是展示生育能力的最佳平台，也是她们炫耀的主要内容。但当人类穿起衣服、进入文明时代后，女性炫耀的内容也随之改变，她们很少像男性那样炫耀奔跑速度或者拳击能力，也不必炫耀扣篮技术或者举重水平，而是重点炫耀珠宝、饮食、服装、美貌，等等。凡是男人想要得到的东西，都是值得女性炫耀的内容，以便委婉地显示肉体质量和生育能力。

女性的炫耀大致可以归纳为三大模式，与男人的炫耀模式基本一致，无外乎好资源、好父亲和好基因。只不过女性把好父亲策略改为好母亲策略罢了。如果女性也要努力去当一个好父亲，就会失去寻找男性的兴趣。所以女性应该用正确的方式炫耀正确的内容，凡是炫耀错误的内容，都会造成错误的结果。好在大多数女性都能做到正确炫耀，很少离谱。

先说女性的好资源炫耀。

总的来说，女性很少像男性那样炫耀资源，毕竟抢占资源并非女性的关键任务，她们应该抢占能够抢占资源的男性。但在现代社会，形势正在悄然变化，女性也可以参与社会劳动积累财富，并将财富作为雌性炫耀的内容之一。无论是服装、首饰、别墅还是豪车，都可能成为炫耀的选项，其中以珠宝首饰的炫耀效果最好，毕竟珠宝易于携带，而且易于展示，同时兼具美化容貌的效果，因此女性比男性更热衷于炫耀珠宝。

不过对于男性来说，女性的好资源似乎并不重要，毕竟他们希望自己掌控资源，依仗女性资源的男性常被指为"吃软饭"，社会评价并不高。真正能吸引男性关注的，其实是好母亲炫耀。

好母亲炫耀内容主要表现在行为层面,她们会努力展示善良、忠诚、耐心等个人品质,善良意味着具备优秀母亲的潜力。至于诚实和忠贞,则意味着父权明确,不会胡乱让男性戴上各种形状的"绿帽子"。耐心则是抚养后代时的必备素质。有时女性也会展示厨艺和各种持家才能,总体目标就是表明自己足以成为一个优秀的母亲。

但归根结底,要想将后代抚养成人,前提是有能力生下健康的后代,而那正是女性好基因炫耀的主要内容,也是男性最为关注的指标。

与男性一样,女性的好基因炫耀主要是展示身体,证明自己身体健康,有着强大的生育能力。与男性相同的是,女性相貌也是表明身体健康状况最直观的指标。

这是一个看脸的世界,因为我们的脸高高在上,光洁明亮,天生就是让人看的。何况颜值高不仅具备观赏价值,而且具备实用价值,那是生长和发育的综合结果。正确分析相貌信息,可以揭示复杂的基因信息。维持优秀容貌的代价很高,那是对基因组织能力的严峻挑战。只有优秀的基因,才可以组织起一张好看的脸。

漂亮的面部还意味着光洁无瑕。疤痕累累的脸无论如何也无法让人产生应有的美感,那等于不打自招,承认自己容易受到感染或者伤害,是免疫能力不足或者反应能力欠缺的表现。

女性容貌还可以展示机体内分泌情况。在雌性激素的作用下,女人的下巴更小更短,看起来更加年轻可爱,也更有女人味。男人之所以觉得她们更有女人味,是由于可爱的外表意味着正常的雌激素水平。一个五大三粗、体型壮硕的女人,可能也是一个健康的女人，但同时也可能是内分泌失调的女人。而内分泌失调的女人往往生育能力低下，因此很难得到男性的认可。

除了面部，女性还热衷于从各个角度炫耀身材，比如很多女性都爱秀小长腿。原因在于腿的长度与生长时间成正比，主要在性成熟之前完成。青春期以后，女性就开始把大量营养用于发育乳房等第二性征，对腿的投资明显减少。所以腿越长表明青春期营养越充足，不会因为发育不良而患上各种内脏性疾病，比如糖尿病或者高血压，所以腿越短评估得分越低。

身材炫耀的核心，无疑应是乳房。毕竟乳房是女性的第二性征，同时也是关键的哺乳器官，对男性的吸引力仅次于面部。

与雄性炫耀的逻辑相同，雌性炫耀也有失控的可能。女性的乳房就是失控的标志性器官。

有一个客观事实，乳房大小几乎和哺乳能力没有关联。小乳房照样能把孩子抚育长大。人类祖先生活在原始环境中，胸部平坦的女子不论爬树还是奔跑，都更为方便。按照自然选择的逻辑，更小的乳房让行动更加敏捷，而且节省能量，应该得到大量普及才对。但现代女性却多以大乳房为荣，原因就在于男性喜欢。男性之所以喜欢大乳房，并不是因为能给孩子提供更多的乳汁，而是意味着健康的身体。

毫无疑问，大乳房有时是一种不利因素。按照扎哈维的说法，那就是典型的累赘，就像雄孔雀的大尾巴一样，大乳房为女人提供了炫耀的资本，特别是人类直立行走以后，乳房高高地挂在胸前，是大是小，老远就能看得清楚，非常方便炫耀，以至于失控而成为累赘也在所不惜。女性用这种赤裸裸的累赘向男人证明，自己的身体非常健康，尽管大乳房没有什么用，但我仍然长了这么大一对，表明我的身体很好，可以担负得起这样的累赘。

此外，舞蹈、歌唱等艺术才华，也是雌性炫耀的重要内容。这些指标虽然没有对应某个具体的身体部位，却是身体机能与智力的综合展示。女性很少炫耀拳击能力，就算现代体育已经出现了系统性的女子拳击运动，但其市场表现和观赏性，都不足以与男性拳击相提并论。很简单，女性拳击与生育能力并不直接挂钩，难以引起男性的兴趣，也就不足以勾起女性参与的欲望。

女性也很少炫耀数学能力，因为那是男人的强项，与男性竞争没有意义，她们需要的是与女性竞争。正因如此，雌性炫耀很容易引发同性之间的反感情绪。如果炫耀过度，超出了适度的范围，甚至会引发异性的反感。这就是大量炫耀性展示都会遭到冷嘲热讽的原因，她们都没有把握恰到好处的炫耀尺度。

在所有这些因素之外，男性最关注的女性特征就是年轻，那是众所周知的秘密，因为年轻意味着拥有健康的卵子，所以年轻也成为女性重点炫耀的内容，她们甚至不惜为此而维持着明显的幼态持续特征。

幼稚的女人

不可否认，年轻也是一种资源，因为年轻决定了好基因的成色。任何好基因如果失去了年龄优势，都将成为明日黄花。在这个世界上，很难找出一位不希望自己年轻的女性。她们清楚地知道，年轻是吸引男性的重要法宝，为此她们会想尽一切办法使自己显得青春靓丽。维持年轻的外表并展示年轻的状态，是雌性炫耀的基本内容，相关努力甚至刻进了基因中，使女性表现出典型的幼态持续特征。

所谓幼态持续，就是在发育过程中保留幼年时期的生理特征。早在1884年，瑞士巴塞尔大学的动物学教授柯尔曼（Julius Kollmann）就在蝾螈身上发现了幼态持续现象。成年蝾螈在水栖环境中会用鳃呼吸，而那原本是幼年蝾螈的特征。柯尔曼指出，有些动物可以通过延迟发育保持幼年状态，以便更好地适应自然环境。后来幼态持续现象得到了研究人员的高度重视，他们在更多动物身上找到了幼态持续的例子。比如狗就是幼态持续的狼，它们的生理表现很像幼狼：狗的獠牙要比狼短了许多，脾气更加温和，而不总是杀气腾腾；狗的鼻子变得又短又宽；眼睛更大，不再像狼那样眯成一条缝，如针般盯着猎物；狗的耳朵也相应变得更软，有时甚至会耷拉下来，而不像狼那样直直竖立着，时刻准备侦听危险的信号。这些幼态持续特征可以给人类带来安全感和亲切感，而不是危险感和恐惧感，因此更讨人类的喜欢。

幼态持续是涉及发育过程的全方位改变，不只体现在外形上，也体现在内分泌方面。比如狗的激素水平也与幼狼类似，不但行为温顺，而且对母亲和主人都有强烈的依赖性。

和狗一样，人类也有幼态持续现象。人类的发育水平就像是幼年的黑猩猩——脸部扁平、毛发稀少、性情温和。当黑猩猩成年之后，面部开始出现明显的变化，比如眉骨突出、獠牙增长，皱纹和毛发增加，显得饱经风霜、历经世故。人类却在成年以后仍然保留着幼年黑猩猩的许多特征——圆脑袋、大眼睛、短鼻子、低眉骨、小牙齿等。而且人类皮肤裸露，面部毛发稀少，体内激素也与幼年黑猩猩相似，皮质醇浓度较低，不会时时处于紧张状态。睾酮水平也远远低于其他野生动物，导致人类攻击性较弱，更有亲和性，等等。

人类与黑猩猩之间的基因差异极少，一般估计不到1%。两者的外表呈现如此巨大的不同，主要与调控基因有关。调控基因可以对其他基因活性进行调控，打开某些基因或者关闭某些基因，以此控制发育过程中的特定事件。只要关键的调控基因发生微小的变化，就可以对发育进程产生巨大的影响。幼态持续就是基因调控改变的结果，导致人类和黑猩猩的发育结果失之毫厘，差之千里。可见幼态持续是推动生物进化的重要力量，并对人类产生了巨大影响。

深陷生育困境的人类在未出生时就已启动了幼态持续进程，出生后的婴儿是所有灵长类动物中幼态特征最明显的动物，在很长时间内看起来都像是个儿童。直到青春期以后，男性才开始表现出明显的成年特征，比如雄性激素分泌旺盛，胡须等毛发开始密集生长，下巴变大、颧骨变高，肌肉也更加粗壮，这都是试图摆脱幼态持续的结果，使得男性在一定程度上看起来更像是黑猩猩。

雄性激素的合成与分泌是幼态持续的关键调控点，因为雄性激素具有刺激骨骼与肌肉生长的作用，同时也对毛发生长具有刺激作用。这三大作用足以使男女之间产生明显的差异，表现出强烈的雌雄二态性，让男性看起来更像是男性，女性更像是女性。

与男性相比，幼态持续导致女性体内雄性激素水平相对偏低，由此造成的第一个重要结果就是，成年女性骨架偏小，四肢和五趾相比于成年男性都要略短一些，在男性身边显得小鸟依人、娇俏可爱。同样由于骨架偏小，女性的脑袋偏小，反倒衬托得眼睛更大。因为眼睛早在幼儿阶段就定型，所以孩子看上去都是大眼睛，在女性身上也有类似的效果。她们水灵灵的大眼睛看起来楚楚动人，更加惹人爱怜。

脑袋偏小还使得下巴偏小，更接近儿童脸型。所以女性偏爱追求瓜子脸，而不是追求四方大脸，因为小下巴看起来更年轻。

较低水平的雄性激素制造的第二个重要结果是，女性身体的肌肉比例大大低于男性。成年女性身体的脂肪含量约占体重的四分之一，与少年时期接近。而成年男性身体的脂肪含量一般只有体重的八分之一左右，相差部分全部被肌肉填补，整个人显得粗壮结实，而不是像女性身体那样柔软且富有弹性。

除了肌肉比例差异，女性的皮肤也如孩子般光滑娇嫩，有更多的皮下脂肪滋润皮肤，使皮肤更加顺滑。由于女性不需要扩大皮肤以容纳更多的骨骼和肌肉，所以她们的皮肤细胞相对较小，抚摸时手感更为细腻，因而也更有亲和力。

较低水平的雄性激素制造的第三个重要结果是毛发差异。

相比于成年男性，成年女性的体毛较少，没有胡须，面部光洁明亮，可以清晰地展示容貌特征和内心的情绪。与此同时，女性的眉毛也相对较淡，所谓眉如远山、形似笼烟，不知不觉就可诱发男性的爱怜之意。作为配合，女性很容易哭鼻子，那也是类似儿童的性格特征。光洁清晰的面部可以更好地展示梨花带雨的哭泣效果，逼迫男人不断让步，再也不好意思和爱哭的女人争论事情的真相。

在行为方面，女性也表现出了强烈的幼态持续性状，比如她们举止温顺、极少冒险，同时声音柔和、语调亲切，几乎全方位保留了儿童特征。只有这样，当女性楚楚动人地盯着男性看时，她们才会激发男性的保护欲。如果女性也像男人那样，长着满脸胡子、声音低沉粗鲁、肌肉结实、昂首挺胸，手提着粗木棍，冷静凶狠地盯着男人，恐怕就不容易激起男性的保护欲，而只会让他们准备大打一场，或者干脆落荒而逃。

幼态持续还使得女性容易服从于男性的权威，那是服从父亲权威的惯性使然。顺从的女性更让男人放心，因而更容易维持稳定的配偶关系。在现代社会，幼态持续的心理特征也使得女性更容易成为狂热的粉丝，甚至献出自己的肉体以表诚意。狂热的明星崇拜在某种程度上是服从心理失控的表现。

女性幼态持续的进化逻辑很简单。根据卵子的发育策略，女性年龄越大，卵子错误率越高。只有年轻的女性，才能排出健康的卵子。男性喜爱幼态持续的女性，本质上是喜爱健康的卵子。女性表现出明显的幼态持续特征，而男性则关注幼态持续的特征，两者呈现典型的协同进化。所谓郎情妾意，如此而已。

为了让自己看起来更年轻，女性不惜通过各种化妆技术来强化幼态持续特征，以此吸引男性炽热的目光。从生物学角度观察，所有化妆术都是精心设计的骗局，是骗取对方合作意愿的陷阱。数千年来女性一直对化妆乐此不疲，因为她们吸引男性关注的内在需求从没改变。

造假的女人

毋庸讳言，肉体质量与配偶质量密切相关，年轻美丽的肉体意味着优秀的配偶,对此女性早已牢记在心,为此她们愿意不惜代价让自己显得更加年轻,看起来更加美丽。除了依仗天然的幼态持续策略,她们还会通过后天努力强化外表,化妆因此而成为人类雌性的重要技能,本质是向男性提供虚假的性信号。

此事可以理解,毕竟时光流逝、沧海桑田,多少风流人物都已埋入荒土,多少才子佳人都已化为枯骨。如果不抓紧在活着的时候找个合适的配偶把自己的基因传递下去,就不会在这个世界留下任何痕迹。而女性的时间尤其紧迫,毕竟卵子的保质期有限,她们必须尽快将卵子推销出去,化妆就是一种重要的推销手段。

从古至今,从南到北,无论人间风云如何变幻,女性化妆的原则却从未改变,主要内容无外乎处理好几个关键位点,比如头发、眉毛、眼睛、脸颊、嘴唇等,有时也会兼顾脖子、胸部、大腿和双手双脚。其中的重点,主要在脸部,因为那里是最直观的信号展示屏,有资格成为关键的化妆部位。

为了炫耀自己的容颜,女性会通过各种手法让五官显得立体而丰满,时而性感,时而清新,时而娇俏可人。总体目标是强化幼态持续效果,让男人神魂颠倒、流连忘返。为了证明自己年轻,女性还需要对不同的化妆位点进行差异化处理,比如浓密的头发、灵动的眼睛、红润的嘴唇、白嫩的脸颊等。每一化妆原则都与幼态持续息息相关。

以眼睛为例,大眼睛是幼态持续的基本特征,所以女性特别重视眼睛的化妆,通过眼影或假睫毛使眼睛看起来更大,从而显得更年轻。有时来不及过多装饰,戴上一副墨镜也能起到不错的效果。戴墨镜让人感觉很酷,因为那像是放大的眼睛,并且一直在盯着你看，由于墨镜掩饰了眼白，让人猜不出任何表情，当然会给人很酷的错觉。

对眼睛的重视有时会波及眉毛。画眉自古就是重要的化妆技巧，与眼睛的妆容相得益彰，可称点睛之笔，以至于"美眉"一词常被用来代指美女。古代女子有"蛾眉淡扫"之说，可见女性很少把自己画成浓眉大眼，就是因为淡眉看起来更显年轻，也更女性化。而浓重的眉毛则是男性的专利。

眼睛向下，最值得处理的当数嘴唇了。

女性早就知道要把嘴唇涂得更红一些，先秦时期就已经崇尚妇女红唇。宋玉在《神女赋》中提到"朱唇的其若丹"，提示汉代以前便用红色的朱砂美化嘴唇。唐代则有所谓点唇之妆——先将嘴唇涂成白色，然后再点出娇小浓艳的樱桃形状，制造出"樱桃小口一点点"的可爱效果。大诗人白居易的家妓樊素就有"樱桃樊素口"之誉，并在白居易的大力推广下名扬大唐。自宋至明，此风不减。《西厢记》就有"玉容寂寞梨花朵，胭脂浅淡樱桃颗"之句。

樱桃当然只是个比喻，嘴巴不能真的只有樱桃大小，那样吃饭就很成问题。这个比喻其实表明女人嘴唇的三个重要特点：一是小，二是红，三是丰满。无论哪一条，都与幼态持续挂钩。

明白了这个道理，也就明白了嘴唇丰满的意义。婴儿为了成功吸到奶水，必须发展丰满的嘴唇，嘴唇越是丰满密封度越好，吸吮乳汁时才不致外泄。所以丰满的嘴唇是幼儿的象征，理所应当地成为女性仿效的目标。

至于嘴唇的颜色，也与幼态持续有关。

无论男女，除非在病态情况下，嘴唇基本都是红色的。红色嘴唇的生理原因很简单，那是皮肤黏膜外翻的结果。口腔内表皮充满了密集的血管，而黏膜表面非常薄且透明，使得嘴唇可以充分展示血液的颜色，看起来总是红艳艳的。

红色是一种显眼的信号，首先可以代表健康，那是心血管系统有力运作的证明。其次，黏膜外翻时会迅速失水，因此从嘴唇也可以看出机体保水能力和营养状况。所以红润的嘴唇是身体健康状况的晴雨表。加上女性脸上没有胡须遮挡，红色嘴唇的展示效果更加清晰。她们之所以设法用口红将嘴唇涂成红色，就是为了强化这一信号功能。只有丰满红润的嘴唇，才会吸引男性的关注。至于五彩缤纷的唇膏，则已经是一种文化现象，但其内核并没有改变——通过各种另类的方法吸引更多的目光。

除了嘴唇，脸颊也是展示身体健康状况的重要窗口。少女的脸色总是红扑扑的，代表了健康的心血管系统，与红唇的意义大致相同。几乎所有男人都喜欢脸蛋像红苹果一样的小姑娘，而不是鹤发鸡皮的黄脸婆。黄脸婆的脸之所以黄，是因为供血功能已经力不从心。这种喜好无关道德，而是自然选择的结果。所以红妆也非常流行，自古流传的胭脂就是为了制造红妆效果。

另一项重要的化妆技术是美白皮肤。

追求美白向来是女性的重要目标，因为白嫩的皮肤可以吸收充足的紫外线，促进体内维生素D合成，有利于胎儿的健康发育。女性并不知道为什么要让自己变得更白，她们只是凭借本能的指使朝着那个方向努力。古人早就指出："妇人本质，唯白最难。"所以她们奋力要让自己看起来更白，并研究出了许多奇怪的美白技术，自古至今，从未止歇。

古代有文字记载最早的美白粉叫作"飞雪丹",由秦穆公的女儿弄玉首创,主要成分是水银和铅,会对皮肤造成严重的伤害。但为了追求美白效果,她们当时也顾不了那么多了。除了肉体代价,有时她们还要为美白付出经济代价。唐明皇每年赏给杨玉环姐妹巨额脂粉费。至于现代女性,恐怕在美白化妆品上花的钱比吃饭的花销还大。

随着医学技术不断进步,女性已不再满足于传统的化妆技术,而是开始追求升级版的医学整容。尽管技术升级换代,但目标仍与化妆完全一致,就是继续让自己显得更加年轻,重点弥补化妆无法处理的身体缺憾,比如瘦脸、隆胸、抽脂、除皱等。有时这种内在的渴望会保留强大的惯性,有人即便过了生育年龄,也仍然热衷于整容。年龄可以改变,但内心的渴望却很难轻易消除。

总体而言,男性对女性外表的重视程度超过了女性对男性外表的重视程度,迫使女性更加重视外在的修饰,她们为此付出了巨大的伪装成本。但为了获得丰厚的生殖回报,她们不会有丝毫犹豫,因为化妆是雌性竞争的产物,很难得到理性的控制。现在看来,女性化妆是两性博弈最意外的结果。可以想见,如果没有化妆,所有人都素面朝天,人间春色将骤减十分。

雌性竞争除了诱导女性展开各种炫耀、施展各种信息骗术,通过幼态持续来迷惑男性外,有时还会诱导女性施展另类手段,刺激她们一反常态,做出各种匪夷所思的反应,那就是忌妒心理在背后作祟。

女性忌妒心理是雌性竞争最直接的表达形式,也是最可怕的表达形式。

忌妒的女人

据传唐朝宰相房玄龄非常怕老婆，堂堂开国功臣居然不敢纳妾。此事传到英武神勇的李世民耳朵里，皇上很为房玄龄不平，想用皇家权势替手下出头，于是故意赐给房玄龄一名小妾。岂料房夫人根本不买账，当晚就和房玄龄闹得昏天黑地，就是不许他洞房。李世民一听这还了得，连我的面子都不给，于是赐给房夫人一杯毒酒，让房夫人自己选择，要么同意丈夫纳妾，要么饮毒酒自尽。谁知房夫人二话不说，抢过毒酒来就喝，结果却没死掉，原来皇帝赐的只是一杯醋而已。从此以后，吃醋的典故就传遍天下，至今仍被人们津津乐道。由此可见，吃醋的力量，有时真的能压倒死亡的恐惧。现代心理学常用另一个更加正规的词汇代替吃醋，那就是忌妒。

男性也会忌妒，但男性忌妒往往会表现为直接的雄性竞争，很多时候可能表现为激烈的暴力行为，这和女性的忌妒形式有着微妙的差异。女性忌妒形式更为复杂，因而成为雌性竞争的代名词。如果忌妒情绪失控，则可能影响生活的其他方面，在各个细节上和他人进行细微的竞争，并通过阴暗的手段打压对手。当她们缺乏真正强有力的打击手段时，就会求助于廉价的语言攻击，发挥女性的八卦特长，变成人见人嫌的刻薄的长舌妇。

忌妒并非女性的专利，许多雌性动物都有忌妒表现，有时就算不会说出来，也会做出来。比如雄性箭毒蛙会占据一片地盘，吸引雌性过来产卵。但雌蛙并没有那么随便，它们会评估雄性的忠诚度，如果发现还有其他雌性前来产卵，雌蛙就会上去驱赶，要是赶不走情敌，自己就会主动离开，这是最基本的忌妒表现。

鸟类也有忌妒行为，有时会为了争夺配偶而大打出手，甚至在必要时懂得曲线救国，以计谋取胜。比如优势雄性苇莺普遍会在自己的地盘里蓄养一妻一妾，动物学家将其分别称为优势雌性和低等雌性。因为芦苇茎叶比较密集，雌性苇莺视线受阻，两只雌性可能比邻而居，却互不知晓对方的存在。雄性则轻车熟路，可以就近照顾两只配偶，让它们同时为自己抚育后代。但总的来说，雄性对优势雌性的关注度较高，会给它带去更多的食物。低等雌性对此自然耿耿于怀，它和后代一直面临着挨饿的风险，但由于地位低下，轻易不敢向优势雌性发起挑战。不过在强烈的忌妒心理支配下，它们有时也会铤而走险，先是悄然跟踪雄性，然后伺机捣毁优势雌性的巢穴，迫使雄性把所有精力都用在自己身上。

雌性哺乳动物的忌妒表现更加直接粗暴，有时甚至不弱于雄性。比如雌性狐獴在怀孕时会吃掉附近所有能见到的幼崽，它们可以确定那不是自己的后代。既然那些幼崽在附近出没，肯定就是情敌的后代，斩草除根是最直白的忌妒宣言。优势雌性为了保证幼崽成活率，在怀孕的最后阶段，会把所有的低等雌性赶出洞穴，与雄性隔离，让它们没有机会再次怀孕，以此保证雄性全心全意照顾自己的后代。

但所有雌性动物的忌妒行为都无法与人类相比，女性在这一领域的表现堪称巅峰，指导原则与其他雌性动物并无二致，那就是控制配偶、打击情敌，提高自己的生殖回报。控制配偶是主要手段，打击情敌是辅助手段，提高生殖回报是根本目标。所以忌妒的女性往往需要两线作战、围点打援，在防守和反击之间兼顾平衡，尽显人类智力的华彩与微妙。

女性控制配偶的手段并不复杂，大致采用三步法。第一步，能压制就压制，如果进展顺利，就会是把男性压成"妻管严"。第二步，如果不能压制，那就追求平等，即所谓相敬如宾、举案齐眉，看起来恩爱无双、不亚神仙，让配偶不好意思寻找外遇。第三步，万一既无力全面压制，又无力追求平等，那就只有退而求其次，屈身事夫，万事由男人做主，就算男人在外面彩旗飘摇也无可奈何。不过她们还有最后的希望，那就是全力打击情敌。

与控制配偶相比，女性打击情敌的手段更加复杂多变，是雌性竞争的主战场。凡是能够提高生育价值的性信号，比如身材、皮肤、乳房大小等，都能引发潜在的忌妒情绪，从而让她们奋起抗争，甚至表现出可怕的恶行。吕后就是典型的妒妇，她在刘邦死后，居然将刘邦宠爱的戚夫人砍去四肢，做成人彘，真是惨无人道。可见忌妒如果不加约束，将会造成何等骇人听闻的后果。

忌妒情绪具有强烈的惯性，有时尽管两人没有直接的竞争关系，仍然会在惯性支配下产生忌妒情绪。一度在屏幕上流行的宫斗剧，其实就是雌性竞争的戏剧化展示，尽管其中的忌妒表演稍显夸张，其底层逻辑却很容易引起女性观众的共鸣。

抛开各种令人不悦的负面影响不谈，忌妒自有内在的积极作用。总的来说，忌妒会让女性头脑高效运转，变得更加敏锐，能够同时收集并处理大量信息，以便正确评估自己的处境，并及时做出应有的反应，提高行动能力。是吵是闹，或是一拍两散，都容不得半点迟疑。

忌妒还能强化记忆，提高注意力。她们可能记不住电视剧中的主角，对情敌却能过目不忘，对配偶的细微改变也能洞察秋毫，并从中挖掘任何可能危及婚姻安全的蛛丝马迹。有时仅仅一缕不易察觉的香水味，都足以掀起惊涛骇浪。

正是在强大的忌妒心理捍卫下，人类的婚姻制度才更加稳定。从某种意义上看，忌妒心理确实起到了婚姻稳定器的作用，堪称人类婚配制度的定海神针，可以看作是雌性竞争最积极的结果。

试想一下，如果一个女人丝毫没有忌妒心理，她将会面临怎样的局面呢？纵然她对某个优秀的男人爱得死去活来，却对这个男人与其他女人交往视若无睹、浑不在意，她的无私大度肯定能把男人感动到无以言表、泪如泉涌。但那只是男人的想法，其他女人可不这么看，她们迟早会把这个无人管束的优秀男人占为己有，并禁止他再回到那个大度的女人身边。纵然你自己内心无私天地宽，却不能保证其他女人同样也没有忌妒心理。

总的来说，形式多样的雌性竞争使得女性更加美丽动人，足以让男性心旌摇荡，甘愿跌落女性设置的陷阱，与她们共同组建稳定的家庭。男耕女织、夫唱妇随，编写浪漫的诗篇，绘就温馨的画卷，对一夫一妻制起到了有力的推动作用。

可见一夫一妻制成为人类的主流婚配制度并非偶然，那是受到各种因素制约的结果，也是其他婚配制度衬托的结果，更是男女不断博弈的结果。在这场文化运动中，并没有某个领导人振臂高呼，大家群起响应，只是自然选择和性选择在背后默默运作罢了。

在一夫一妻制的影响下，在相同身体条件下和相似的自然环境中，雄性竞争叠加雌性竞争，必然为人类带来更高品质的生殖回报，推动人类远离野蛮的动物世界，直到我们可以运用文化的力量来保障稳定的夫妻关系，使婚姻价值观深入人心，有力促进了人类文明的发展。

从某种意义上说,文明社会的权力架构和道德文化,就是一个宏大的婚配制度保障系统。这个系统有种种表现,有时甚至会发动战争,其根本目标,都是追求生殖回报最大化。尽管现代文明社会对于生育的渴望已经受到严重削弱,但进化的惯性并没有立即消除,我们仍然可以从中窥探人类的本质。

第 5 章 婚姻的保障

> 人无千日好,花无百日红。
> 早时不算计,过后一场空。
> ——元曲《儿女团圆》

成年男女只要脱光衣服，生物学差异一目了然。聪明人只看一眼就可以将他们区分开来，男人是男人，女人是女人，表明人类是典型的雌雄二态性动物。男性往往富有阳刚之气，以潇洒豪放杀伐决断为荣，以优柔寡断犹豫不决为耻。至于女性，则与男性形成鲜明的对比，别有一种阴柔之美。

　　无论从哪方面来看，男女之间的差异都清晰明了，从服装、发型再到日常用品，都被打上了各自性别的标签。此类差异甚至会影响两性的爱好和工作兴趣，形成所谓社会性别，可看作社会学层面的雌雄二态性，主要表现在以下方面：男人张扬，女人内敛；男人粗犷，女人细腻；男人豪爽，女人娇媚；男人深沉，女人聪慧；男人豁达，女人敏感；男人愤怒时拍案而起，女人烦恼时泪雨如珠；男人兴之所至手舞足蹈，女人情之所动媚眼如丝。他们之所以很少展示相同的气质，是为了避免混淆自己的社会性别。

　　社会性别在不同地区都有类似的表现，比如男人常留短发，女人常留长发。其实在人类历史上的绝大多数时间里，男人和女人的头发长度差异并不明显，可见这是一种典型的文化现象。直到剪刀普及、理发技术开始流行，将头发剪短才成为可能，男女长短发差异才慢慢在全世界普遍传播。1509年，英国国王亨利八世下令男人一律剪短发，女人一律留长发，算是为男女发型提供了官方背书。尽管这个命令并没有得到全面执行，不过发型差异的文化习惯却悄然流行了开来。到了19世纪，基本形成了稳定的格局。那时工业革命不断发展，许多男性走进工厂，变成了资本家的工具人，留长发不再适合工厂化的机械操作，更不适合在战场上与敌人殊死搏斗，于是男性慢慢放弃长发，并渐渐形成风潮。

中国男性在辛亥革命之后才开始留短发，当时剃发成为革命的象征。到民国时期，短发已成为男性时尚。尽管女性也可以将头发剪短，但始终没有达到男性那么短的程度。说明就算是革命的热情，也难以消除男女社会性别的差异。

在现实生活中，也有男性愿意留长发，或者女性愿意留短发，他们都没有违反法律或道德，却可能会获得异样的关注，因为那会干扰人们对其社会性别的认知。毕竟头发高高地顶在头上，可以传播清晰的社会性别信息，简直等于在脑门上写上大大的"男"字或者"女"字，大家轻易不会搞混，省去了探测对方的生物学性别的诸多麻烦。

既然头发长短可以展示不同的社会性别，那为什么不是男性留长发而女性留短发呢？

如果不是为了追求美容效果，许多女性都愿意留短发，尤其是在炎热的夏天，她们恨不得能像男生那样剃个光头。所以，到底谁留长发、谁留短发，并非全由个人意志决定，而是男女博弈的结果。

要想有效区分社会性别，就必须有一方做出牺牲留起长发。结果如你所见，女性留起了长发，那是她们博弈失败的结果，至于后来女性为头发做出了花样百出的造型和颜色，只是废物利用而已——既然不能剃光头，那不如索性打扮起来，强化自己的社会性别，岂不美哉。

或许有人会问，既然长短头发是为了展示社会性别，那大家为什么不直接展示肉体呢？那样不是更加清晰明了吗？

毫无疑问，对于浑身赤裸而又直立行走的人类来说，肉体展示效果确实出类拔萃，那也正是成年男女会发展胡子、阴毛、乳房、阴茎等性别标志的根本原因，这些展示部位可以起到一锤定音的效果。但随着文明的发展，人类渐渐穿起了衣服，肉体展示效果不免大打折扣，这才不得不寻求其他区分社会性别的途径，头发就这样成为首选信号。而衣服，则成为第二种选择，那是相对简单的自我润色方式。

奇怪的是，世界各地的男性都偏爱深色衣服，女性则偏爱浅色衣服。这种偏好肯定不是与生俱来的生物学特质，因为衣服的历史并不长。不同颜色的衣服必定有着保暖和遮羞以外的功能，那就是展示社会性别。

我们每天穿衣时，好像只会在意上衣与裤子，或者衬衣与外套之间的颜色搭配。其实那只是表面层次的选择，在此之前，我们已经有了内在层次的选择，几乎不必思考，就已决定自己不会穿哪些颜色的衣服。比如一个五大三粗的暴躁男人，很少会穿一件粉红色的带蕾丝边的衬衣去参加儿子的毕业典礼。其实就算他真的这样穿了，儿子也不会被学校取消毕业资格。只是这种装扮与大多数人对男性着装的心理预期不一致，必定会引起好奇的眼光和私密的讨论。如果把主角换成女性，就不存在类似的问题。同样的道理，如果这位父亲穿着一件深色夹克或者西服，就不会有任何麻烦，因为那身行头符合他的社会性别标签。

这就是社会性别差异造成的服装颜色差异。

服装颜色差异的基本原因在于，浅色服装会让女性显得年轻活泼，一定程度上迎合了男性的择偶偏好。这就是女性时装模特的数量和质量都远超男性时装模特的原因。如果一个妙龄少女却穿着青灰色长袍，不露乳沟也不秀长腿，则可能表明她已经看破了男女博弈的把戏，再也不会为了迎合男人的审美情趣而牺牲自己的个性。征服这样的女人可能需要付出超越常规的努力，最好的办法是直接掉转枪口，回身去追求那些粉面含羞的红衣少女。

深色服装则会让男性看起来沉着稳重，拥有更多的资源或者权力，因而更值得信赖，也更有合作价值。受此审美习惯影响，政治人物在重要会议上都会选择深色衣服，因为政治人物需要得到大多数民众的信赖。

除了颜色，服装款式也存在社会性别差异，比如男人多穿裤子，女人多穿裙子，等等。其中的原理，与服装颜色大致也都差不多，此处不再赘述。诸如此类的差异，基本都与生存无关，而只与社会性别有关。社会性别在一定程度上，又与社会分工有关。或者说社会分工是社会性别的另一种表现形式。

从狩猎采集时期开始，男人和女人就有不同的社会分工。男人主要负责狩猎，女人主要负责采集植物果实。到了农业社会，两性分工更加细致，所谓男耕女织，其实是对不同层次、不同领域的社会分工的粗略描述。这些描述在强化社会性别的同时，也对社会分工起到了固化作用。

我们常常会有这样的印象：女性更适合做教师、护士等，男性则适合做消防员、建筑工人、战士等。这些刻板印象都是受到社会性别影响的结果，事实上男性当教师或者当护士效果都不错。但社会印象一旦形成，就会被看作是社会性别的标签，以至于干扰人们的职业选择。

人们对不同的社会性别充满了不同的期待，甚至塑造了社会道德评价体系。比如男人欺负女人和女人欺负男人相比，会受到完全不同的社会评价。战争中杀害女性会遭到普遍的谴责，而杀死男性似乎就显得正常一些，因为男性的社会角色早就与战争牢牢绑定。

违反社会性别的行为，在一定范围内会遭到社会道德的抵制。我们常说的男人味和女人味，大体就是根据社会性别做出的判断。当男性的举止表现符合社会性别定位，就被认为有男人味。女性亦然。如果一个大男人，却处处表现出相反的社会性别，涂脂抹粉、嗲腔嗲调、扭捏作态，出现社会性别错位，不符合人们对男性的社会心理预期，干扰婚姻市场的正常运转，就很容易遭到不同程度的嘲笑或抵制。因为社会性别的根本价值，在于维护婚姻市场的有序运行。假如一个渴望结婚的男人经过长时间的寻寻觅觅，好不容易喜欢上了一个女人，已经取出了存款买好了钻戒，正准备发起强大的爱情攻势，却发现对方其实也是个男人，求爱者的内心肯定会产生强烈的失落或愤怒，不满情绪堆积的结果就是社会舆论。因此社会舆论普遍抵制反社会性别的行为，就因为社会性别本质上是雌雄二态性的表现形式，核心任务都是维持择偶市场秩序，提高整个社会的择偶成功率。

也就是说，社会性别的形成与固化，事实上是人类致力于提高两性合作效率的结果。为了保障婚姻市场的有效运作，在社会性别的基础之上，人类还形成了以男性为主体的雄性联盟体系，对婚姻市场进行全方位的监督和管理。

男性大联盟

许多看似天经地义的人类行为，只要和其他动物对比一下，就会显得很古怪。比如无论是东方还是西方，通常都是男性向女性求婚，很少有女性向男性求婚。由此造成的结果也很一致，我们常说男婚女嫁，也就是女人嫁给男人，而很少说男人嫁给女人。那是社会性别的另一种表现形式，把女人娶进门是男性的社会责任，嫁给男性是女性的社会责任。用动物学语言表达就是，人类其实是一种从夫居动物，也就是雌性跟随雄性居住的动物。

从夫居的婚配模式事实上构建了人类社会的基石。文明世界的社会体系，就是为从夫居模式设计的体系。这个体系的重要任务，就是保障从夫居的婚姻制度。

那么，人类为什么要采用从夫居模式呢？

俗世男女要想结成稳定的婚姻关系，无外乎两种选择：一种是男方到女方家去，这就是从妻居模式，是绝大多数哺乳动物采取的模式。另一种是女方到男方家去，就是从夫居模式，只有少数灵长类动物采用，人类正是其中的佼佼者。古语所谓"嫁鸡随鸡，嫁狗随狗",就是对从夫居模式的生动描述。无论如何,女性在婚姻中都要在某种程度上把自己的命运交给男性。

社会调查表明,不论是发达的文明社会,还是落后的原始部落,九成以上的婚姻都采用从夫居模式,表明这种婚配模式必然有着明确的优势。这种优势只有在和从妻居模式对比时,才显得特别突出。

我们已经知道,雄性狮子和雄性普氏野马在成年以后,都要离开自己的家庭,去寻找交配的机会,它们都属于典型的从妻居动物。而在从妻居模式中,不可避免地会出现新老雄性的交替,其中必然充满惊心动魄的血腥搏杀,尤其是惨不忍睹的杀婴行为,成为制约从妻居模式扩张的重要阻力。

有些灵长类动物也采用从妻居模式,比如马达加斯加雨林中的狐猴,有大量雄性在群体之外流浪,不断寻找新的群体容纳自己,很难构建稳定的生活环境。与此相对应的是,雌性却可以在固定的群体中过上安稳的生活,所以雌性是从妻居模式的受益者,前提是它们需要努力保卫后代的安全。雌性狐猴因此和雄性一样凶狠好斗,为的就是对抗雄性的杀婴行为。

而从夫居模式则可以缓解雄性的杀婴冲动。

当男人把女人娶进家门以后,就可以排除其他男人的干扰,生下的孩子基本就是自己的后代,父亲对此抱有充分的信心。既然父权明确,男人就不需要像雄性狮子那样不断杀死前任的后代,而是要努力做一个称职的父亲,大大提高了后代存活率。这是从夫居模式最重要的进化优势,符合男女双方的共同利益。

另外,在从夫居模式下,男性掌握着强大的权力,特别是在父子和兄弟之间，可以结成牢固的雄性联盟。他们不必将成年男子从群体中驱逐出去，反倒可以维持规模更大、力量更强的战斗团体。

试想一下，如果人类采用从妻居模式，那么在一个村落中，主力男性都是从外地游荡而来的浪子，他们之间根本没有亲缘关系，因此缺少内在的凝聚力，反倒可能因为雄性竞争而形成紧张的敌对局面，把村庄搞成一盘散沙。这就是狮群无法壮大的根本原因。没有血缘关系的雄性会不断展开生死大战，根本无力维持较大的群体规模。

而从夫居模式基本解决了这个矛盾。

在一个天然形成的人类群体中，所有男性都是父子或者兄弟，他们用亲情抵消了激烈的雄性竞争。所谓"打虎亲兄弟，上阵父子兵"，他们可以为了共同的基因利益而坚决抵抗外来的干扰。他们的妻子虽然是没有血缘关系的外来人口，彼此之间也可能出现不同程度的雌性竞争，并因此而产生复杂的矛盾，但大部分矛盾都会被男性用强权加以解决，一般不会破坏群体稳定的大局，对雄性联盟的冲击力度要远远小于狂暴的雄性竞争。

根据这个逻辑，当一个从夫居群体和一个从妻居群体发生冲突时，胜负就已不言自明。从夫居的男性之间有着强大的血缘凝聚力，而从妻居的男性却来自四面八方，他们甚至彼此素不相识。作为单独的个体，他们可能非常强大，甚至可以孤胆走天涯，但作为一个群体，他们毫无胜算，甚至可能惨遭灭顶之灾。从妻居群体因此将不断遭到淘汰，最终胜出的都是从夫居群体。

但随着从夫居群体的不断扩大，矛盾也将日趋复杂。不断扩大的群体也意味着血缘关系不断稀释，当血缘关系稀释到了一定程度，他们就可能因为激烈的雄性竞争而反目成仇。如果不受制约，所有男人都想和最美的女人结为夫妻，他们每天醒来的第一件事就是考虑如何战胜对手抢夺下一个配偶，战争和谋杀此起彼伏，人类将坠入最血腥的自相残杀。死亡的阴影如同锋利的爪牙，不断威胁着社会关系纽带，最终把群体撕扯得四分五裂。历史已经给出了太多血淋淋的例子，历代君王都曾想通过分封同姓藩王而稳固自己的统治，后来又不得不为削藩而绞尽脑汁，甚至打得头破血流。这个残酷的事实表明，以血缘关系为基础的雄性联盟并非牢不可破。

人类要想跳出这个怪圈，就必须寻求新的解决方案，即以文化关系为纽带的广义的雄性联盟。为了与动物之间的狭义的雄性联盟区分开来，我们不妨将人类的雄性联盟称为男性联盟，可以看作是人类独有的社会现象。

采用从夫居模式的人类，要想维持更大规模的群体结构，就必然精心打造强大的男性联盟，最大限度遏制雄性竞争。其中最有效的策略，就是维护婚姻关系。

男性联盟不是像梁山泊好汉那样有形的组织，梁山泊好汉只是狭义的雄性联盟，还没有上升到真正的男性联盟的高度。尽管宋江已经在努力提高联盟的水平，比如通过"忠义"思想缓解雄性竞争等，但其影响力只局限在梁山泊内部，而没有产生广泛而全面的连锁效应。

真正的男性联盟是一种客观存在的隐形社会意识，就像电磁场一样分布在社会的每个角落，传递着处理群体内部矛盾的主流策略——缓解雄性竞争、降低暴力冲突。根据这一原则，所有破坏婚姻的行为，都将受到男性联盟的严厉惩罚，所谓"朋友妻，不可欺",正是男性联盟简洁的宣言书。

反观女性,由于受到从夫居模式的制约,她们很少参与大型狩猎和战争活动,缺少从其他部落抢夺男性配偶的能力,很难组织起强大的女性联盟。所以男性联盟一旦形成,就会对女性形成巨大的压力,迫使她们以男性利益为核心,很难再有自己的选择。这就是男权社会形成的根源。女性权益受到了全面压制,包括择偶权利、表达自我观点的权利,以及隐晦的性感受权利。

在男性联盟的阴影之下,女性必须收敛展示性信号的冲动、抑制对性欲的渴望,以免引发不必要的雄性竞争,以此维持群体的稳定。为了实现这个目标,男性联盟不断塑造全新的女性社会形象,迫使她们看起来静如处子、心如止水,似乎根本没有性欲,而只以贤妻良母为人生指南,全面迎合男性联盟的要求。而整个社会面貌,也因为性欲压制而焕然一新,成为文明进步的内在动力。

正是在男性联盟的大力支持下,人类社会慢慢形成了普遍的反强奸机制。那是维护群体稳定、缓解雄性竞争的需要,同时也是贿赂女性,向女性表达合作诚意的需要。

强奸的罪与罚

强奸并非人类的专利,很多动物都有强奸行为,连鱼类都不能免俗。鲨鱼在寻求交配机会时,可能因激动而把雌性咬得遍体鳞伤。海豚更是强奸专家,它们会集体轮奸受到控制的雌性海豚,有时抓不到雌性海豚,雄性海豚甚至会强奸弱小的海豹,有时连落水的海鸥也不放过。

海鸥也有强奸行为,雄性海鸥会突然把雌鸟撞落在地,然后就地强奸，而且这种强奸策略在鸟类世界相当常见，毕竟它们很难在飞行中实施强奸。

当然，动物无法表达内心的意愿，我们很难判定一只母鸡是受到了强奸还是心甘情愿。不过看看母鸡对待公鸡的态度，它们往往看见兴奋的公鸡就会掉头逃跑。再看看公鸡骑在母鸡身上时的恶劣行径，可以想见，在大多数情况下，母鸡对于公鸡的攻击都充满了反感情绪。

动物学家在黑猩猩身上发现了大量强奸行为。兴致不高的雌性黑猩猩会与试图施暴的雄性发生激烈的争吵和扭打，甚至通过撕咬来阻止对方的无理要求。不过身材矮小的倭黑猩猩还没有表现出明显的强奸行为，它们的交配实在太过随意，随意到根本不需要强奸的程度。如果随时随地都存在交配机会，强奸又有什么意义呢？

这个逻辑表明，性行为越是随意，强奸现象就越少。人类在这方面值得骄傲，因为人类的强奸行为相对较多，暗示人类性行为相对谨慎，至少还没有到倭黑猩猩那样不需要强奸的地步，但也没有沦落为黑猩猩那样到处都是强奸现象。人类的强奸行为介于倭黑猩猩和黑猩猩之间，时有发生，但尚不至于形成风潮，因为男性联盟对强奸现象采取了强硬的压制措施，导致反强奸意识成为人类社会的全民共识。

强奸自古就被视为犯罪，那是男性联盟大力进行反强奸宣传的结果。其实这是一件很奇怪的事情，既然男性是社会支配力量，而他们又对交配有着强烈的兴趣，那为什么不支持另一种社会模式呢，比如可以对女性任意强奸。但现实却是，在全世界的各个角落，从美国到安哥拉，从印第安人到萨摩亚人，从寒冷的挪威到炎热的刚果，在几乎所有的现代国家，强奸都是重罪。但无论是监禁还是阉割甚至死刑，都没能杜绝强奸现象。有男人的地方就有强奸意图，有女人的地方就有强奸预谋。可见强奸是客观存在的社会现象，并没有因为法律的禁止和道德的谴责而消失。因为男人的攻击性和破坏性是内在的秉性，只不过现在略有收敛而已。对于部分男人而言，强奸是性价比极高的性行为，他们不必花费时间送花求爱，不必深情款款地说尽蜜语甜言，也不需要献出食物和金钱，只要付出无耻的行动，就可以满足自己的欲望，甚至留下一子半女。这就是强奸行为屡禁不止的原因。

但在男性联盟的强力打击下，更多的男人已经意识到了强奸的风险，不但可能深陷牢狱，甚至可能搭上身家性命。他们不得不收敛自己的欲望，服从进化稳定策略的引导，老老实实地从择偶环节开始，按照常规一步步实现自己的交配梦想。那正是男性联盟想要的结果。可许多人都没有意识到这一点，他们只是简单地觉得，强奸犯罪该万死，那正说明整个社会的反强奸意识已经深入人心。

男性联盟反对强奸的根本动力是维护社会稳定，缓解雄性竞争。如果放纵强奸行为，人类社会就会像黑猩猩那样，时常出现严重的内部动乱，根本无法形成庞大的社会结构。就算你不想去强奸别人，也很难保障你的配偶不被别人强奸。因此反对强奸策略符合男性自身的利益。所以男权观念越是浓重的社会，对强奸行为的定罪也就越严厉。

正是在男性联盟的强大影响下，女性的内心深处也形成了刻骨铭心的反强奸意识。没有反强奸意识的女性，都等于在暗中破坏男性联盟的规则，同样会遭到男性联盟的打击。

强奸犯以暴力手段剥夺了女性选择配偶的权利，粉碎了女性为选择配偶付出的种种努力，所有努力都在突然之间被粉碎，而且根本没有商量的余地，无论如何也会让人心生愤怒。这种愤怒正是反强奸机制的前奏，并在男性联盟的鼓动下变得越发强烈。她们宁愿遭受殴打也不愿意被强奸，有时不惜以死相争，那正是反强奸机制在起作用。如果女性对强奸抱无所谓的态度，则强奸行为就会如同波涛汹涌、此起彼伏，社会规则也就无从谈起。

事实证明，女性对强奸的恐惧，以及由此衍生的对强奸的厌恶和警惕，是女性反强奸意识的根本表现，不但为女性筑起了一道隐形的心理防线，而且也在警告男人，不要轻举妄动，否则必将遭到反抗。

女性对强奸的心理防线还有很多其他表现形式，比如强奸犯越是低劣，个人魅力越小，给女性带来的心理创伤就越大。另外，如果女性在强奸中遭到的肉体伤害越严重，心理创伤反而会越轻，那意味着她们已经做出了激烈的反抗，因此心理会略显平衡。

对于女性来说，最安全的反强奸策略是找个身体强壮的男人结婚。这正是现代社会的格局——已婚女性遭受性骚扰和强奸的概率明显低于未婚女性。与此相对应的是，社会治安越是混乱，女性就越倾向于和身材高大的男人结婚——肌肉男的保卫能力当然要强于文弱的书生。

自古想要当隐士的大都是男人，而且是有一定社会地位的男人。很少有女人到处张罗着想要过隐居生活，除非有男人陪伴，为她们筑起一道防止强奸的屏障，否则女性隐居是很可怕的事情，山林深处幽静的隐居场所可能会成为热闹的强奸俱乐部。女性不去隐居，表明她们已经学会了简单的风险评估。

当更多的女人都学会风险评估的时候，男性实施强奸的成本就会大大提高，从而达到很好的制衡效果，强奸的发生率也将随之降低。强奸事件越少，父权也就越明确，那正是男性联盟努力追求的目标。

在强烈的反强奸社会氛围中，对强奸犯的处理向来都采用从重从快原则。杀掉强奸犯是最简单的刑罚，古代对强奸犯的处置往往是死刑，而且不是简单的处死。印度至今保留着乱石砸死强奸犯的传统。中国古代的强奸犯要么用绳勒死，要么用刀砍死，要么乱棍打死。只是到了现代社会，法律才对强奸犯做出了明确的处罚规定，轻易不会再处以死刑。尽管如此，强奸犯仍然会在社会的各个角落都遭到严重的抵制。倒不是因为强奸犯欺负了女人，而是因为他们是男性联盟的叛徒。

正是为了从根本上减少强奸行为，维护群体内部的稳定，男性联盟才建立了另一种强大的社会意识，那就是压制性欲、平淡做人。

矜持的欲望

男人想尽千般主意，女人费尽万般心思，无论是口吐芬芳，还是甜言蜜语，最终目标都只有一个，就是肉体接触，因为只有肉体接触才能生育后代。这种男欢女爱的事情，大家都应该竭力配合才对，但两性的策略却完全不同。男性总想尽早展开肉体接触，希望在关系不确定时就占有对方，之后就算分手，他们也没有任何损失。女性则不愿轻易交出自己的肉体。有时就算男性提出强烈的要求和复杂的借口，也会遭到断然否决。

两性对待肉体接触的态度差异，必定有着内在的生物学价值和外在的社会学价值。

经典的生物学观点认为，交配行为对女性健康具有潜在风险，所以女人的态度相对保守，有利于维持健康的生育能力。但那只是表面原因，在现代社会，就算节育技术相当成熟，女人面对喜欢的男人时，仍然会出现性欲压制。尽管她们很想上床，却表现出很不想上床的样子。扭捏背后，必然存在更为强大的社会压力，隐约有着男性联盟的影子。

这是一个矛盾的现象，似乎男性联盟在女性的开放问题上总是首鼠两端、左顾右盼。一方面，他们希望女性对自己更加开放，那符合男人的个体利益。但另一方面，他们却又担心事态失控，总想设法压制女性的性欲，希望女性对别人更加矜持，只对自己开放。如此一来，男性就很容易扮演压制女性欲望的卫道士，道貌岸然、义正词严，颇似不食人间烟火的世外高人。

出人意料的是，性欲压制事实上也得到了女性的配合。

女性受到持续发情能力的煽动，压制性欲相当困难。在持续发情和性欲压制之间，存在逻辑上的冲突，女性有时对此感到不知所措。她们很想听从内心的召唤，彻底解放自我，探索人生的各种可能。但在暴力横行的男权社会，面对男性联盟的强大胁迫，女性又必须压制性欲，以免引发不可收拾的乱象。

可以想象，在一夫一妻制社会，如果压制性欲的意识缺失，女性对男性的求爱不设防线，来者不拒，后果简直不堪设想。具体会出现何种困境，职业妓女已经给出了明确的答案，她们基本失去了选择优质男性作为配偶的机会，并且很难保障后代存活率，那种放纵随性的基因也因此而失去了广为传播的基础。

尽管有些身不由己，但压制性欲还是给女性带来了切实的回报。只有压制性欲，女性才能把肉体留给最优秀的男性，而优秀的配偶无疑是对性欲压制的有效奖励。

另外，受到压制性欲策略的影响，女性身体总是供不应求，所谓物以稀为贵，反使女性成为稀缺资源。面对稀缺资源，男性的正确做法是格外珍惜，而不是将女性当作快消品随用随弃。他们会趁早打消寻欢作乐的念头，以长期的投资意愿作为合作的前提，有利于构建稳定的家庭关系。

正是在这些潜在利益的诱惑下，女性才有压制性欲的动力，并主动配合男性联盟做好性欲压制工作。

顺便说一下，男人也有性欲抑制。很多法医都知道，上吊自杀的男人往往会在最后关头勃起并且射精，这种生死之际的最后一枪当然没有进化意义，那只是大脑由于缺氧而切断了正常的性欲压制指令的结果，导致阴茎勃起的指令畅通无阻，直至出现自主射精。也就是说，正常情况下，大脑一直在向阴茎发送持续的压制命令，警告阴茎不得随意勃起，否则主人就什么正事也做不成了。一旦相关抑制程序被解除，阴茎就会像失去压制的弹簧一样跳了起来，在生命的最后时刻仍要维护坚挺笔直的形象。

生物学意义上的性欲压制与社会学意义上的性欲压制一脉相承。男性在社会生活中也会压制自己的性欲，那是男性联盟的基本要求。可以想象，在大规模群体社会里，如果不能压制自己的性欲，随便在街上见到一位美女就要强行非礼，后果不问可知。监狱里的强奸犯对此深有体会,如果他们能够强化自律能力,就将拥有更加美满的人生。

作为对照,雄狮在发情期间从来不会压制性欲,它们一天可以交配几十次甚至上百次,前提是它们不必和其他雄性竞争,否则就会因为密集争夺交配权而大打出手,根本难以维持群体稳定。

尽管雄狮有放纵的资本,它们也必须用另一种形式压制性欲,那就是大幅压缩发情时间,只在短短几天内才会性欲高涨。发情期结束之后,它们就像是纯情的少年,对交配根本不屑一顾。

男性与雄狮的区别在于,他们可以常年发情。如果缺少强大的性欲压制机制,按照雄狮在发情期间的交配兴趣与频率,精尽人亡就不只是一句笑话。那些花心的家伙就算没有油尽灯枯而死,也可能死在对手的拳脚之下,无疑将严重削弱群体的凝聚力。可见男人的性欲压制非但关乎个人生死,而且关乎群体兴衰。

既然男性都有性欲压制行为,女性必然无法独善其身。作为社会竞争的优势方,男性势必将压力传导给女性,迫使她们同步压制性欲。

为了全面压制女性的欲望,男性联盟制定了诸多清规戒律,其中最具杀伤力的约束形式,不是夺命的绞索或者砍头的屠刀,而是杀人诛心的荡妇羞辱机制。

荡妇羞辱是一种主观的说法,是男性站在自己的立场上,对超出男性联盟许可范围的女性欲望进行羞辱的现象。假如某个女性同时与多名男性保持非婚姻关系,就会被指为荡妇,从而遭到荡妇羞辱。或者某个女性在公共场合衣着暴露,无原则无差别地随意散发性信号,也会遭到荡妇羞辱。具体羞辱形式有人体攻击、打骂甚至杀害。攻击者主要为男性，往往公开施刑，以便对其他女性起到震慑作用。有时女性也会加入攻击的队伍，她们在男性联盟的裹挟之下，自觉站在男性立场对待女性，或者把荡妇视为潜在的情敌，主动强化攻击力度，某种程度上比男性还要偏激，算是女性对男性联盟递上的投名状。

女性压制性欲不但可以迎合男性的要求，而且可以借此操纵男性的评价结果，提高自己的口碑。既然男性希望女性保持克制，克制的女性当然会得到相应的赞赏。男性联盟深明其意，他们专门创造了许多赞许性的词汇，进而成为男权社会约束女性的道德规范，比如忠诚、坚贞、冰清玉洁等。总体都在表达相同的含义——你们不是荡妇，我们对此深感满意。所以各地说脏话时，多数都是辱骂对方的女性，那事实上是在进行荡妇羞辱，从根本上否定对方的血统和社会地位。

正是出于对性欲压制的响应，女性在青春期的性欲反而不如中年妇女强烈。年轻女性身体处于最佳状态，生育需求旺盛，性欲也应该如日中天才对，但她们却非常内敛羞涩，直到三四十岁的所谓虎狼之年，才会展示无拘无束的欲女风采。那时她们的生育能力已经如同残阳斜照，很难再现昔日的光辉，无法制造更多的生殖回报，强大的性欲更像是为了娱乐，而不是为了生育。如此精彩的娱乐潜力却在青春期遭到雪藏，正是性欲压制的重要表现，那将有助于提高她们在婚配市场的议价能力。至于中年妇女，早已在婚配市场交割完毕，纵情享受持续发情的生物学红利才是当务之急。

男性联盟对性欲的压制，还驱动了人类隐蔽交配的习惯。无论大家如何欲火难耐，都不会轻易在公共场所公开交配。

那么，隐蔽交配又有什么值得一提的进化意义吗？

隐蔽交配

羞于谈性几乎是人之常情，很多人在公开场合都一本正经，很少谈及自己的性生活，似乎他们晚上从来不做那种难以启齿的事情。他们之所以两两结婚并睡在同一张床上，真的只是为了节省一张床而已。

为什么我们不能公开讨论做爱呢？

那与性欲压制的逻辑一脉相承。

只要不是在脱衣舞会上，女性都会刻意避免展示敏感位点，不涉及与性有关的一切话题，那是性欲压制策略的延续，也是受到反荡妇机制影响的结果，并在某种程度上制约了男人的言谈举止。如果男人想要得到女人的认可，最好也不要在公共场合提到敏感话题，因为那不但违背男性联盟的原则，而且违背女性压制性欲的意愿。避免公开讨论性话题，是男女共同的心理需求，尽管他们事实上非常希望能够就此事展开激烈的语言交流。

照此逻辑，任何公开刺激性欲的行为——包括语言刺激、图像刺激和行为刺激——都会遭到连坐压制。公开讨论性生活属于语言刺激范畴，是男性联盟压制的基本内容，一旦去做就会被扣上下流无耻之类的帽子。就算有些男人极度无聊，也只能在非常熟悉的朋友之间私下说一些荤笑话，暗地里彼此一乐，在公开场合照样正襟危坐、衣冠楚楚。

图像刺激也是同理，只要是在男权社会，都会抑制色情图片的公开传播和展示。哪怕是在影视业发达的国家或地区，也很少有人在公共场合聚集观摩色情作品，除非假借艺术之名，让别人误以为他们关心的并非色情而是艺术。

至于行为刺激，更是男性联盟压制的重点，而且力度明显升级。诸如穿着暴露、举止轻佻、公开挑逗、肉体引诱或者生动的性暗示，都会被列为打击对象。

在所有被压制的个人行为当中，以公开性行为遭到的打击最为沉重，以至于人们被迫形成了隐蔽交配的习惯。

公开做爱在几乎所有文明中都属于违法行为，不仅会遭到道德舆论的攻击，还会遭到权力机构的暴力镇压，有时甚至可能面对死亡的威胁。本质原因就在于，这种行为公然违背了男性联盟压制性欲的基本原则，因此被贴上了极度可耻的标签。

在这方面，其他动物要比人类自由得多。

很少有什么动物像人类这样以一夫一妻制作为主流的婚配制度，也很少组建像人类这样复杂的社会结构，它们对于维持群体稳定的要求并不高。有时就算需要维持群体稳定，也主要通过武力解决，还没有上升到文化控制的层面，因此不以公开交配为耻，毕竟它们没有单独的住房，很难寻找真正隐蔽的交配场所，大多数情况下只能公开交配。有些动物离群索居，就算公开交配也很少被其他个体看到，它们以地为床、以天为被，广阔的空间就是它们最私密的卧室。就像长臂猿，根本无须隐蔽，但你观摩过长臂猿交配的场景吗？

更重要的是，许多动物都不像人类这样持续发情。时光易逝、岁月易老，它们必须在有限的发情期内迅速解决交配问题。情急之下，当然也顾不得什么羞耻了，多几个或少几个观众都不影响它们磅礴的激情。

可见羞耻感并不是生存的基础，而是一种意外。人类因为隐蔽交配，才会发展出羞耻感，并以此引导隐蔽交配。假如人类每天都公开交配，必定会失去羞耻心理，就像我们不会为握手而感到羞耻一样。

尽管如此，有些动物也会隐蔽交配，因为动物界存在一种有趣的"交配干扰"现象，即正在交配的动物会受到其他动物的打搅，有时甚至无法完成射精就被迫中断，那是简单粗暴的雄性竞争方式。特别是在灵长类群体中，交配干扰非常频繁，越是年轻的雄性越喜欢捣蛋。黑猩猩就是交配干扰的高手，很多恶棍百无禁忌，对正在交配的伴侣进行各种旁观与骚扰，甚至将双方强行拉开，让它们欲火焚身而又无可奈何。为了避免干扰，有些黑猩猩会悄然走出公众视野，改在灌木丛背后约会，可以看作是隐蔽交配的雏形。

另外，在隐蔽场合做任何事情都更加安全。只有保障安全，才能体会乐趣。白鹭在公开交配时常常忘乎所以，于意乱情迷之中很容易就被身旁悄无声息的巨蜥一口咬死。

人类清楚地理解这个事实：躲起来做事更省心，纵情享受二人世界的同时，还能有效缓解雄性竞争，何乐而不为呢？

作为黑猩猩的近亲，人类进一步强化了隐蔽交配行为，因为人类对于缓解雄性竞争的要求更为迫切。假如这个世界只有一男一女两个人，在伊甸园中当然不需要隐蔽交配。但当复杂的群体出现之后，问题也变得复杂起来，维持群体稳定成为男性联盟的主要职责，隐蔽交配也就成为人类社会基本的行为规范。要是城市广场每天都传出嘈杂的做爱声，不仅对个人生活构成严峻的挑战，对整个社会秩序也是重大的威胁。可见隐蔽交配是维持社会稳定的重要手段，也是人类文明的核心价值所在。

由此造成的结果就是，人们在做爱时间之外，大多选择关闭性信号，我们很少公然袒露乳房和生殖器，年轻少女甚至担心别人看到自己的身体，这些禁忌都派生于隐蔽交配的心理现象。只有这样，才不容易让人联想到性行为。我们之所以认为穿着暴露的女人比较风骚，就因为她们在发出没有实际意义但却非常强烈的性信号，违背了隐蔽交配的共识，同时也违背了安全第一的指导原则。

正因如此，男权社会需要严格控制女性的装束，迫使她们掩盖所有性信号，甚至杜绝女人见到男人。所谓男女授受不亲，即为此意。潘金莲要不是在楼上被西门庆看见，此后也不会发生那样惊天动地的故事。古代女子倚门而立是遭人唾弃的行为，那表明她们在观察外界性信号并企图向外发出性信号。

正是性欲压制与隐蔽交配策略，在悄然塑造着现代社会的文明意识。人们不敢公然勾引别人，但又不甘心放弃勾引的机会。女性粉白香嫩、顾盼生辉，眼神里充满了克制的媚惑。男性则故作矜持、假装绅士，悄然炫耀自己的智力和财富。正是在世俗男女的共同装扮下，整个社会才呈现出五光十色的外形。但男性联盟的底色却若隐若现，很少有人敢越雷池半步，那是压制性欲策略的必然结果。

为了全面贯彻性欲压制的任务，男性联盟还在全社会反复宣扬贞洁意识，那是性欲压制的必要前提，也是对隐蔽交配的有效预警。

贞洁大作战

明确父权是所有雄性动物的内在需求,男人当然也不例外。如果有可能,他们愿意所有女人都只生下自己的孩子。可惜此事希望渺茫,他们只好退而求其次——至少有一个女人能确定生下自己的孩子,而不是别人的孩子。

但一厢情愿并非事物运行的规律,事与愿违倒是屡见不鲜。粗略估计,国内通过亲子鉴定确认父权模糊的比例高于十分之一,欧美地区的比例更高。这个数字其实非常惊人,绿帽疑云几乎笼罩在每名男性的头顶,他们不可能靠自己独立解决此事,只能交由男性联盟处理。

明确父权是男性联盟的行动纲领。尽管男人并没有用文件将这个纲领写出来,但他们世世代代都在持之以恒地围绕明确父权这个核心任务开展各项工作,无论是性欲压制还是隐蔽交配,其实都在为这一纲领服务。

但明确父权并不是简单的工程,常会遭到隐蔽排卵与持续发情的干扰。女人稍不留神就躺到了别人怀里,一不小心就怀上了别人的孩子,真正的神出鬼没、防不胜防。综观各大文明普遍采用的策略,也没有什么更好的办法,最可行的方案就是大力提倡贞洁观,从心理上和生理上对女性进行双重约束,最大限度保障男性的权益,中国在这方面做出了最早的尝试。

根据中国的资料,贞洁观并非古已有之,不过时间也不会太迟。《周易》中已经开始强调贞洁。孟子所谓"男女授受不亲",意为男子和女子不能亲自互相传递物品,事实上对男人和女人提出了对等的约束性要求。但后来男性联盟对女性的约束不断强化，直至形成压迫态势，试图直接限制女性的人身自由，约束她们展示性信号的权利。其中最简单也是最粗暴的办法，就是把女性幽禁起来，以免出现意外的交配行为。

隔离女性是古代社会常用的措施，只是不同阶层采用的方法略有不同。皇室后宫佳丽受到了最严厉的隔离，除了皇帝，她们几乎没有机会接触其他男人。当有些工作不得不由男性员工操办时，往往要对他们的生殖器做一些技术性处理，剥夺他们作为男性的基本特征和能力，并称他们为太监，以便与正常男性区别开来。

如果是富贵人家、高官巨贾，没有资格豢养太监，他们也会想方设法建起闺阁绣楼，庭院深深、花木重叠，将女性家眷置于其中，外人轻易不得入内。尽管此举无法禁绝所有两性接触，比如《西厢记》中的张生照样可以在红娘的引导下翻墙越户，与莺莺私会，但无论如何，幽禁总比开放的效果要好一些。大户人家其实在用高耸的门楼向外界传递一种无声的声明：我们家的女孩干净纯洁，可以有效保证父权明确。向这样的人家求婚，要出得起相应的价格才行。所谓门当户对，不只是对经济条件的说明，也是对父权的检讨。

至于普通人家，无法对家养女孩提供有形的全方位保护，只能退而求其次，转而采用无形的保护，毕竟乡野村姑还要下地干活，在家也要烧火做饭、浆洗清扫，没有深居绣阁的条件。简单的要求就是举止有度、衣着得体。这些要求不仅体现在法律层面，而且体现在舆论层面，成为宣扬贞洁意识的主要战场。

秦始皇东巡泰山时沿途多次刻石，除了展示统治权威，另一个主要任务就是大力提倡贞洁意识。汉朝政府除了对贞洁妇女进行物质赏赐，还进行精神鼓励。刘向的《列女传》、班昭的《女诫》，直接将贞洁观念推向新的高度。宋若莘在《女论语》中对女人提出了言行礼仪方面的标准："行莫回头，语莫掀唇。坐莫动膝，立莫摇裙。喜莫大笑，怒莫高声。内外各处，男女异群。莫窥外壁，莫出外庭。男非眷属，莫与通名。"核心就是提醒女人尽量隐蔽性信号，以免招致通奸。能够做到这一点的女性就是贞洁的女性，贞洁观因此而成为整个社会强调的道德规范。再到朱熹大力推动"饿死事极小，失节事极大"，成为男性联盟向女人提出的人生指南。烈女故事被广为传颂，贞节牌坊蔚然成风。"水不厌清，女不厌洁"，男人的要求从此而内化为女人的自觉行动。

此风在明清时期愈演愈烈，类似"好女不嫁二夫"之类的俗语，已经在民间广为人知。朝廷也不惜划拨巨款为贞妇烈女树碑立传，大力营造贞洁的社会氛围。明太祖亲发诏令提倡未婚守贞。《明会典》规定，节烈妇女可以除免本家差役。政府还把地方官吏上报贞烈妇女的人数作为升迁的考核指标。安徽歙县一个小小县城，就有贞节祠堂六千多座，贞节牌坊更是不计其数。清代广修收养贞烈寡妇的福利机构"贞苦堂"，这种做法一直持续到民国年间。民国十年（1921年），大总统徐世昌还亲自为湖南祖堂贞节牌坊题过字，书曰，"节励松筠"。

由此可见，贞洁意识已经成为民间和政府的共同追求，表明男性联盟取得了空前胜利，对女性基本形成了强大的心理隔离屏障。

贞洁观愈演愈烈，与人口规模的不断增长有直接的关联。在早期中国社会，对贞洁观的重视程度并不突出。《春秋》中常有贵族阶层迎娶再婚女性的纪事。到了三国时期，曹操仍对"人妻"充满了强烈的兴趣。民间的风气也相对开放，主要原因在于当时人口密度相对较低，可生育女性也是一种重要的资源，如果严守贞洁规则，就会浪费大量生殖机会，不利于人口数量的提升。

后来随着时代的发展，特别是农业技术日益成熟，人口密度越来越高，男性联盟维护群体稳定和缓解雄性竞争的任务也越来越重，这才对贞洁观越发重视起来。

在强大的男权社会，一旦男性有某种思想倾向，女人就必须加以迎合。男人喜欢忠贞的女人，女人就必须表现出忠贞的样子，这就是女性贞洁思想的源头。但男性在追求父权明确的道路上永不止步，他们还因此演化出了强烈的处女情结，成为贞洁意识之外的另一个捍卫父权的手段。

在许多社会文化中，无论是开放还是封闭，男人对贞洁的重视程度都超过女人。因为女人一旦不忠，就可能怀上别人的孩子，让男人付出的所有抚养成本全部打了水漂。绝大多数男性对此都无法容忍，他们必须设法保证女人生下自己的孩子，那就是明确父权的终极含义。尽管宣扬贞洁意识可以在一定程度上保障父权明确，但明确父权最根本的办法还是娶一个处女，这就是处女情结的根本逻辑。

随着生育技术的进步和女性社会地位的提高，某些地区的处女情结已有所弱化。但在绝大部分传统地区，处女情结仍然有着巨大的生存空间，因为那是长期男女博弈的结果，其影响不可能轻易抹去。

既然男性喜欢处女，女性就会努力保存处女身份。如果所有女性都不在乎自己的处女身份，男性的处女情结也就无从谈起，你不可能去追求一种不存在的东西。所以处女情结在某种程度上是男女之间达成的共识，在全社会形成了影响深远的处女崇拜，并意外对男性联盟形成了强烈的反噬。

处女身份的证明

从生物学角度考虑，处女只是一个文化概念。但在男性联盟看来，处女身份却是实实在在的客体，就像汽水瓶一样，只要打开，就很难恢复原貌。从这种意义上说，处女身份在男权社会是一次性消费品，一旦失去，就再也找不回来了。对此男性和女性都保持着高度警惕。

其实人类并非孤例，许多雄性动物都很在意交配对象是不是第一次，连昆虫都会随波逐流。雄性昆虫主要通过性外激素吸引交配对象，为了防止雌性被其他雄虫吸引，有些雄性昆虫在分泌性外激素勾引雌性的同时，还会随之分泌抑制素，用以抑制雌性的交配欲望，让它们不再勾引其他雄性。但雌性昆虫并不甘心受到控制，它们会分泌对抗素去中和抑制素，以便争取更多的交配机会。不过这也给雄性留下了一条线索，凡是会分泌对抗素的雌性，都不是处女虫，雄性就会避而远之。因为与其他雄性交配过的雌性，体内会残留着其他雄性的精子，可能引发残酷的精子战争。为避免精子战争，与处女虫交配才是上策。

男性的麻烦在于，他们很难像昆虫那样，通过气味来判断对方是不是处女，在和女人结婚之前又没有共同生活的机会。多数夫妻年轻时并不相识，青梅竹马只是美丽的传说，因此男人无法保证女人是否曾经有过别的男人，他们只知道她们曾经是处女，却不知道现在还是不是处女。他们迫切需要一个指标证明女人的清白，这个证明必须真实有效而且不易造假。

男性联盟殚精竭虑，想尽一切办法要给女性开一张处女证明，后来终于找到了一个模棱两可的证据，那就是处女膜。

处女膜可能是最奇怪的人体结构，它被深深隐藏在最黑暗的角落，本质上只是一层毫不起眼的薄膜，并且注定将被撕裂。可是它非但没有被进化的长河冲刷干净，反倒引起了男人疯狂的探索欲望——不是为了保护，而是为了破坏。

不只人类有处女膜，很多动物特别是哺乳动物都有处女膜，比如海豹、黑猩猩和狐猴等，不过它们的处女膜大多在胚胎后期就已随着发育进程而消失。只有人类的处女膜明显且持久，得以相对完整地保留了下来，因其扼守生殖要道而令人印象深刻。

客观而言，处女膜的生物学结构非常普通，生理意义并不重要，可能对外界微生物具有一定的隔离作用，但也并非不可缺少。女性在婚后并没有面临生命威胁，说明失去那层膜并不会产生什么负面的生理影响。

从解剖学角度观察，处女膜大小不一、形状多样，年幼时较厚。此后随着年龄的增加，女性体内雌性激素水平不断提升，导致膜内细胞渐次凋亡而慢慢变薄，直到性成熟，才形成一层似有若无的薄膜组织，医学上又称作尿道瓣或阴道瓣，可以看作是阴道形成过程中遗留的痕迹。有人天生处女膜痕迹就很浅，随着生长发育的不断推进，这层膜会被慢慢撑开，就像被撑开的薄膜，会被扯出很多孔洞，甚至形成网状结构，像是被蚕啃过的桑叶。有的孔洞相互融合，就会形成大洞。孔洞很大的时候，处女膜基本就消失了。也就是说，有人根本没有处女膜，通过处女膜判断对方的处女身份并不科学。

但处女膜的真正意义不在于生理价值，而在于社会价值。

正常情况下，有处女膜的女人大多是年轻的女人，有着较高的剩余生育价值。反之亦然，越是年轻的女人越可能是处女。随着年龄的增长，女人失去处女膜的风险也越大。所以男人偏爱年轻的女人，这与追求生殖回报的理论一致，进一步强化了男性的处女情结。

为了满足男性联盟的处女情结，处女膜被强行作为验证处女身份的基本选项。

尽管如此，经过数千年的摸索，男性联盟仍然没有掌握真正有效的处女膜评判标准。他们想方设法要探测处女膜的完整程度，结果却总是不尽如人意，导致所有技术都处于失传的边缘。比如汉代有一种颇具诗意的无创处女检验技术，就是名闻天下的"守宫砂"。西汉马王堆三号汉墓出土的帛书《养生方》记载了相关制作程序：先把蜥蜴用丹砂喂养，然后捣烂制成红色染料，点在处女手臂上，直到初次交配后红色才会褪去。后来民间发明了流程更为简单的"灰检法"，即以细灰铺在木桶内，让女孩坐在桶上，用绵纸条塞入鼻中刺激其打喷嚏。如果是处女，则干灰依旧。若已破身，则上下通气，干灰必被吹动。这个法子虽然简单，却极其愚蠢，因为只要憋住不放屁，大抵都会被验明为处女。

民间广为流传的检验处女膜的方法主要靠视觉"验红"。处女膜中分布有丰富的毛细血管，初次性交时，确实可能会因为机械撕裂而出血。古时新娘须以白帕擦拭血迹以示贞洁。次日清晨，伴娘再将沾有血迹的白帕以银盘托给亲友观看。还有的地方流行在拜天地之前先行"验红"，如果新妇见红，当即鸣鞭炮拜堂。所谓"留待洞房花烛夜，海棠枝上试新红"。《西厢记》张生发现"春罗原莹白，早见红香点嫩色"后，以为对方仍是处女，当即喜不自禁。杜甫有诗云"花径不曾缘客扫，蓬门今始为君开"，原意为洒扫庭院落花，表达对客人的隆重欢迎，到清代却成为女子表达贞洁的暗语，申明她们的处女膜是首次会客。

然而现代医学表明，女性落红与否，要视处女膜的厚度与开口大小而定。处女未必就出血，非处女也未必不出血。妇科临床发现，有些女性直至性成熟时，处女膜依然厚实，并不会因为性交而彻底消失，只是部分撕裂或者开口扩大而已，极有可能被反复鉴定为处女。对一项青少年性问题的调查也证明，超过一半的少女在性交后处女膜依然完整，甚至有的妇女直到孩子出生才彻底失去处女膜。只有当处女膜表面雌激素受体较少、对雌激素反应不敏感时，才会导致处女膜弹性变弱，破裂时可能引发大量出血和疼痛。如果提前使用雌激素处理，可以有效缓解疼痛，效果比润滑剂还要好。

由此可见，处女膜造成疼痛和出血仅仅是例外，而不是规律。所以，初夜是否出血根本不足以证明女性是否贞洁，两者之间基本没有关联。这是医学大数据调查得出的结论，与一两个人的判断不可同日而语。也就是说，很多民间流传的处女鉴定措施都没有任何指导意义。

问题是男人很少懂得这些生理学知识，尤其是在古代，男性联盟往往把初夜出血当成是规律而不是例外，他们为此而不断强化全社会的处女情结。女人应对的手段则是伪装疼痛或者偷换带血的手帕，几滴西瓜汁就足以让男人欣喜若狂；她们甚至直接制造假处女膜——你想要处女膜，就成全你好了。这也充分证明了处女膜的尴尬：男女都很重视，但却不能证明任何问题。

可是很多男性依然相信，处女膜是天然的防伪标志。虽然防伪标志也可能作假，但总比没有要强。因为在处女膜上，寄托着他们脆弱的明确父权的希望。

正是出于男性霸权对生殖利益的强势保护，及其对处女膜的过度关注，才导致处女在婚姻市场上有了极强的议价能力。结论就是，男性必须为自己的处女情结买单。古代所谓千金小姐，其实是对处女身价的反映，这个称谓一般不会用来指代已婚女性。我们从来没有听说过千金大妈，因为她们已经失去了作为价格标签的处女膜。

男性的麻烦在于，处女膜只能在短时间内起到明确父权的作用。没有谁能保证处女就不会导致父权模糊。这时男性联盟需要从文化层面寻求内心的安宁，用各种方法持续声明父权，姓氏标签就此成为一种有效的心理安慰剂。

女性地位的标签

现代文明社会，多数人都拥有一个简洁的身份标签——姓名。姓名的基本功能是用以区分这个人和那个人。但在许多地区，夫妻在命名权方面仍然存在不小的差异，背后的逻辑，意外泄露了男性联盟对女性的掌控程度。

汉唐之前，人们的姓氏系统相当复杂，常与个人出身、政治地位、出生地域等有着密切的联系。比如司马迁在《项羽本纪》中开篇就说："项氏世世为楚将，封于项，故姓项氏。"这就是以封地为姓。还有的以朝代或国别为姓，如赵、宋、秦、韩、齐等；有的以官职为姓，如司徒、司马等；有的以动物为姓，如马、牛、熊等；有的以植物为姓，如杨、李、柳等；有的以颜色为姓，如白、黄、蓝等。总而言之，人们会用各种方式来将自己与他人区别开来，尽力打上独特的身份标签，用来表明个人的家庭源流。

姓氏作为身份标签，与商品标签类似，具有展示品牌质量的作用。标签影响越大，商品价值就越高。很少有冷门姓氏能在古代村镇管理中占据重要地位，也很少有乞丐把自己的姓氏当回事，他们姓什么都无所谓，因为他们无法通过姓氏寻求额外保护。有人还会为了安全而改变自己的姓氏，许多流民都有过改姓的历史。改从当地大户姓氏，就等于贴上了大户的标签，容易谋求当地人的认可。尤其是唐代以降，少数民族大批迁入中原，为了寻找靠山，纷纷改为李姓或王姓，其中以回族人和波斯人以及阿拉伯人的数量最多。这种改姓风潮的结果就是，王、李等姓如今仍然为人数最多的姓氏标签。

历史上的复姓也曾有很多，数量一度与单姓不相上下，最多时曾有七千多种，然而如今仍能见到的复姓只有两百多种，其余全部改成了单姓。因为复姓带有强烈的少数民族色彩，改成单姓更容易融入主流社会。

皇家姓氏是最好的标签。古代常有皇帝给平民赐姓的说法。唐朝皇帝曾大规模给臣民赐姓李，几乎不加选择，造成了姓氏品牌的急剧扩张。西夏党项人本姓拓跋，因先后受到唐、宋两朝赐姓，所以元昊有时名叫李元昊，有时又叫赵元昊，但很少有人叫他拓跋元昊。尽管西夏时常与宋朝作对，但他们仍以拥有中原皇族姓氏为荣。

姓氏标签至今仍然有着明确的身份价值，我们在和同姓朋友套近乎时，还会常说"五百年前是一家"。尽管此话不可当真，却能真真切切拉近彼此的距离，毕竟姓氏最基本的功能，就是标记家族历史。作为有趣的对照，网名完全不需要姓氏，你可以随便制造一个文字组合来标注自己，而不必在意姓氏问题。因为在虚拟的网络社会，没有寻求地方势力保护的需要。然而在现实生活中，姓名则能在某种程度上影响个人的命运。

当前流行的姓名格式主要由姓和名两个部分组成，区别只在前后位置不同。当然有些地方的姓名组合更复杂一些，有些地方则更简洁一些，但以姓与名的组合最为常见。这种取名格式使用方便，可以用相对简单的文字标注相对复杂的个人信息，朗朗上口、便于记忆与识别，因而成为通行的规则。

以中国古人为例，他们曾拥有一套完善的姓名标识系统，一度包含姓氏、名字、表号、地望等内容。比如李白，姓李，名白，字太白，号青莲居士。地望则是文人士大夫之间常用的高级标注方式，比如柳宗元是河东人，人称柳河东，他的诗文集因而也叫《柳河东集》。

相对于正式的姓名，乳名就比较随意一些，诸如阿瞒、寄奴、三炮、狗蛋等。乳名和正式姓名之所以如此风格迥异，是因为两者的社会价值不同。正如男女在青春期前后的身体发育模式差异，不同姓名标注方式表明他们面临不同的社会任务。只是现代人基本已经将乳名和正式姓名合而为一，模糊了两者的界限，所以我们很少注意到其中的微妙变化。

在封建社会，乳名只是在小范围内标注小人物的标签，正式姓名则是在整个社会的大范围内标注成年人的标签。这个标签对于其在婚姻市场的表现具有直接的指导价值。古人强调门当户对，除了经济实力、社会地位等关键因素外，姓名也是一个重要指标。当姓氏价值越来越重要时，就出现了妻随夫姓的苗头。

据完颜绍元在《姓氏百问》中指出：东汉时期的女性史学家班昭，在其所著的《女诫》中的署名就是曹昭，时人称之为曹大家，因为她曾嫁曹世叔为妻。可见至少在东汉，就有妻随夫姓现象。

但妻随夫姓并没有形成主流，女性还是有自己的独立姓名，比如河南偃师出土的晋武帝妃嫔左芬墓志，清楚地写着"左芬，字兰芝"，而不是称其为"司马芬"，也没有称为"司马左氏"。女性在很长时间内都可以拥有自己的姓名，比如吕雉、独孤伽罗、武则天、穆桂英等，都没有受到夫家姓氏的影响。

可是从宋代起，情况开始出现了变化。宋代人口猛增，缓解雄性竞争的要求不断提高，男性联盟对女性的压制日益严重，开始出现大量妻冠夫姓现象。所谓妻冠夫姓，就是女性仍然保留自己的姓氏，但要在婚后再加上夫家姓氏。假如姓李家的女儿嫁到了张家，就称"张李氏"。只有一些富贵人家，才会给女儿起个完整的姓名，比如李清照等。《红楼梦》中记录的薛宝钗、林黛玉、史湘云等人，都有自己的姓名，而且在婚后还有可能继续保留，比如贾敏，嫁给林如海后，并没有改名为林贾氏。可见妻冠夫姓并非硬性要求，或者与家庭社会地位有着直接的关系。

妻冠夫姓的习俗至今在我国香港、台湾等地仍有所保留，那是受到民国法律影响的结果。北洋政府颁布的《民国民律草案》中，曾明确要求妻冠夫姓，并得到了知识分子的积极响应，比如国学大师钱穆的妻子胡美琦，常被称为"钱胡美琦"，胡适的夫人江冬秀，也常被称为"胡江冬秀"。直到新中国成立后，这一法律条文才在大陆地区废除。

与妻冠夫姓类似的现象是妻随夫姓，那是在欧美国家流行的模式，指女性在结婚之后放弃自己的姓而改用夫家姓氏。尽管没有法律规定妻子要随夫姓，但大多数英语国家都有相似的传统，已婚妇女高达90%以上自愿改随夫姓。日本的"妻随夫姓"也是明治维新时期向西方学习的结果，日本《民法》至今仍有妻子结婚后要随夫姓的条文。

不管是西方的妻随夫姓，还是东方的妻冠夫姓，都意味着女性被强行打上了男性家族的身份标签。因为从夫居模式决定了人类社会必然以男性为中心构建家庭，并进一步决定了家庭财产传男不传女的社会习俗，在强化男性社会地位的同时，也制约了女性的自由，并将女性塑造为男性家庭财富的一部分。既然是财富，当然要打上家庭的标签。

打上了夫家姓氏标签的女人，就等于亮明了自己的身份，暗示自己属于某个家族，同时也就属于某种势力，可以得到家族势力的有效保护，并以此避免不必要的雄性竞争。由此而衍生的另一个现象是子承父姓，那是比妻随夫姓更为严肃的问题。

子承父姓的价值

结婚的目的是生孩子，那么孩子出生后到底跟谁姓呢？对此问题，《中华人民共和国民法典》中有明确的规定：自然人应当随父姓或者母姓。但这条法令却没有进一步规定孩子到底应该随母姓还是随父姓。这个问题必须有个明确的答案，否则夫妻二人就会陷入僵局。如果每个人都要求孩子必须随自己姓，婚姻就有崩溃的可能。

论说起来，此事好像并不难解决，作为婚姻流水线上的终极产品，孩子明明是女人亲自生下来的，似乎随母亲姓更为合理一些。但实际情况却与此相反，尽管国家没有硬性要求，许多夫妇却都达成了基本一致的解决方案，那就是让后代随父姓，这就是子承父姓的习俗，无论后代是儿子还是女儿，基本都遵守这一命名原则。而且不仅在中国，多数文明国家都有类似的现象。

中华人民共和国废除了女性婚后冠以夫姓的习俗，表明女性的社会地位已经有了实质性提高，但子承父姓的现象却因陈守旧、一如既往，不能不说是个奇怪的事情。有人指责这种习俗是封建陋习，是传宗接代愚昧思想的产物，是男权社会强加在女性身上的不公正待遇。甚至有人提出了新的解决方案，比如男孩随母姓、女孩随父姓，等等，五花八门，不一而足，都只是最近才出现的新想法，是男女地位发生巨大改变之后的新观念。在此之前，很少有人会对子承父姓表示质疑甚至不满。毫无疑问，那根本不是"愚昧"两个字就能概括的社会现象，并非简单的短期行为，更不是男女随意卧床谈判的结果，而是包含着复杂的男女博弈信息，有着深刻的内在逻辑。

从历史资料来看，无论女方地位如何，子承父姓都很少有商量的余地。三国名将陆逊娶孙策之女孙茹为妻。孙茹号称"云中小仙"，势力冲天、名扬东吴，可她为陆逊生下的所有孩子都姓陆，没有一个姓孙。唐朝有名的太平公主嫁给薛绍后非常放纵，几乎可以翻云覆雨随心所欲，但其所生的儿子也都姓薛而不是姓李。也就是说，就算女方家族势力足够强大，仍然不会改变子承父姓的习俗。

中国只是一个缩影，其他文明也存在类似的情况。由此可见，子承父姓必然得到了男性联盟的强力推动，并得到了女性的高度认可，否则不可能如此普遍地存在。

关于子承父姓现象，有很多社会学方面的解释。目前认为，子承父姓具有一定的社会功能，并在现实生活中展示独特的文化优势，这种优势可能体现在以下几个方面。

从逻辑上看，在从夫居的婚配模式下，既然妻子从属于丈夫，她生下的孩子当然也从属于丈夫，打上父姓的标签无可厚非。何况在从夫居社会，只有打上父姓的标签，才能对后代起到最佳的保护作用。比如在李家庄中，所有男性都姓李，从四面八方嫁到李家庄来的女人，则有着各种姓氏。如果后代随母亲姓，他们也就有了各种姓氏，大家很难确定彼此的血缘关系。只有相同的姓氏，才可能迅速确认血缘关系，有利于减缓竞争压力，同时提高群体凝聚力。

从夫居社会的另一个关键问题是财产继承权。既然家庭财产主要掌握在男性手中，他们当然希望由男性后代——也就是儿子——来继承家产，并对家庭负起主要责任和义务。父姓标签是对后代继承权的确认。至于女性后代，也就是女儿，她们将来是要外嫁到别人家的，并且要改从夫姓，打上别人家的姓氏标签，所以她们很难得到家庭财产继承权，既然如此，孩子随母姓就没有必要了。

根据这一逻辑，子承父姓具有自我强化的作用，每一代都会让后代子随父姓，存在相当大的文化惯性，一旦形成风俗，就很难再轻易更改。

这个逻辑还能解释古代社会普遍存在的重男轻女现象。

从夫居的模式决定了家庭财产只能由儿子继承，儿子的重要性当然要超过女儿，否则财产延续的链条就将断裂。从某种程度上说，这个逻辑甚至有着生物学基础，只有男孩才能遗传父亲的Y染色体，如果夫妻二人没有生下男孩，那么男性支系上的Y染色体就将彻底消失。这对男性基因是个重要的考验，因此男性联盟特别强调生男孩的重要性。父亲的姓氏可以看作是Y染色体的文字标签，这个标签有时还可以起到防止近亲结婚的作用。

先秦就有"同姓不婚"的说法，说明那时人们已经明白了近亲结婚的危害。既然如此，当然要给后代打上正确的身份标签才行。但打谁的标签，却是个科学问题。特别是在一夫多妻制社会，标签的重要性更为突出，假设李家庄的老李娶了好几个妻妾，如果所有妻妾的孩子都打上李姓标签，就可以杜绝彼此之间的近亲结婚。但如果各自打上母亲的姓氏标签，而她们的母亲姓氏各不相同，那么一旦时过境迁、沧桑过后，他们就很难再识别彼此的近亲关系，也就难免会出现近亲结婚的尴尬场面。

除此之外，子承父姓还可以起到明确父权的作用，那是子承父姓最根本的价值。女人同意让孩子跟你姓，就因为那是你的后代，你不能抵赖，你必须抚养。尽管用姓氏来明确父权略显牵强，但在古代，实在没有更好的办法。打上姓名标签最起码能对男人起到心理安慰作用，而女人则不需要这种安慰，因为所有后代都是她亲自孕育的结果。孩子是不是跟随母姓，都不影响母亲的抚养态度。

由此可知，子承父姓是为了明确父权而人为创造的标签，是女人留住男人的代价，是继妻随夫姓之后，女性向男性联盟妥协的另一重要标志。

现代社会之所以出现妻子争夺孩子姓氏权的情况，是因为父权已经得到了某种程度的解决。如果男人不服，可以去做亲子鉴定，那是比姓氏更权威有效的鉴别手段。当父权不存在争议时，姓氏也就不再重要，而纯粹变成了一个文化问题，子随母姓也就不再是什么大不了的事情。

更重要的是，在现代社会，女性的生活资源已经有了基本保障，特别是在社会福利发达的国家，单亲母亲日益增多，那时孩子跟谁姓，完全取决于女人的心情，男人连一点反对的权利都没有，他们的父权已被削弱到了最低点。

现在子承父姓已不再是年轻夫妇给子女起名时的唯一选择，大多数民众认为，子女到底跟谁姓，只要双方父母约定就好，比如男孩随父姓，女孩随母姓，还有人综合父母姓氏给后代起了个新式复姓，等等，都是有趣的解决方案。

不论妻随夫姓还是子承父姓，都是由贞洁意识派生的副产品，是男性联盟为了明确父权而实施的自我保护措施，也是巩固男性社会地位的有效手段。究其根本，都是为了维护婚姻稳定，进而确保群体稳定，那是男女博弈的最终结局。正因如此，所有破坏婚姻的行为，都将遭到法律和道德的双重打击。这一点在中国历史演化进程中得到了清晰的展示。因为中国古代社会属于典型的农业社会，人口密度相对较大，流动性相对较低，男性联盟一直高度重视维护婚姻制度的工作，并形成了独特的文化风潮，对人类文明有着强烈的启发意义。

博弈大结局

尽管从生物学角度观察，人类和其他动物并没有本质区别，都受基因的控制和激素的影响，都需要摄入营养物质为生命活动制造能量。在情感进化方面也存在诸多共享因素，都需要选择配偶，都需要对配偶进行各种评估，最终都要通过两性合作生育后代。但人类毕竟是人类，人类还有许多其他动物所不具备的行为和特征，婚姻就是关键的表现形式，那是两性合作的重要环节，是两性博弈的大结局，也是人类成长的重要阶梯。

只要你静下心来仔细想一想，人生忙忙碌碌，到底在忙些什么？如果只是为了活着，在当下社会并不难，单靠社会救济完全可以做到。可是我们偏偏要去努力学习，要去勤奋工作，要去做一些看起来毫无意义的社交活动，许多活动都是为了提高自身价值和社会地位，终极目标都是为了构建一个更加美好的婚姻生活。哪怕有人不结婚也不谈恋爱，却也无法摆脱世俗观念的持久惯性和潜在影响，否则他就应该回归荒野，与麋鹿结伴、与虎狼为伍。但就算虎狼与麋鹿，也会在一年中抽出一点时间来考虑配偶问题。

人的一生都在为婚姻而不停地奔波，忙完了自己的婚姻就要开始为后代的婚姻操心。凡夫俗子从生到死，都无力逃脱婚姻的影响与控制。可动物界没有任何一种动物有婚姻的概念。它们不会到处张罗着准备婚房，也不会为了方便交配而举办一次盛大的婚礼，并在婚礼上陈述许多肉麻的言辞，标榜自己将对婚姻如何负责。所有这些繁文缛节，都是人类的专利，他们甚至会到政府管理部门去办一张官方结婚证明。所有这些都表明，结婚的意义在人类这里已经得到了强化，那不是一件简单的小事，也不只是个人的私事。在个人利益之上，婚姻还有着明显的社会价值。

婚姻的个人价值相当明确。每个人都试图在婚姻中满足自己的生理预期、心理预期、经济预期和生殖预期，那是驱动男男女女不断向着婚姻殿堂前进的根本动力。但要想维持稳定的婚姻，仅有个人的努力还远远不够，那还需要整个社会的努力，特别是得到男性联盟的支持。

人类是一种群居动物，我们都生活在群体之中，所有人都是群体的一分子。"皮之不存，毛将焉附"，婚姻作为群体的基本单元，两者命运息息相关。反之亦然，群体的命运与婚姻的命运也是彼此成就，没有稳定的婚姻，则没有强大的群体。所以任何一个成熟的群体，都应将维护婚姻制度作为重点工作，那也是男性联盟的根本任务。

在男性联盟看来，婚姻体系存在诸多现实的社会价值。

第一，婚姻可以为群体提供源源不断的人口资源。群体要想存在，首先是要有充足的人口保障。但生产人口的方法并不多，私生子并不是主流途径。只有稳定的婚姻结构，才是稳定的人口输出单元。任何群体要想得到进一步发展，无不需要重视婚姻制度建设，尽最大努力维护婚姻体系的稳定，确保人口供应链条不会断裂。

第二，婚姻提供了人口融合的机会。在人口密度不高的早期社会，许多村落彼此隔离，如果没有商业往来，很难出现人口与文化交流。好在从夫居模式为不同群体之间的文化交流与人口融合打开了一扇天窗，使得群体结构呈现有限开放的态势，不至于成为一个个孤立的岛屿，最终得以不断联结扩大，一级一级组成村镇和城市，进而合并为国家，为现代社会的进步和发展奠定了基础。

第三，稳定的婚姻框架是容纳社会闲散人员的理想空间。只要参考一下狮子的群体模式，就知道它们必定持续不断地向外推出流浪雄狮。如果人类也仿照同样的构建逻辑，在男孩青春期时就将他们推向社会，不再负责进一步的培养教育，他们就将成为危害群体安全的破坏力量。好在稳定的家庭结构破解了这一危机。中国古代曾大力宣扬四世同堂的概念，就是为了最大限度吸纳并消化社会闲散人员，为群体稳定打下坚实的基础。

除此之外，稳定的婚姻关系还有助于提高社会管理效率。稳定的婚姻必将组建稳定的家庭，而稳定的家庭大多存在一定的自我管理能力，有着强大的秩序自觉性。古代所谓名门望族，其实是家庭管理模式的放大版，他们可以在不占用公共社会资源的前提下，管理好局部的社会问题，在很大程度上减轻社会管理的压力。

家庭自我管理的效果体现在许多层面。首先在物质层面，每个家庭会为了养活子女而努力工作，顺便积累家庭财富。而家庭财富是社会财富的基础。富裕的家庭必将构建富裕的社会，在群体竞争中将处于优势地位。

其次在文化层面。优秀的家庭重视子女教育，中国民间有着"养不教，父之过"的古训，意味着家庭早就具备基本的教育功能。家庭教育除了知识传承，还会倡导长幼有序，灌输尊重长辈的意识，有效提高了人口素质，进而提高群体质量，成为推动群体进步的内生动力。

除了这些功利性的价值，婚姻还有一些潜在的不易察觉的隐性价值，比如为人生提供意义。

如果把人生比作在浩瀚的时空海洋上的一次漫无目的的航行，婚姻就是航行的方向，是我们心心念念、无限向往的灯塔。婚姻为人生提供目标与意义，同时提供前进的动力。所以有婚姻的社会和没有婚姻的社会，是两种完全不同的社会模式。我们现在之所以很少看到一盘散沙缺少婚姻结构的社会，就是因为它们大多已经在漫长的社会进化过程中被不断淘汰了。

稳定的婚姻与成功的家庭不断取得成功，必将在群体竞争中占据主导地位，并因此而成为群体学习的样板，对整个社会风气起到有效的促进作用。由此造成的总体效果就是：家庭越稳定，社会越稳定；家庭越富有，社会越富有；家庭越文明，社会也就越文明；家庭越强大，社会也就越强大。

既然婚姻对于群体具有如此重要的作用，男性联盟必然高度重视保卫婚姻的工作，他们构建的最基本的社会原则就是：一旦某对男女结为夫妇，其他男人就应主动回避，以免污染交配权。强大的记忆能力使他们知道谁是谁的妻子，谁是谁的丈夫；谁不可以调戏，谁不可以勾引。人们见面时故意显得彬彬有礼，似乎对彼此的配偶根本不感兴趣，那是典型的进化稳定策略。男人之间因此逃脱了反复不断的流血冲突，得以聚居成大型村落或者城市，分享共同的家园，并为保卫家园而展开英勇的战争。他们不是为了寻求某种神圣的理想,而是为了摆脱致命的困境,用文化的力量避免无休止的配偶争夺战。婚姻是实现这一目标的最简单也是最可行的方式。

为了全面维护婚姻体系,男性联盟需要从婚姻的前期、中期和后期等各个环节进行全面监督。只有面面俱到,才能万无一失。任何一个环节出现问题,都有可能导致婚姻系统的崩溃。

在婚姻准备阶段,男性联盟最重要的任务就是限制光棍数量,督促他们尽早结婚。道理很简单,如果所有光棍都不结婚,男性联盟也就失去了维护的目标。更重要的是,太多的光棍可能会形成可怕的破坏力量,对其他人的婚姻造成巨大的潜在威胁。只有限制光棍,才能限制危险的扩散。

光棍错在哪里

1352年一个燥热的黄昏,红眼蝉正在柳树浓荫中嘶声鸣唱。二十五岁的朱元璋悄然走出皇觉寺大门,只身踏着如火的夕阳,顺着滚滚流淌的淮河水一路向东,头也不回地直奔红巾军濠州大营,经过十多年转战拼搏,最终在元朝废墟上开辟了一个全新的朝代——明朝。

两百多年后,寒风凛冽的甘州官道上飞雪连天,一名戴着风帽的矮个子青年踏着厚厚的积雪顶风前行,他以戴罪之身欠债杀妻弃家出走,逃入甘州城后投奔官军谋求生路,不久便杀死上司揭竿而起,领兵一路打出关中,纵横中原无可匹敌,屡经挫折却反复崛起,最终兵锋直指北京,把崇祯皇帝逼死在煤山——他当然就是李自成。

这两人一个开辟了明朝,一个瓦解了明朝。如果要讨论二者的共性，历史学家可以写出好几本专著，但他们很少考察一个看似无聊实则关键的问题：朱元璋和李自成在创业时都是光棍——男女博弈中的失败者。

中国历史上的著名群体事件大都由失去交配权的光棍挑起，有时领兵作战的首领并不一定就是单身，有人甚至有着数不清的女人，比如洪秀全，但追随其后南北征战的信众绝大多数都是光棍。他们无妻无子无钱无地，根本没有后顾之忧，他们组成了势不可挡的光棍洪流，在雄性激素的驱动下不断发泄过剩的精力与激情，兵锋强劲所向披靡，摧枯拉朽，马踏之处皆为平地。他们书写历史，他们改造历史，他们毁灭历史——中国战争史在某种意义上就是一部光棍躁动史。

越是贫穷的光棍越难获得婚配机会，而前景越是灰暗的光棍越有暴力倾向，他们只能用暴力证明自己的存在。

对于光棍而言，多活十年或者二十年并没有本质区别，趁火打劫说不定还能打出一片全新的天地，所以光棍有着强烈的暴乱动机。社会调查也表明，性别比例与人均暴力犯罪率呈明显正相关，更与谋杀率有着惊人的联系。中国历史朝代有规律的频繁更迭，呈现的正是光棍有规律的产生和消耗的过程，社会学家称之为光棍曲线。每当光棍积累到一定比例，就会出现大规模暴乱，造成大量人员死亡，光棍数量因此而直线下降，社会趋于稳定。经过一定时间的和平发展，再次积累大量光棍，于是再次出现暴乱。历朝历代都在不断重复着可怕的光棍曲线，就算现代社会，也没能把光棍曲线完全抹平。

参与暴乱的光棍多数都是男性，因为多余的女性可以用一夫多妻制加以消化，基本不会对社会产生直接威胁。她们就算有心闹事，也主要是在家里或者村里闹，翻不了大波大浪，朝廷对此并不担心。真正值得朝廷关注的，是如何处置多余的男性光棍。有效的办法并不多，其中有个隐形的策略是鼓励光棍出家，主动退出婚姻市场，减少社会层面的雄性竞争。正因为如此，出家人往往需要剃去头发，努力掩盖各种性信号，表明自己退出婚姻市场的决心。

基于这个潜在的价值，佛教得到了官方和私人的双重驱动。一方面，朝廷大力宣扬佛教，可以有效维持社会稳定。如果光棍都去当和尚，战争的频率当然会大幅降低。当年朱元璋如果老老实实待在皇觉寺里念经，中国历史可能就会因此而改写。

另外，宗教可以帮助光棍用体面的方式退出雄性竞争，离开喧嚣的婚姻市场，并且不会受到任何歧视，甚至会被当作是品行高尚的象征。

但宗教并不是消除光棍影响的根本措施，如果所有青年都退出婚姻市场，整个社会就可能无以为继，所以真正有效的限制光棍的措施是提高结婚率。不必经过精密的计算就可以知道，结婚率越高，光棍就越少，所以很多朝代都做出了硬性的规定，要求适婚人群必须结婚。比如越王勾践在卧薪尝胆期间就明确要求：女子十七不嫁者，罪其父母；汉惠帝曾诏令天下：女子年十五以上至三十岁不嫁，收取平常五倍的人头税；晋武帝规定：女年十七父母不嫁者，由当地长官指婚；北齐更严厉：女二十以下十四以上未嫁，全部押送政府机关统一配置，隐匿者家长处死刑。

为了更好地撮合男女合婚，政府还专门设立了"官媒"。《周礼》记载："媒氏，掌万民之判。凡男女成名以上，皆书年月日名焉。令男三十而娶，女二十而嫁。"媒氏就是官媒，主要任务就是说媒。为了规范民间婚姻秩序，有时朝廷甚至要求通婚必有媒人。《宋刑统》就有"为婚之法，必有行媒"的强制要求。《金瓶梅》中反复提到官媒这一职业，《红楼梦》中迎春的亲事也是由官媒说成，说明官媒说媒已经是普遍现象。

作为对官媒的补充，民间还有私媒，虽未经官方认定，但已得到民间认可。由于私媒不在官府登记，不领朝廷薪水，主要从说媒工作中收取一定的费用，所谓"又吃又喝又拿"，或者直接收取礼金。既然收入多少直接与撮合数量挂钩，当然要在两边说好话，甚至用蒙骗手法促成婚事，所以媒婆的形象自古以来一直欠佳。不过在促进男女结合方面，私媒也是不可或缺的润滑剂。

除了督促男女结婚，朝廷还希望他们尽早结婚。结婚越早，后代的数量就可能越多。唐初规定女十五岁为法定婚龄，中期降为十三岁。明清两代法定婚龄都为十四岁。

女人结婚越早，对男人越有利。毕竟年龄越小越容易控制，生育潜力也越高。与此同时，女性早婚还强化了婚姻排挤效应。一旦男人能娶到更年轻的女人，就会对大龄女子失去兴趣，导致女性年龄越大，在婚姻市场上的损失也就越多。这是个加速的进程，更多的女人将被早早嫁掉，婚姻市场才有了可持续发展的势头。

为了稳定婚姻市场基本盘，尽量减少光棍数量，历朝历代的统治者都会设法保护平民的婚姻。比如唐代专门规定地方官员不得与任职地女子结婚，避免强娶民女，同时也防止地方官员以联姻形式结党坐大，可谓一箭双雕。对权贵的限制越多，制造的光棍就越少，婚姻市场的运行也就越平稳。

由此可见，男性联盟在光棍问题上的态度相当明确，要么退出婚姻市场，不再制造雄性竞争，要么尽早结婚，生儿育女，为社会添砖加瓦。如果既不退出婚姻市场，又无力结婚，就可能遭到男性联盟的隐形打击，历来光棍的社会形象都不尽如人意，诸如泼皮无赖等称谓，大多为光棍量身定制，那与社会舆论的积极引导不无关系。

除了限制光棍，男性联盟保障婚姻制度的第二条重要措施是提高婚姻成本。那也是男性联盟对女性权益的一种弥补。他们以婚姻成本作为贿赂手段，引诱女性选择合作，而不是选择抵抗。

彩礼贵在哪里

男人要想得到女人的婚姻许可，至少要送点东西。送什么不重要，重要的是心意，但这个心意吧，关键看你送什么。如果没有特别的创意，还是直接以送财物的方式表达比较方便。在大多数民俗中，急于结婚的男人都必须付出高昂的彩礼，那是表达诚意的基本手段，是对从夫居女性的奖励，是对婚姻的现金投资，是比所有动听的语言都要有效的合作保障。彩礼数目越高，合作诚意就越浓，因而越能打动女性的芳心。

不只人类，很多动物都会准备彩礼，那是两性博弈中司空见惯的现象。雄性走鹃抓住一只老鼠后，会在雌性面前高声喧哗，以吸引雌性注意，同时还会装模作样要把老鼠拖走，用足了欲擒故纵的套路。如果雌鸟同意交配，雄鸟就会把老鼠当作礼物送给雌鸟，否则压根儿别想碰一下。雄螽斯在求偶时，会向雌性提供相当于自身体重三分之一的礼包，里面全是干货，主要是蛋白质和脂肪等营养物质。令人感动的是，所有营养食物都来自雄性本身。所以雄螽斯无法经常交配，三分之一体重的代价意味着，它们连续交配三次可能就要一命呜呼了。因此雄螽斯并不急着交配，它们要把难得的机会送给最优秀的雌性。

可以看出，彩礼越是丰盛，雄性就越有骄傲的资本。它们就像有钱的富二代，对女朋友极尽挑剔。比如盗蛛在送彩礼时，会认真衡量雌性的体型大小。对方体型越大，送的彩礼就越多。因为体型较大的雌性产卵较多，因而值得加大投入。

彩礼的终极典范是雄性螳螂，在交配的同时，雄性会把自己当作礼物送给雌性，让雌性一点点吃掉。当雄螳螂的头部被吃光时，生殖器反倒在腹部神经的支配下更加卖力地工作。由于发出性欲抑制指令的大脑已被吃掉了，所以交配的效果更好。很多雄蜘蛛也会送彩礼，有时也会被吃掉，被吃掉多少与受精效率大体成正比。雌性享用食物的时间越长，雄性得到的交配时间也就越长，受精的成功率就越高。

可见彩礼并非可有可无的装饰，而是能力和诚意的证明，也是保障后代存活率的重要指标。

但人类肯定不会向雄螳螂学习，也不会向雄螽斯学习，没有哪个男人能够支付三分之一肉体的代价，那意味着每次交配都要从身上割下几十斤肉来。为了保命，人类已经修改了送彩礼的方式，不再送上身体——那显然不可持续——而是送上财物。

彩礼看起来是一种社会习俗，其实是生物性状的延伸，是进化的结果，而非愚昧的传统。适度的聘礼和彩礼可以展示男方的家庭实力，强化双方的合作意愿，也是对女性从夫居的心理补偿，毕竟人家抛父别母、姊妹离散、跋山涉水来替你铺床叠被、为你生儿育女，获得一些合理的经济补偿也是可以理解的事情。

自魏晋南北朝以来，聘礼和彩礼就已成为普遍的社会现象，"男女无媒不交，无币不相见"。至唐、宋时期，彩礼更加丰厚。富贵人家要向女方送金钏、金镯、金帔坠等三金，官宦之家还要继续加码。即便是平民家庭，也要给女方送一两匹绢和鹅、酒、茶饼等贵重物品以示诚意。

新中国成立以来，聘礼与彩礼的形式与内容也屡经变化。在第一部《婚姻法》中曾明确规定，"禁止任何人借婚姻关系问题索取财物"，彩礼被批判为封建陋俗，当时无论是聘礼还是彩礼，都非常实用朴素，普遍只有少量钱币，外加床、脸盆、痰盂、热水壶等生活用品。后来随着人民生活水平不断提高，聘礼和彩礼也层层加码。20世纪70年代末提倡三转一响，又称四大件，即一台缝纫机、一块手表、一辆自行车、一台收音机。到了90年代，四大件发展成电视机、录音机、洗衣机和摩托车，还得有三金一银，指金项链、金戒指、金手链和银镯子，等等。

随着经济增长，人们越发重视金钱财物，聘礼的种类也是各式各样，彩礼也是水涨船高，从几万到十几万，再到几十万，逐渐呈现出重利轻义的倾向，开始遭到不同程度的攻击和抵制。男性联盟再次发挥作用，发声者主要是承担彩礼的男人，他们当然想要取消或者削减这笔沉重的负担。

免交彩礼一直以来就是男人的伟大梦想，他们并不希望为婚姻付出任何代价。如果必须付出代价，那也是越少越好。所以他们一直在制造相关的舆论，古代从来不缺少类似的励志传说。穷得叮当响的董永和同样穷得叮当响的牛郎都可以和不愁吃穿的仙女结婚，不但不需要出彩礼，女方还会倒贴。但现实世界极少出现这样优质廉价而又省心的美女。普通老百姓的观点直截了当——嫁汉嫁汉，穿衣吃饭——男人必须为自己的生殖欲望买单，否则你怎么好意思将对方娶到自己家里来呢？时代在变，彩礼的形式也一直在变，意义却从未改变。

作为彩礼的重要表现形式，许多女性在结婚前往往希望得到一块巨大的钻石，以此展示自己的身价。尽管钻石毫无意义，甚至是一种沉重的负担，但这种负担却像是无形的双手，有力地控制着男性的婚配行为。付出了沉重代价的男性必须反复衡量悔婚的后果。沉没成本越高，逃跑的损失就越大。而他不得不考虑，自己再找其他女性时，还能否支付得起另一块钻石。如果不能，那就不如继续坚守婚约，否则只能落得个人财两空。这就是无用钻石的有用价值。

彩礼之所以容易成为一种负担，是因为很难分期付款。受到处女情结的影响，结婚就像是一锤子买卖，成交之后，不得再反悔，导致定价必然超出常规。就像是烟花，只能燃放一次，所以烟花的价格必然覆盖制造烟花的所有环节成本。如果男性没有处女情结，对于配偶的身份没有任何要求，结过几次婚都无所谓，对方的要价可能也就不会那么高。

只要提出要求，就要付出代价，高尚纯洁的婚姻行为也不能免俗。

不过在提高婚姻成本的同时，女性也需要做出理性的判断，否则就可能影响男性的合作意愿，明显不合理的要求或将导致合作前景彻底破灭。所以，如何提出合理的要求也是一种考验。要求越是合理，就越容易得到进化的机会。这就是我们看到的女性行为，无论多么古怪，都有内在的合理性，都和婚姻的预期值相匹配。如果对方是亿万富翁，那么一辆豪车就是合理的要求。如果对方只是工薪阶层，女方就必须认真考虑婚后生活的可持续问题。毕竟提高婚姻成本的目的是保卫婚姻，而非拆散婚姻。

大办婚礼也是同样的逻辑。

婚礼喜在哪里

所谓婚礼，古人称为"昏礼"，即黄昏时刻举行的礼仪，随后就可以进入洞房了。所以婚礼是婚姻的重要关卡，之前是朋友，之后是夫妻。

《礼记》指出："昏礼者，将合二姓之好，上以事宗庙，而下以继后世也，故君子重之。"也就是说，婚礼对于男方来说是一件相当重要的事情。

有人总是抱怨结不起婚，他们都没有意识到一个简单的问题：提高婚姻成本是维护婚姻稳定的基本策略。结不起婚很正常，轻而易举就能结婚才不正常。如果花十块钱就能结一次婚，估计很多男人一年能结三百多次婚。如果花一百万才能结一次婚，几十年能结一次就已经很不错了。所以结婚绝不会像过家家那么轻松惬意，而是需要支付沉重的经济代价。这个代价就像是彩礼一样，是对婚姻的一种强化措施。

理论而言，既然结婚是男女双方的事情，那么婚礼的代价也应该由男女双方均摊才对。但在一般情况下，受到从夫居模式的影响，这个代价主要还是由男性承担。这就是"君子重之"的内涵。

很少有动物会大办婚礼，雌雄两性经过求偶阶段的磨合之后，即可交配生子，与其他个体并没有直接关系。人类却是奇怪的例外，婚礼甚至是人类最为普遍而又典型的社会现象，尤其以中国式的婚礼习俗最令人印象深刻。婚礼现场红烛高照、鞭炮齐鸣，来往宾朋欢天喜地，脸上洋溢着甜美的笑容。但事实上无论是主人还是客人，都承受着巨大的经济压力。许多人都心知肚明，一次婚礼就是一次浪费工程。婚礼上山珍海味，婚礼后吃糠咽菜。繁华之余满目凄凉。

但大办婚礼现象自古有之，汉宣帝曾经诏令天下："夫婚姻之礼，人伦之大者也。酒食之会，所以行礼乐也。"这个诏令等于官方为大办婚礼确定了基调。此后大办婚礼的习俗在数千年的历史进程中从没消失，并没有受到人类理性的严重冲击。直到新中国成立初期，全国各地大力提倡移风易俗，婚礼形式才有所简化。但随着社会经济的进一步发展，婚礼再次成为人们生活中的一件大事。大操大办、大鸣大放，已经成为新人追求的共同目标，很少有人免俗。

此事中外一体，不仅中国人喜欢大办婚礼，各种文化都存在类似的现象。这说明大办婚礼存在一定的潜在价值，而不仅仅是简单的物质浪费环节。

事实上大办婚礼要比彩礼更有内涵。

首先，受到从夫居模式的影响，婚礼的主要成本由男方支付，毕竟是男方将女方娶进家门，这个仪式的最佳举办地点当然是在男方家庭，费用自然也主要由男方承担。就算有些现代婚礼已经改到了酒店等专用场所举办,费用仍然主要由男方支付,那是受到从夫居模式惯性约束的结果,基本等于约定俗成,少有争议。

其次,婚礼主要由男方操办,因此也变成了一次展示男方家庭实力的机会,可以进一步提高婚姻成本。如果没有举办婚礼的实力,在大家看来,大约等同于没有结婚的实力。从这个角度来看,婚礼也是对女方质量的认同与肯定。用自行车把女方接走和用豪华车队把女方接走,效果必然有所不同。

既然是展示实力,当然会有许多华而不实的现象,其中最直观的表现就是新人服装,毕竟服装穿在身上,大家抬眼就可以看到,因此而成为优秀的实力展示窗口。正因为如此,新人的婚礼服装往往追求豪华夸张,尤其是女性的礼服,以前在中国讲究凤冠霞帔,有努力向皇家看齐的冲动。后来受到西方习俗的影响,许多女性改穿婚纱。所有人都能看出婚纱的意义,那就像孔雀的大尾巴一样,华丽但不实用,完全是披在新娘身上的累赘,除了炫耀之外,不具有任何实用价值。这一点无可厚非,因为婚礼本身就是用来炫耀的仪式。

最后,婚礼还承担着宣言书的重要任务,用一种大鸣大放的方式宣示配偶的所有权,以此减少盲目的雄性竞争,进而明确父权。

明确父权是婚姻的核心任务,而明确父权的关键措施就是明确交配权。雄性交配权的关键是雌性所有权。在充满野性的狮子群体中,几头雄狮可以共同控制雌性群体作为交配对象。但在狮群内部,雌性所有权仍然相当明确,一头雄狮轻易不会骚扰另一头雄狮的交配对象,否则将会引起狂暴的内部混战,最终对所有个体的交配权都构成严重威胁。狒狒群体也有类似的现象,一只雄狒狒占有几只雌狒狒。几个不同的群体生活在一起时，彼此会保持一定的独立性。它们可以公开交配，但只能和自己的配偶交配。一旦发现其他雄性存在越轨行为，一场大战就在所难免。

人类交配权同样重要，婚姻是明晰交配权的基本形式。离开了交配权就无法定义婚姻，没有婚姻也就谈不上专属交配权。婚礼可以看作是对交配权的公开声明，同时也是宣布独占交配权的民间仪式，所以必须广而告之、昭示乡里。可在原始社会，没有网络没有电视，广告的有效方式只有大操大办。唯其如此，才能让更多男人知道这件事情，令他们不要再有污染交配权的举动，借以降低潜在的雄性冲突。大家就此形成了一种广泛的社会共识——偷偷举行的婚礼往往无效，只有公开的婚礼才是合法的交配宣言。至于结婚证，则是官方发布的交配资格证书。

为了向熟人宣示婚姻效果，男女双方都有大办婚礼的冲动，都希望自己的婚礼盛大而隆重，后来则演变成了典型的集体炫耀，是累赘原则的集中展现。因为富有，所以豪华。强大的家庭能支付得起浪费的压力，贫弱的家庭只能侧目而视，更不用谈觊觎人家的交配权了。

就像许多累赘性状一样，大办婚礼也存在失控的危险，现在有些地区甚至不需要客人交钱随礼，而是由主人给客人发钱表示感谢，从而引发更加强烈的关注，达到炫目的广告效果。与此对应的是，从来没有人在离婚时大操大办，他们都不想把自己的失败弄得满城风雨，以免再寻新欢时遭遇不必要的麻烦。

由此可见，雄性联盟对待离婚的态度必然和对待结婚完全不同。

既然维护婚姻体系是男性联盟的重要任务,他们当然会竭力促进结婚,同时控制离婚。古人所谓"宁拆十座庙,不毁一桩婚",正是这一心态的逼真写照。

所以控制离婚也在雄性联盟的议事日程上。

离婚难在哪里

根据动物学家的经验,许多动物伴侣在每个生殖季节结束之后都会无声告别,极少在下一个生殖季节重续前缘。可见离婚在动物界并不奇怪,人类同样如此。与动物不同的是,人类在离婚时没有那么从容自然,而很容易遭到舆论的评点,那就是舆论的代价。

如果说结婚是合作的要约,离婚就可以看作是毁约行为。任何毁约都要付出代价,离婚也不例外。舆论代价只是其中之一,很多人还要因此而付出经济代价和精神代价。总的来说,人类离婚的代价远高于动物,那正是男性联盟控制离婚的基本策略。

如果离婚成本为零,大家可以随意离婚,也就不必结婚。这时我们可以进一步发掘彩礼和大办婚礼的意义,其实是为限制离婚埋下了伏笔。走进婚姻市场时交纳的入场费越高,走出婚姻市场时要支付的离场费也就越高。所有人在准备离婚时,都不得不考虑一下相关的成本大小。

总体而言,离婚的代价越高,婚姻越稳定,这就是男性联盟控制离婚的底层逻辑,这个逻辑在中国古代社会得到了清晰的展示。

古代离婚叫出妻,又称休妻。从用词方式可见,离婚的主动权基本掌握在男性手中,但他们也不能为所欲为,除非有正当理由,否则婚姻关系一旦确立,则不得私自解除,这是男性联盟自我约束的结果。道理很简单，要是娶回家的女人可以随意抛弃，男人就会不断娶进新的女人、抛弃旧的女人，彻底扰乱婚姻市场的流通秩序。为了防范风险，只有满足以下七个条件之一，古代男性才有理由出妻，这就是著名的"七出"。

第一出是"不顺父母"。古人把公公婆婆称为"舅姑"，这条也叫"不事舅姑"，是男性联盟维护自身利益的赤裸裸的表现。如果男方父母认为儿媳不够顺从，就可以逼迫男子离婚。《孔雀东南飞》就记录了一则这样的悲剧。陆游也是在父母的逼迫之下而不得不与唐婉离婚，并在意外重逢时留下了那首经典的《钗头凤》。"红酥手，黄縢酒"的感叹更是让人久久难以忘怀。

第二出是"无子"，即妻子无法给男人带来足够的生殖回报。古人信奉"不孝有三，无后为大"，以此理由离婚可谓名正言顺。为了防止此条被滥用，根据《唐律疏议》，只有在妻子年过五十还没有生子时，男方才得以无子出妻，算是对女性利益的补救。

此外还有"淫""妒""多言"等三出，都是为了压制性欲，强化社会性别，同时起到明确父权的作用，每一条都符合男性联盟的一般原则。凡违反者，皆可允许离婚。

第六出是"有恶疾"，也就是一些重大疾病，比如眼瞎、耳聋、行走不便，或者女性有传染病等，很难保证男性的生殖回报，也构成离婚的充足理由。

最后一出是"盗窃"。其法律含义前后变化很大，跑到别人家里偷东西固然可算作盗窃。但此处的盗窃是另一个意思。由于在从夫居模式下，女性没有独立的财产权，擅自占用夫家财产也是"盗窃"，比如私自拿点米面回娘家等，构成吃里爬外的风险，同样构成离婚的理由。

就算有了"七出"条例，丈夫也无法随意行使休妻权，他们还要越过一些其他障碍，比如著名的"三不去"。

所谓"三不去"是指："尝更三年丧不去，不忘恩也；贱娶贵不去，不背德也；有所受无所归不去，不穷穷也。"也就是说，妻子曾为公婆服丧三年的不可弃。富贵以后便不许休妻。妻子无所归依也不得被休。在这三种情况下强行休妻的，打一百棍，而且要把老婆发还本家。但如果妻子愿意，双方也可以"协离"，也就是协议离婚，官方承认其离婚有效。

可以看出，古代女性在离婚问题上明显处于被动地位，如果主动要求离婚，就会遇到更多阻拦。要想得到官方认可，女性只有向官府呈诉，呈诉的理由大致有这么几条：丈夫逃亡三年未归；丈夫逼迫或纵容妻妾与别人通奸；丈夫将妻妾作为财产抵押；公公强奸媳妇；等等。女性用这些理由提出离婚时，只要经过官府查实，就可以得偿所愿。此外女性主动离婚的选择空间并不大，毕竟政策制定权掌握在男性手中。就算名满天下的李清照，在再嫁张汝舟以后，因鄙薄张的为人而坚决要求离婚，也很难走正常的离婚程序。由于没有合适的条文可用，李清照不惜向官府告发张汝舟犯法。按照宋朝法律，妻子状告丈夫，不管丈夫有没有罪，妻子都必须坐牢两年。由此可见，古代妇女离婚的难度有多大，彻底揭露了男性联盟的真实嘴脸。

就算到了现代社会，男性联盟控制离婚的力度有所减弱，但惯性并没有彻底消除。在很长一段时间内，离婚仍然需要双方严肃对待，没有谁把离婚当作家常便饭。尽管离婚的阻力在减少，结婚的成本却在提高。以前买一辆自行车就能结婚，现在却需要轿车、房子等多重保障。结婚成本的增加等同于离婚难度提升，对此男女皆已心知肚明。

饶是如此，随着社会的发展，离婚率仍在不断攀升。尤其是当女性经济独立性不断提高时，对男性的依赖程度也在不断降低，离婚率就会居高不下。她们事实上正在打破从夫居的束缚，不再是男性的财产或附属品，而是与男性地位平等的家庭成员。由此造成的结果就是，许多家庭矛盾不再被隐匿、忽视或者被强行抹平，而是出现了爆发的可能。

显而易见，夫妻二人生活在同一个生态系统中，存在明显的生态位竞争。无论多么恩爱，只要他们都是食人间烟火的凡夫俗子，就必然产生有意或无意的矛盾，不知不觉地展开家庭地位之争。竞争手法无外乎贬低对方，间接提高自己的地位。两人常常因此而处于紧张状态，有时会升级为争吵甚至是家暴，最终导致夫妻关系崩溃。

在争吵过程中，有两种重要的情绪反应可以起到调控作用：一是愤怒，二是悲伤。无论男女，当自身的利益遭到侵犯时，或者尊严受到冒犯时，就会表现出强烈的愤怒情绪，往往以辱骂或殴打等极端方式表现出来，否则就不足以匹配愤怒的程度。当夫妻二人都肆无忌惮地任由愤怒情绪发泄时，冲突就失去了调和的余地。长此以往，所有恩爱都会被消磨殆尽。

显而易见，控制紧张关系升级就等同于控制离婚。控制的方式很简单，必须有一方彻底认输，把自己摆到臣服的地位。妥协的方式就是展示悲伤，哭哭啼啼、梨花带雨，最大限度减少争吵次数，降低争吵的激烈程度，不让事态失控，才有可能避免跌入离婚的陷阱。

为了避免如此僵局，普通夫妻在新婚之后都会有一个互相试探对方底线的过程，诸如谁来做饭、谁来洗衣服，都会成为博弈的焦点。不断地试探具有累积效应，处于下风的一方将渐渐失去家庭主导权，再难有翻身的机会。如果双方无一妥协，后果不言自明。

好在控制离婚的意识依然会起作用，婚姻的成本一直在提醒大家务必冷静。尽管面临各种风雨，夫妻双方还是会努力风雨同舟，继续维持婚姻的稳定，只有在迫不得已的情况下才会提出离婚。那时维持婚姻的代价已经超出了离婚的代价，或者对下一次婚姻的预期超出了对现在婚姻的预期，离婚都会成为首选策略。所谓一别两宽、各自欢喜，已是最好的结局。

离婚明显受到婚姻成本的制约。另寻配偶需要一定的经济实力，你是否喜欢某个人并不重要，关键是你是否有能力支付得起喜欢的代价。没有足够的经济实力，就无力幻想美好的未来。最好的策略是继续凑合。正因为如此，经济越是落后的地区，离婚率也越低；发达地区反而离婚率更高。这与富人的品德无关，而只是因为他们能够支付离婚的代价。

除了离婚，偷情是破坏婚姻稳定的另一个重要因素，同时也对父权构成了巨大威胁，所以几乎所有文明都存在打击偷情的社会契约，以此确保婚姻的延续与稳定。

正因为男性联盟在打击偷情过程中起到了主导作用，所以对男女偷情的打击力度也有所不同。

偷情坏在哪里

多数一夫一妻制动物都有偷情现象，让别人的配偶产下自己的后代，并让其他雄性代为抚养，简直就是不劳而获的完美阴谋。鸟类一夫一妻制的比例最高，偷情行为也最普遍。许多雄鸟都对偷情有着浓厚的兴趣，而这种兴趣有时得到了雌性的全力配合。对于雌鸟而言，偷情几乎没有什么损失，它们照样会产下自己的后代，只不过父亲略有不同而已。至于雄鸟，交配对象更是多多益善，它们对此有着充足的心理准备。

鸟类的偷情逻辑，在人类这里几乎同样适用。而且男人的偷情策略比雄鸟更加复杂，也更为完美。

作为一种普通的哺乳动物，男人有能力也有兴趣与多个异性交配，那是首选策略，后果是必须减少照顾配偶的时间，可能由此影响后代成活率。备选策略是集中精力照顾某个配偶，提高后代成活率，但后代数量会减少。在这两种不同的策略之间，男人到底应该采用哪个方案呢？

事实上男人没有单独采用其中的任一策略，而是采用了折中策略。折中策略的通俗说法就是偷情——重点照顾一个配偶，确保生殖回报；尽量照顾其他情人，以便寻求额外的收获，许多渣男都深谙其道。此事中外一体，古今相同，不分职业不论年龄，不受文化水平和学历影响，甚至连身体状况都不是关键因素。

偷情是仅次于婚姻的两性博弈战场，尤其是男人偷情的兴趣路人皆知。但男人在偷情时，必然得到女性的配合，否则他们就找不到合适的偷情对象，所以男女偷情的总体比例基本持平。可许多人都有一种错觉，总觉得男性比女性更容易出轨，其实不然，因为偷情绝不是一个人的事情，每个偷情男人的身边都躺着一个偷情的女人。在适当的群体范围内，男女出轨的次数完全相同，毕竟偷情至少需要两个人才能完成。当一个男人正在和一个女人偷情时，这个女人也正在和一个男人偷情。总的来说，男人有多花心，女人就有多开放。

女性为什么会像男人那样热衷于偷情呢？

很多动物都有着强大的模仿能力，包括选择配偶。年轻的雌性孔雀鱼在交配季节常常按兵不动，静静地待在一边认真观察其他雌鱼的行动。如果有经验的雌鱼不断与某一雄性交配，年轻的雌鱼就会跟着上前列队求欢，这样就不必花费大量时间选择优秀的雄性。别人的经验可能更加丰富老到，学习别人是走向成功的便捷途径，选择的结果也可能更加合理。这就是择偶复制（mate choice copying）行为，即求偶个体倾向于学习其他个体的选择，从而可能去追求一些有妇之夫的行为。

调查表明，人类也存在类似的择偶复制行为。

据说，经验丰富的股民从来不买新股，因为新股没有辉煌的历史，很难证明自己的业绩。同样的道理，聪明的女人基本不会对刚入情场的小男生抱有多大兴趣，因为她们无法判断小男生到底有多优秀。全方位评估某个男人的品行与能力需要付出很多时间与精力，最简单的方法是采取孔雀鱼的模仿策略——相信其他女人的评估。这种策略将会凭空制造很多麻烦。那些成家的男人已经取得了可观的成绩，而且用实力征服了其他女人。能征服其他女人的男人必然在某个方面具有一定的优势，很容易成为年轻女人眼里的优质大叔。

正是出于模仿的天性，至少在部分年轻女孩眼里，有妇之夫才足够优秀。她们因此会萌发强烈的模仿冲动，向已经被评估过的男人发起情感攻势，因此而变成了彻头彻尾极具杀伤力的大叔控，成为激发偷情的重要因素。

促进女性偷情的另一个原因，可能与基因有关。

有研究表明，可能存在一种所谓"荡妇基因"，携带这种基因的女人难以与他人形成亲密关系，组成稳定配偶的概率明显降低，经常处于不断偷情的状态。如果同时伴有不孕不育症，就会大大增加偷情的概率。有些夫妻双方生理机能都没有问题，但就是无法生育，因为他们的基因可能会互相排斥。如果女性能够偷来一套合适的基因，顺利地生下自己的孩子，那又何乐而不为呢？

和男性一样，女性偷情最根本的动力在于生殖回报。当她们对配偶失望时，就会选择离婚。如果离婚的代价过高，则偷情将成为可能。能让她们投怀送抱的男人必定更加优秀，甚至可能留下优秀的儿子，在未来的婚姻市场中得到更多的生殖回报。这种宏观远景在某种程度上激励着准备偷情的女人，给她们寻求婚外情提供了崇高的精神支柱。只是到了现代社会，人们不再以生殖回报为首要追求目标时，偷情才会沦为寻求生理刺激与心理满足的替代途径。

女性偷情的另一个潜在好处是，保留出轨权利是对配偶的巨大压力，红杏出墙的威胁和绿帽子的阴影对男人形成了强大的威慑。为了消除内心的绿色恐惧，男人必须拿出令人感动的诚意。只要女人感觉幸福，当然就不会再有其他想法。

而幸福感并不容易获取。越是处于社会底层的男性，配偶就越容易对家庭生活产生不满，因此也更容易偷情。每当家庭经济出现困境时，女性偷情的比例都会显著上升。"口红效应"就是简单的旁证。

在经济萧条时代，很多商品都会滞销，唯有口红却会逆市热卖，这就是口红效应，也叫"低价产品偏爱趋势"。经济学家的解释是，当人们无力大手大脚花钱时，为了满足消费的欲望，就会转而购买比较廉价的商品，于是就出现了口红效应。但如果只是因为口红比较廉价就容易热销，那么与口红价格相近的所有小商品都应该出现热销趋势才对，比如打火机或者领带，但事实并非如此。

口红的真正价值在于，那是典型的女性用品，会使女人看上去更加性感迷人，以此激起男性的关注。所以口红效应不是简单的经济现象，还折射出男女博弈中的某种策略。在经济陷入低谷时，随着女性对婚姻的焦虑感不断上升，她们就会试图寻找更多备胎，口红就是最为廉价的化妆品，它将使女性更容易实现偷情的冲动。

毫无疑问，偷情是严重破坏婚姻制度的行为，必然遭到男性联盟的强力打击。但奇怪的是，男性联盟对男性偷情和女性偷情的打击力度却有所不同。因为在男性联盟看来，两性偷情的后果并不对等。男性出轨是品行问题，女性出轨则是品行问题叠加经济问题。女性出轨制造的后代抚养成本，都要由本分的男性来承担，这对男性联盟是巨大的挑战，所以女性出轨在历朝历代都是重罪。

正因为女性偷情的代价远比男人要高，双方的应对策略也有很大差别。有个著名的社会学实验，让美女在大街上随机向路过的男士约会开房，四分之三的男士会欣然接受，只有四分之一的男士会拒绝从天而降的艳遇。但如果换成帅哥随机向路过的陌生女人约会，基本都会遭到拒绝。这种差异在文明城市大体一致，极少例外。因为一把钥匙如果能开许多把锁，就是万能钥匙。但如果一把锁能被许多钥匙打开，这把锁就毫无价值。出于相似的逻辑，在有些意识形态下，花心会成为男人骄傲的本钱，放纵的女人则会成为嘲笑的对象。所以女人会努力掩盖自己的过去，她们也不会轻易接受无缘无故的艳遇，因为那将影响她们的未来。

相比而言，男人更容易炫耀自己女人数量有多少，而女人则会炫耀男朋友质量有多好。那正是男性联盟的差异化打击策略造成的结果。

正是在男性联盟的强力压制下，出轨女性的生活远不如从一而终的妇女幸福。两者之间可能存在模糊的因果关系，要么是不幸的生活导致出轨，要么是出轨导致生活不幸，也可能是两者混合叠加的产物。但无论如何，偷情都不会成为人们羡慕的对象，简单的夫妻生活仍然是社会的主流。

大概正因为如此，"还君明珠双垂泪，恨不相逢未嫁时"，才会成为传诵一时的佳句，其中包含着古人对待偷情的正确态度。这世间本没有完全称心如意的感情，有的只是正确处理感情的方式。

考验随时会来，但看如何应对。

正是通过男性联盟的种种努力，破坏婚姻的力量受到了一定程度的控制，婚姻制度才得到了有效的维持。在此基础之上，人类文明才开始得以腾飞。

那可能是人类婚姻最根本的意义。

结语 婚姻的意义

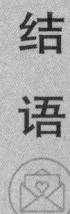

桃之夭夭,灼灼其华。
之子于归,宜其室家。
——《诗经·周南·桃夭》

《爱情简史》是我比较喜欢的一本书，其中的内容也非常有趣，我一直希望这本书能够被更多的读者了解，早有修订再版的念头。按照最初的修订方案，原本只打算花一个月左右的时间对原文略做调整润色，内容大体不动。但当我再次阅读原文底稿时，发现其中的内容未免有些松散拉杂，关于男女博弈还有许多观点并没有表达清楚，有些内容则需要深度挖掘背后的进化原理。还有些章节则略显琐碎，与主题关系并不紧密。于是我决定对原稿进行大刀阔斧的整理，删除了关于同性恋、妻妾制度与娼妓制度、一妻多夫制、寿命与生殖的关系等内容，就连我非常喜欢的结语部分都被彻底删除了，只保留了两性博弈的核心观点，大约只占原文五分之一的篇幅。同时弱化了爱情主线，将其降级为替婚姻服务的信息评估环节，并在此基础上强化了婚姻主题，明确婚姻是人类特有的社会现象，是人类文明进化的必然结果，是男性联盟重点维护的对象，同时也是本书写作的核心。

确定了修订原则之后，我开始围绕主题重新查阅文献、组织材料，在删减所得的数万字残稿的基础上，补充拓展了十多万字的全新内容。开篇从雌雄分化谈起，对两性博弈进行了一次全景式扫描，以动物婚配制度为线索，对照人类的表现展开全面讨论，最后集中分析了人类婚姻的社会价值与生物学价值。从这种意义上说，尽管本书脱胎于《爱情简史》，但无论如何都可以看作是一部全新的科普作品。

需要说明的是，我在书中列举了大量科学原理，往往来源于动物学研究，然后再与人类行为进行比较。这是一种直观的科普写作手法，不但方便读者阅读理解，而且方便科学逻辑的梳理。不过本书无意将人类与动物并列。动物行为只是理解人类行为的窗口，并不表明动物行为等同于人类行为，只是两者有时确实共享相同的科学原理而已。

我是人类的一员，肯定会本着以人类为中心的原则进行写作。为了保持对人类的基本尊重，我尽量将涉及人类与动物的词汇区分使用，比如：动物交配，人类则称为做爱；动物分为雄性和雌性，人类则分为男性和女性。但有些地方很难绝对区分开来，在描述人类的动物学特征时，也不得不照搬动物学术语，比如人类与动物一样，都会追求生殖回报。此外还有些术语完全可以通用，比如男性产生精子，雄性动物同样也产生精子，它们的任务都是寻找卵子。此类词汇没有必要区别对待，恳盼读者朋友们理解。

在写作过程中，我特别注意尽量不要自我重复。此前曾在拙著《疯狂人体进化史》中已经讨论过的话题，诸如为什么男人把睾丸挂在下面，而女人却把乳房挂在前面？为什么女人有月经而男人却没有？为什么男女都有阴毛而只有男人才有胡子？此类与人体有关的话题已经得到充分剖析，哪怕与两性主题有一定关联，本书也基本不再重复。

本书重点讨论人类的情感进化,比如:人类为什么会分为男性和女性?人类为什么需要爱情?人类为什么需要婚姻?人类为什么要压制性欲?……有时不免涉及男女之间的生物学差异和社会学差异。所有关于两性差异的讨论完全是以科学研究为基础,并不涉及作者的主观看法,对于男女两性也不存在厚此薄彼的意思。讨论的目的只是想要揭示情感进化与人体进化之间的联系和区别,并无拔高或贬低某种性别的意图。毕竟婚姻是两性合作的产物,离开任何一种性别,婚姻都将失去存在的基础,社会秩序也将因此而陷于崩溃。从这种意义上说,女性和男性有着同等重要的社会价值和生物学价值,他们共同展示了人类婚姻的内涵与意义。

出处既明,言归正传。

要想深刻理解人类婚姻的意义,我们不妨了解一下几种仅存的类人猿,它们都是大型灵长类动物,与人类的亲缘关系相对较近,分别是黑猩猩、倭黑猩猩、大猩猩、红毛猩猩和长臂猿。它们各自有着不同的生活习惯,形成了各具特色的婚配模式,并对种群发展产生了直接影响,可以帮助我们从中挖掘人类婚姻的潜在价值。

先说第一种,黑猩猩模式。

黑猩猩的栖息地在非洲刚果河北岸,它们主要生活在树冠,有时也到地面活动,是典型的群居动物,有时一个群体可由四五十头个体组成,以雄性为主导,过着多夫多妻的混乱生活,雄性竞争异常激烈。但为了保护赖以生存的地盘,雄性黑猩猩又不得不组织起来与邻近的群体对抗,在对内作战和对外作战的取舍之间,可以表现出类似人类的权谋和欺诈行为。但它们永远没有机会成为人类,乱交的婚配制度就像锋利的刀刃，反复切割着个体之间的利益纽带，很难组成稳定的配偶关系，当然也无法全面发展群体文化。

第二种是倭黑猩猩模式。

倭黑猩猩的体型比黑猩猩小一号，其他方面都很相似，它们生活在刚果河南岸，与黑猩猩隔河相望，生活环境相对安全，食物也比较充足，内外竞争压力都要小于黑猩猩，所以倭黑猩猩群体的主导者换成了雌性，它们很少通过暴力解决矛盾，而是通过交配处理冲突。对倭黑猩猩来说，没有什么冲突是一次交配无法解决的，如果不行，那就再来一次，导致倭黑猩猩同样采用多夫多妻制，同样无法形成稳定的配偶关系。它们只能在森林边缘玩着暧昧的色情游戏聊以度日，就算有朝一日能够发展出某种文化，也只能是色情文化。

第三种是大猩猩模式。

大猩猩主要吃草，就像是灵长类中的水牛，体重可达200多公斤，社会行为却像是狮子，以血缘关系为纽带组成有限的群体。体型最大的雄性是一家之主，后背会长出一片银白色的毛发，如同狮子的鬃毛一样，是王者的象征，故此又称为银背大猩猩。它们力量强大、脾气暴躁，以武力控制整个群体，有权和群体内的所有雌性交配，奉行典型的一夫多妻制，似乎组成了稳定的配偶关系。但那只是假象，因为大猩猩并非从夫居动物。

大猩猩群体内的普通雄性的地位较低，到了一定年龄之后，它们就被迫离群出走，寻找机会向其他银背大猩猩的王座发起挑战，以图取而代之。那是典型的从妻居特征。所以大猩猩群体就像狮子群体一样，每当新老交替时，都会出现激烈的搏斗，随之而来的是惨烈的杀婴现象，导致大猩猩一直无法发展出较大的群体规模，被陷在无尽的杀戮循环中无力自拔。

第四种是红毛猩猩模式。

红毛猩猩的毛色偏红，并因此得名。它们生活在东南亚丛林中，平时独来独往，行动舒缓平和，就像悠闲的隐士，过着与世无争的寂寞生活。雌雄两性只在交配季节互相吸引，交配之后随即分开，根本不去维持配偶关系。后代由雌性单独抚养。由于雌性抚养能力有限，所以红毛猩猩的数量正在急剧减少，它们与人类的差距越来越大，已经成为濒危物种。可见红毛猩猩模式也已走到了尽头。

第五种是长臂猿模式。

长臂猿是栖息于南亚热带常绿阔叶林中的类人猿，在我国南方地区也有分布，基本奉行一夫一妻制，不是它们觉悟高，而是因为种群密度太低，好不容易大家聚到一起，轻易不要分开才是上策。因为寻找配偶困难，导致长臂猿性成熟较晚，生殖间隔较长，使得长臂猿生殖回报率极低，群体规模自然难以提升。

典型的长臂猿家庭往往由父母和两到三个子女组成。成年雄性大约在十岁时会离开家庭，独自外出寻找交配机会，同样采用从妻居动物。长臂猿寻找配偶的方法主要靠鸣叫。"两岸猿声啼不住，轻舟已过万重山"，说的就是长臂猿。它们的鸣叫声有着很强的穿透力，否则无法在云雾弥漫的热带森林中传递有效的求偶信息。

尽管长臂猿采用一夫一妻制，组成了相对稳定的家庭关系，但它们却停留在树冠生活，从妻居的婚配模式无法构建复杂的雄性联盟，它们的任务只是盯紧眼前人，至于其他个体，则纯属多余。

通过对比我们可以清晰地看出从夫居的婚姻模式对于人类文明的意义。

如果没有婚姻，人类可能只会像黑猩猩那样形成松散的群体结构，无法有效明确父权，也无法形成强大的男性联盟。所有父亲都不愿意投入过多精力照顾后代，对后代的培养力度将大为减弱。群体内部强奸流行、钩心斗角，男性之间以精子竞争为主要手段，每个雄性都挂着巨大的睾丸，每天都在蠢蠢欲动，根本无力发展科学和文化，只能被限制在森林里玩着漫长的狩猎游戏。

如果没有婚姻，人类也可能会像倭黑猩猩那样，形成以雌性为核心的淫乱集团，性欲压制缺失，交配被视作普通的社交手段。群体内外纵情声色、娱乐至上。由于缺少男性联盟的强势打压，偷情不再受到法律和舆论的监督与约束，整个社会物欲横流，道德伦理一落千丈，与其他动物没有本质区别。而雄性联盟的缺位，又导致群体组织缺失，完全丧失对外作战能力，遇到外敌入侵时，人们只能束手就擒、俯首就戮，在群体竞争中注定遭到淘汰。

如果没有婚姻，人类也可能会像大猩猩那样，以强势雄性组成有限家庭，在新老交替之际面临血腥的搏杀和严峻的杀婴威胁，群体规模无法大幅提升，只能以个体暴力勉强自保，永远看不到文明的希望。

如果没有婚姻，人类也可能像红毛猩猩那样，如同孤魂野鬼，独自在丛林中无尽地流浪，彼此的相遇和相识只能依靠运气，大家都缺少选择的余地。男女之间不再有爱情，不再有长时间的浪漫评估。相遇之后，都直接以交配为目标。后代只能在母亲身边孤独地度过童年，然后像父母那样一代一代重复着独居的故事。

如果没有婚姻，人类也可能像长臂猿那样采用从妻居模式，纵然有机会结成稳定的配偶关系，也只能漫无目的地在森林中游荡，每一个家庭都如同一个孤岛，彼此只能用悠长的声音偶尔交流一下。吹牛和八卦都成为奢侈的享受，更多的时间内它们都孤寂无语，沉默地在树冠间来回穿梭，寻觅可食用的水果和树叶。尽管如此，只要条件允许，长臂猿居然还是会偷情。由此可见，杜绝偷情是何等困难的事情。了解这一事实，我们就会对人类的行为报以更加宽容的态度。

总的来说，如果没有持久的从夫居婚姻，人类就不可能通过男性联盟的力量维持稳定的家庭关系，对后代缺少精心的抚育和照顾，无法为后代提供长期的学习和成长环境，就此失去进一步发展的基石，当然也就不会创造辉煌的人类文明。

由此可见，婚姻看似是每个人的小事，其实是事关人类文明的大事。任何一个普通人都能从婚姻中感受类似的意义——平凡但有价值。我们可以毫不夸张地宣称：婚姻使我们成熟，婚姻使我们淡然，婚姻使我们充实，婚姻使我们幸福，婚姻使我们有责任感，婚姻使我们有归宿感，婚姻使我们有成就感，婚姻使我们内心充满爱意，婚姻能让我们一往无前、永不停步。

正是在婚姻的推动下，我们最终与动物区分开来，成为锐意进取的人类。

这就是婚姻真正的意义。

2022年7月18日

初稿完成于明光龙山阁

2023年5月5日

再改定稿于凤阳九华居